KB120791

천년의 화가 — 김홍도

천년의 화가 김홍도

붓으로 세상을 흔들다

이충렬 지음

메디치

일러두기

- 작품명의 경우 화첩은 겹꺽쇠(《》)로, 병풍은 홑꺽쇠(〈〉)로 표시했고, 부분도는 '부분'이라 표시했습니다.
- 책에 실린 작품 중 소장처가 불분명하거나 소장자와 연락이 닿지 않아 부득이 허가를 받지 못하고 게재한 작품이 있습니다. 이에 대해서는 추후라도 소장처가 나타날 경우 합당한 절차를 밟도록 하겠습니다.

김홍도, 어살, 《단원풍속도첩》, 지본담채, 27×22.7cm, 보물 제527호, 국립중앙박물관

1745년(영조 21년) 경기도 안산 바닷가 마을 성포리에서 태어나다.

김홍도 · 심사정 · 강세황 · 최북 합작, 균와아집도(부분), 지본담채, 112.5×59.8cm 국립중앙박물관
열여덟 살(1763년, 4월 10일)에 스승인 강세황, 심사정과 균와아집도를 합작으로 그리다. 왼쪽 피리 부는 소년이 김홍도다.

김홍도, 심관審觀, 《단원풍속도첩》, 지본담채, 27×22.7cm, 보물 제527호, 국립중앙박물관
도화서 화원이 되다.

김홍도, 신행新行, 《단원풍속도첩》, 지본담채, 27×22.7cm, 보물 제527호, 국립중앙박물관
가정을 꾸리고 딸을 낳다.

김홍도, 단원도(부분), 지본담채, 135×78.9cm, 개인
인왕산 아래 백운동천에 집을 마련해 당호堂號를 '단원'이라 짓고 벗들과 풍류를 즐기다.

김홍도, 가학정, 《금강사군첩》, 견본담채, 30×43.7cm, 개인
영동 9군의 군사적 요충지와 금강산 일대를 그려오라는 왕명을 받다(그림 아래 말을 탄 두 명이 김홍도와 김응환).

김홍도, 관인원행(官人遠行, 먼 길 가는 원님),
〈행려풍속도병〉, 8폭병풍, 국립중앙박물관
영풍현감에 제수되어 고을을 돌아보다.

김홍도, 포의풍류도布衣風流圖, 지본담채, 27.9×37cm, 개인
연풍현감에서 파직되고 시름에 찬 세월을 보내다.

김홍도, 노년간화(老年看花, 노년에 꽃을 보다), 지본담채, 23.2×30.5cm, 간송미술문화재단
술에 취해 그림을 그리는 '취화사'가 되다.

김홍도, 옥순봉, 지본담채, 28.7×42.4cm, 간송미술문화재단

김한태의 후원으로 여행을 떠나 평생의 득의작인 《병진년화첩》을 그리다.

김홍도, 무인식성명(無人識姓名, 나를 알아보는 이가 없구나), 지본담채, 28.5×32.9cm, 개인
춥고 병들어 제자 박유성이 있는 전주로 가다.

김홍도, 추성부도, 지본담채, 56×214cm, 보물 제1393호, 삼성미술관 리움
전주에서 생의 마지막 작품인 추성부도를 그리다.

김홍도, 염불서승念佛西昇, 모시에 담채, 20.8×28.7cm, 간송미술문화재단
이승을 떠나다.

차례

— 그림으로 보는 김홍도 60년의 삶 5

| 서문 | 시대와 인간의 마음을 그린 화가, 김홍도 17

| 1부 |

성포리 소년의 꿈

| 1장 | 성포리 앞바다에선 풍어가도 구슬프다 27

— 김홍도가 태어난 곳은 어디일까? 33

| 2장 | 천한 환쟁이가 되려는 것이냐? 36

| 3장 | 첫 번째 스승 표암 강세황 42

| 4장 | 그림을 외우는 소년 51

| 5장 | 반송방 북곡에서 도화서를 바라보다 58

| 6장 | 네가 그리고 싶은 그림이 무엇이냐? 70

— 열여덟 살 김홍도의 얼굴을 찾아서 83

| 7장 | 화원의 꿈을 이루다 85

| 2부 |

궁중화를 그리다

| 8장 | 단 하나의 길 93

| 9장 | 영조의 수작연을 그리다 101

— 김홍도의 첫 번째 궁중기록화 111

| 10장 | 가난한 바닷가 마을을 그리며 이름을 짓다 113

| 11장 | 용안을 마주하다 121
| 12장 | 첫 번째 벼슬과 치욕의 삼책불통 131

| 3부 |

삶을 그리다

| 13장 | 사람의 마음을 움직이는 그림 141
| 14장 | 그림을 찾아 삶으로 들어가다 150
| 15장 | 중인을 위한 그림을 그리다 158
| 16장 | 말 한 마리만도 못한 삶 171
| 17장 | 도화서로 돌아오다 190
| 18장 | 일생의 제자와 벗을 만나다 197
—— 김홍도의 곁을 지킨 제자 206
| 19장 | 조선왕조 사백 년의 새로운 경지 208
| 20장 | 그림에는 신분이 없다 230

| 4부 |

자연을 그리다

| 21장 | 단원에 살어리랏다 251
—— 김홍도의 집 '단원'은 어디인가? 259
| 22장 | 임금의 두 번째 부름을 받다 262
| 23장 | 한강의 칼바람에 마음은 얼고 269
| 24장 | 단원을 그리워하다 279
—— 사라진 그림의 흔적을 찾아서 291
| 25장 | 스승에게 단원기를 청하다 294

— 김홍도가 단원이 된 이유 301
| 26장 | 봉명사행, 금강산을 그리다 305
— 서양화 기법으로 그린 김홍도의 책가도는 어디에 있을까? 337
| 27장 | 벗과 스승을 잃고 시름에 잠기다 340
— 김홍도는 대마도에 다녀왔을까? 357

| 5부 |
마음을 그리다

| 28장 | 백성들의 궁핍함을 살피다 361
| 29장 | 연풍현감에서 파직되다 374
| 30장 | 쓸쓸한 나무숲 사이로 달빛이 비치다 384
— 정조의 역사적 능행에 김홍도는 없었다 395
| 31장 | 자연을 그리며 마음을 다스리다 397
| 32장 | 한 시대가 저물다 410
— 김홍도의 매화 사랑 422
| 33장 | 아들의 월사금을 보낼 수 없어 탄식하다 424
— 아들에게 쓴 마지막 편지 438
| 34장 | 빈산에 아무도 없구나 441

| 부록 | 진품으로 인정받지 못하는 작품 450
— 주석 457
— 참고 문헌 461
— 수록 작품 목록 467
— 김홍도 연보 473

서문

시대와 인간의 마음을 그린 화가, 김홍도

단원 김홍도는 우리나라 미술사에 큰 획을 그은 화가다. 영조 때 태어나 순조 때까지 세 명의 임금을 섬기면서 40년 동안 그림을 그렸다. 세 번이나 임금의 모습을 그린 어용화사였고, 궁중기록화, 신선도와 같은 도석화, 시의도, 풍속화, 실경산수화, 화조도, 호랑이 그림 등 다양한 종류의 그림을 남겼다.

그는 단순히 조선시대 미술의 폭만 넓힌 화가가 아니었다. 그의 그림에는 그림의 격을 높이는 예술적 성취가 있었다. 신분제도에 갇혀 있던 평민의 삶을 화폭 안으로 불러들였고, 우리의 산천을 그릴 때에도 그 안에 인간의 마음을 담았다. 유럽 르네상스 이전 화가들이 종교적 주제에서 벗어나지 못하다가 다빈치와 미켈란젤로에 이르러 인간에 대한 탐구와 묘사를 했듯이, 김홍도가 추구했던 그림의 주제는 '인간'이었다. 그래서 그의 그림 속에는 당대의 다양한 삶과 인물의 모습이 담겨 있다. 그는 조선시대 미술이 가야 할 방향을 제시했고 후대의 많은 화가가 그의 영향을 받았다.

김홍도는 임금이나 왕실의 명에 따라 중국 화보에 바탕을 둔 그림을 그리는 도화서 화원이었다. 진경산수화의 대가 겸재 정선, 자화상의 모범을 보인 공재 윤두서, '시서화 삼절'이라 불린 표암 강세황, 중국의 남종화를 조선 남종화로 재창조한 현재 심사정처럼 자신의 의지로 그림을 그릴 수 있는 양반 사대부 화가가 아니었다. 그러나 그는 어용화사라는 명예로운 현실에 안주하면서 중국 화보나 왕실 기록화를 잘 그리는 것에 만족하지 않았다. 핏속에 흐르는 천부적 재능이 그의 손을 가만 놔두지 않았기 때문일까? 김홍도는 시대와 인간의 모습을 쉬지 않고 화폭에 담아냈다. 아무도 가지 않았던 길이었고, 자신만의 그림 세계를 위해 예술혼을 불태우지 않으면 이룰 수 없는 성취였다. 조선시대 화가 중 이만한 예술적 성취를 이룬 화가는 많지 않다.

불멸의 작품을 남긴 화가의 알려지지 않은 삶

김홍도의 그림을 볼수록 '그는 어떤 화가였을까?' 하는 궁금증이 들었다. 그동안 나온 책과 자료를 찾아봤지만 그의 삶에는 알려진 부분보다 알려지지 않은 부분이 더 많았다. 어쩌면 김홍도의 독창성과 예술성을 더 잘 이해할 수 있는 열쇠는 알려지지 않은 삶 속에 있을지 모르겠다는 생각이 들었다. 김홍도의 전기를 쓰게 된 동기다. 화가의 삶을 정확히 알면 그림을 이해하는 폭이 넓어진다는 믿음도 그의 삶을 추적하고 싶다는 생각을 부추겼다.

전기는 주인공의 삶의 행적을 따라갈 뿐, 평전처럼 주인공의 삶이나 남긴 업적을 평가하지 않는다. 전기에서 삶과 업적에 대한 평가는 온전히 독자의 몫이다. 전기 작가는 독자들이 평가할 수 있도록 삶의 행적을 하나의 행로로 만들어야 한다. 빈 공간을 최소화하기 위해 주인공이 남긴 것뿐 아니라 남기지 않은 것까지 구석구석 들여다보며 조그만 흔적이라도 찾아야 한다.

김홍도가 남긴 기록은 편지 몇 통 외에는 없다. 글보다 그림을 가까이하는 도화서 화원이었기 때문이다. 다행히 그에게는 기록에 충실했던 강세황이라는 사대부 스승이 있었다. 탁월한 그림 실력 덕분에 양반 사대부들과도 교유했고, 그들 중 일부가 김홍도에 대한 기록을 남겼다. 어용화사였고 벼슬생활을 한 덕분에 《조선왕조실록》, 《승정원일기》, 《일성록》 등과 같은 조선시대 국가기록물에도 행적이 꽤 많이 기록되었다. 김홍도는 국가 기록과 양반을 통해 삶이 기록된 중인이었다. 매우 특이한 경우다.

김홍도와 연결되는 당대의 자료와 관련 책들을 읽으면서, 그의 삶이 평탄하지 않고 파란만장했음을 알 수 있었다. 특히 삶의 마지막은 가슴 아프기까지 하다. 1805년 음력 12월 30일, 전라도 관찰사 심상규는 한양에 있는 벗 예조판서 서용보에게 편지를 보냈다.

"화사 김홍도가 굶주리고 병들어 먹을 것을 위해서 여기(전주)에 왔습니다. 이 사람은 이 시대에 재주가 훌륭한 사람인데 그 곤궁함이 이와 같습니다. 우리나라는 인재가 살기에 적합하지 않은 것 같습니다."[1]

그의 생에 대한 마지막 기록이었다. 심상규의 편지가 과장이 아니라는 건 김홍도가 한 달 전인 12월 9일 아들에게 보낸 편지로도 알 수 있다.

> "나의 병세는 어머니께 보내는 편지에 이미 다 말하였으므로 다시 말할 필요가 없을 뿐이다. 너의 선생님께 월사금을 보낼 수 없어 탄식한다. 정신이 어지러워 더 쓰지 않는다."[2]

초서로 쓴 편지였는데, 후반부로 갈수록 힘에 부쳐 쓴 글씨라는 표시가 역력하다. 김홍도가 이승에서 남긴 마지막 필체이지만 이제까지 공개된 적이 없어 본문에서 소개했다.

김홍도는 이렇듯 쓸쓸하고 허망하게 세상을 떠났다. 오죽하면 당대의 문신文臣이던 심상규가 "우리나라는 인재가 살기에 적합하지 않은 것 같습니다"라고 한탄했겠는가.

정조의 후광을 걷어내고 재조명한 인간 김홍도

이번 김홍도 전기에서는 기존의 연구에서 확인하지 못했거나 오류가 있었던 부분들을 바로잡으려고 노력했다. 김홍도의 아호인 '단원', '단구', '서호'에 대한 새로운 사실들을 찾아 그의 출생지를 안산 성포리로 비정比

定했고, 그가 남긴 풍속화의 장면과 대동여지도에 있는 성포리의 옛 표기로 이를 뒷받침했다. 김홍도의 대표작 중 하나인 단원도의 배경이 이제까지 알려졌던 서강이나 성산동 주변이 아니라 인왕산 옆 백운동천 계곡이었다는 사실도 밝혀냈다. 한양도성 연구 권위자인 홍순민 교수(명지대학교 기록정보과학 전문대학원)가 그림 윗부분에 있는 성벽의 모습과 제시에 있는 '금성동반錦城東畔' 문구를 정확히 번역해 위치를 알려주신 덕분이다. 주변 학문과 협업이 중요하다는 사실을 알 수 있는 하나의 사례다. 이외에도 김홍도가 울산목장의 감목관으로 재직했다는 사실을 미번역본《승정원일기》로 알 수 있었고, 이로써 그가 그린 대장간 풍경이나 말 징 박는 모습, 그리고 호랑이 그림의 연원을 밝혔다.

그동안 많은 미술사가는 김홍도의 성취를 '정조의 총애'와 연결했다. 임금의 후원으로 그림에 전념할 수 있었다는 뜻이다. 김홍도는 세 번에 걸쳐 어진을 그린 공로로 종6품 사재감 주부, 사포서 별제, 울산목장 감목관, 동빙고 별제, 안기역참 찰방 그리고 고을 수령인 연풍현감에 제수되었다. 중인으로 오를 수 있는 관직을 두루 거쳤으니 총애를 받았다고 생각할 만하다. 그러나 김홍도에 대한 기록을 살필수록 우리가 그의 삶에 정조의 그늘을 과도하게 드리웠다는 의심을 지울 수 없었다.

김홍도는 사재감 주부 시절, 종6품 관원이 치르는 수령강 시험을 통과하지 못해 파직당하는 수모를 겪었다. 그 후에 다시 종6품 별제에 제수되었지만 그것은 특혜가 아니고 어용화사에게 벼슬을 주는 관례를 따른 것이었다. 그뿐 아니라 그가 받았던 별제라는 품직은 녹봉(월급)을 주지 않는 '무록직無祿職'이었다. 연풍현감 시절 정조는 외유사 홍대협이 올린 서계를 보고, 김홍도를 파직하고 의금부로 압송하라는 명을 내렸다. 며칠 뒤 사면되었지만, 그것은 이제까지 알려진 것처럼 김홍도를 총애해서 베푼 특별 사면이 아니었다. 혜경궁의 회갑을 맞아 발표한 대규모 사면령 덕을 본 한 명이었다. 오히려 정조는 오랫동안 그를 외면했다. 그로써 이제까지 알려진 것과 달리 정조의 현륭원 행차 8폭 병풍을 그리는 작업에 참여하지 못했다. 이외에도 잘못 알려진 부분들이 많았고 이를 바로잡기 위해 노력했다.

화가의 작품을 이해하는 깊숙한 길, 전기

전기는 단순한 연대기가 아니다. 주인공의 삶의 모습과 정신세계를 글 속에 녹여서 살아 움직이는 것처럼 생생하게 묘사해야 한다. 이번 작업에서는 김홍도가 구체적으로 어떤 시대 배경 속에서 그림을 그렸는지, 그의 그림이 어떻게 당대부터 현재까지 울림을 주는 예술작품이 되었는지를 설득력 있는 서사 구조와 이야기 구조(스토리텔링) 속에 담아내려고 노력했다. 그를 과거의 인물에서 현재의 인물로 불러내기 위한 작업이었다.

도화서 화원으로서 김홍도를 생동감 있게 재현하기 위해 함께 활동한 동료 화원들을 불러내야 했다. 이를 위해 수많은 참고자료를 찾고 또 찾았다. 심지어는 도화서 화원 장한종이 쓴 음담패설집까지 살폈다. 내용이 너무 적나라해 책에는 소개할 수 없었지만, 도화서 화원들의 일상을 이해하는 데는 도움이 되었다. 그러나 아무리 열심히 자료를 찾아도 메울 수 없는 빈 공간이 생기기 마련이다. 김홍도가 57세가 되던 1802년(순조 2년)과 1803년의 행적은 그가 '권농'이라는 아호를 사용한 것으로 미루어볼 때 어느 시골에서 지낸 것 같다는 추측만 할 수 있을 뿐 뒷받침하는 사료를 발견할 수 없어 공백으로 남겼다. 훗날 이 시기의 자료가 나타나면 개정판으로 보완할 생각이다.

이번 책을 쓰면서 또 하나 중점을 둔 부분은 위작을 걸러내는 일이었다. 그동안 김홍도 연구에도 많은 진척이 있어 1995년 국립중앙박물관 〈단원 김홍도 탄신 250주년 기념 특별전〉에 출품되었던 작품 중에도 이제는 '작자 미상'이 된 작품이 있다. 그밖에 아직 결론이 나지 않았어도 이번 전기 작업에서 밝혀낸 행적으로 볼 때 도무지 김홍도 본인이 그릴 수 없었다고 판단되는 작품은 소개하지 않았다. 진위 분별 작업은 오주석 선생과 더불어 250주년 기념 특별전을 준비했던 이원복 전 국립중앙박물관 학예연구실장의 도움을 받았다.

책을 쓰는 동안 참고 문헌에 밝힌 많은 학자를 비롯해 너무나 많은 분의 신세를 졌다. 유홍준, 오주석, 진준현, 홍선표 선생과 같은 미술사학자들의 선행 연구가 없었다면 김홍도의 삶에 이처럼 가까이 다가가지 못했을 것이다. 인간 김홍도로 향하는 길을 앞서서 닦아주신 연구자분들께 마음속 깊이 감사드린다. 특히 미번역본 《승정원일기》와 문집에 담긴 어려운 한문 해석에 흔쾌히 도움을 주신 김만일 태동고전연구소 소장, 홍순민 교수, 이원복 전 국립중앙박물관 학예연구실장에게 다시 한번 감사의 인사를 드린다. 이 책의 출판을 결정하고 책을 쓰는 동안 물심양면으로 지원해주신 메디치미디어 김현종 대표님과 부족함이 많은 원고를 좋은 책으로 만들기 위해 수고해주신 신원제 팀장에게도 깊은 감사를 드린다.

전기가 한 개인의 삶을 이해하게 만드는 문이라면, 그 작업으로 되살아난 화가의 삶은 그 작품을 이해하는 길이 된다. 이 책이 독자들에게 단원 김홍도의 그림을 이해하는 길잡이 역할을 할 수 있다면 글쓴이로서 더없는 보람이겠다.

졸저를 조선의 대화가 김홍도 어른의 영전에 바친다.

2019년 11월

이충렬

1부

성포리 소년의 꿈

1장

성포리 앞바다에선 풍어가도 구슬프다

성포리 앞바다 물때는 이른 아침과 오후였다. 밀물을 따라 포구 가까이 왔던 물고기는 썰물을 타고 나가다 촘촘히 박힌 싸리나무 어살*에 걸려 바다로 돌아가지 못했다. 밀물이 가장 높은 보름과 그믐의 사리 때는 어살에 걸리는 물고기가 많았고, 밀물이 얕은 조금 때는 들어오는 물고기가 많지 않았다. 어살에 걸리는 수도 적었다. 성포리 남정네들은 바닷물이 허리 높이로 빠지는 썰물 때를 기다려 어살 안으로 들어갔다. 어살에 걸려 펄떡이는 민어, 농어, 병어, 전어, 준치, 밴댕이를 광주리에 담으며 노래를 불렀다.

---

* 개울, 강, 바다 등에 그물을 설치하는 전통 어로 방식으로, 무형문화재로 지정되었다. 조선 초에는 어량이라 불리다 성종 때부터 공문서에서는 어전, 바닷가 사람들은 어살이라고 했다(5쪽 화보 참조).

넘실대는 파도 위에 어-야-디야-
갈매기 떼 춤을 춘다 어-야-디야-
밀물 썰물 드나드는 깊은 물에-
고기들이 걸렸구나 어-야-디야-
어-야-디야- 어-기-야-디야-에-헤-[1]

광주리에 물고기가 가득 차면 어살 밖에서 배를 대고 기다리는 사공들에게 물고기를 건넸다. 사공들은 펄떡이는 물고기를 받아서 바닷물이 반쯤 찬 독에 부었다. 물고기를 신선하게 보관하기 위해서였다. 주인집 마름은 긴 담뱃대를 물고 배에 걸터앉아 있다가 사공이 물고기를 바다에 빠트리면 궁에 보낼 진상품을 함부로 다룬다며 지청구를 퍼부었다.

성포리 앞바다는 황금바다였다. 만이 깊게 들어와 계절에 따라 어살에 걸리는 물고기의 종류가 다양했고 어획량도 많았다. 그러나 성포리 사람들은 앞바다에 어살을 설치할 수 없었다. 밭에 주인이 있듯 물고기가 많이 드는 '바다 밭'에도 주인이 있었다. 임금은 공주와 옹주 들이 혼인하면 먹고살 걱정을 하지 말라며 논과 밭뿐 아니라 어살이나 염전도 하사했다. 바다는 논과 밭처럼 상속되었고, 황금바다를 독점한 왕의 후손들은 한 달에 대여섯 차례씩 상품上品을 골라 궁으로 보냈다.

어살의 세금을 돈이 아니라 물고기로 내던 관례도 이어졌다. 후손이 힘이 약해지면 지방관을 비롯해 궁중 사재감* 관속들에게도 상납을 해야 했다. 세월이 흐를수록 진상하는 어물의 양은 늘었고, 마름은 그 부담을 어부들에게 떠넘겼다. 성포리 남정네들은 썰물 때 어살에서 일해서 받는 삯으로는 생계를 꾸릴 수 없어 밀물 때 마을 부근에 있는 다랑이논에서 소작일을 했다. 그래도 하루 세끼 해결하는 게 쉽지 않아 아낙들은 갯벌에서 일을 했다.

바닷물이 빠지면 아낙들은 망태기를 들고 갯벌로 나왔다. 그나마 사리 때는 바닷물이 많이 빠져 거둘 게 있었다. 물이 늦게 빠지고 일찍 드는 조금 때는 갯벌도 좁고 일할 수 있는 시간도 짧았다. 성포리 아낙들은 날마다 물때에 맞춰 갯벌을 헤집고 다니며 방게를 잡아 망태에 담았다. 갯벌에서 일하는 건 힘들었지만 주인 없는 땅이니 잡는 만큼 가져갈 수 있었다. 게가 망태에 가득 차면 집으로 돌아와 깨끗하게 손질했다.

이튿날이 되면 아낙들은 아침 일찍부터 게를 담은 커다란 바구니를 머리에 이고 노량진을 향해 발걸음을 옮겼다. 안성 방게는 한양에서 인정받는 찬거리라 노량진 나루터 부근 객주에 가면 곡식과 바꿀 수 있었다. 곡식과 바꾸지 못한 날은 인근 마을을 다니며 헌 옷과 바꿨다. 무거운 바구니를 다시 이고 오는 것보다 그게 나았다. 아낙들은 돌아오는 밤길이 무서워 대략 열 명씩 무리를 지어 다녔다. 가난한 성포리 사람들의 일상이었다.

성포리는 한양에서 60리 떨어진 안산의 서쪽 끝에 있는 포구다. 안산은 영조 때 1만 명이 살던 크지도 작지도 않은 읍으로 관아는 수리산 아래에

---

* 조선시대 관청으로 궁중에 진상되는 어류, 육류, 식염, 소목(燒木, 땔감), 거화(炬火, 횃불) 등을 관리하는 일을 했다.

있었다. 수리산 줄기는 남쪽에 있는 동곡리, 부곡리, 첨성리를 지나 남양만 끝자락에 있는 노적봉에서 그쳤고, 산자락 아래에 성포리가 있었다.

성포리 앞바다는 호수처럼 잔잔해 마을 사람들은 서호西湖라 불렀다. 뒷산 노적봉 중턱에는 박달나무가 우거진 숲이 있었다. 노적봉 옆 첨성리에 사는 성호 이익의 후손들과 표암 강세황(姜世晃, 1713~1791)은 그곳을 단원檀園이라 부르며 시회를 열었다. 단원 옆에 단구丹邱라고 불리는 언덕이 있었다. '신선이 사는 언덕'이라는 뜻이다. 해질녘 언덕에서 내려다보면 잔잔한 바다에 노을이 드리워 신선이 사는 곳처럼 평화롭고 아름다웠다.

1745년(영조 21년), 성포리에 사는 김해 김씨 김석무와 장담 문씨 사이에서 튼실한 사내아이가 태어났다. 맏아들이었다. 김석무의 가문은 대대로 무관을 지낸 중인 무반 집안이었지만 2대째 관직에 나가지 못해 상민처럼 반농반어半農半漁를 하며 살았다.* 그는 태어난 아들이 자기처럼 힘들게 일을 하지 않으려면 무과에 합격해서 바닷가를 떠나는 길밖에 없다고 생각했다. 그래서 없는 살림이었지만 이름 잘 짓는다고 소문이 자자한 인근 마을의 서당 훈장을 찾아갔다. 훈장은 몰락한 양반의 후손으로 문과 과거의 첫 단계인 소과 생원시에 입격해 '생원님'으로 불렸다. 훈장이 김석무에게 물었다.

"아이의 항렬자字가 무엇인가?"

---

* 김홍도의 출생지와 집안에 대해서는 33쪽 부록에서 자세히 다뤘다.

"소인의 족보에 따르면 빛날 태兌인데, 한미한 무반 집안에서 항렬자가 무슨 소용이겠습니까? 훌륭한 무관이 될 이름으로 지어주십시오."

당시 중인은 양반과 말을 섞을 때는 자신을 소인小人이라 칭해야 했다. 신분이 다르면 서로 어울리거나 사귀지 않는다는 교유불상통交遊不相通의 법도에 따라 중인은 양반과 함께 앉지도 못했다. 갓 양태*의 넓이도 달랐고, 갓끈의 색실도 달랐다. 의복도 달라서 중인은 소매가 넓은 도포는 입을 수 없었다. 그리고 양반에게 잘못을 저지르면 매를 맞을 수도 있었다. 중인과 양반의 차이는 크고 깊었고, 중인과 상민의 차이는 작았다.

"아무리 그래도 항렬을 무시하면 집안 어른들께 한 소리 들을 텐데."

"소인의 가문이 관직에 못 나간 지 벌써 2대째입니다. 이 아이마저 입신하지 못하면 조상님들 뵐 낯이 없습니다."

"알겠네. 사흘 뒤에 다시 오게."

"예, 생원 나리. 잘 부탁드립니다."

김석무는 다시 한번 머리를 조아리고 생원 집을 나왔다.

사흘 뒤, 훈장은 '弘道'라고 쓴 종이를 들어 김석무에게 건넸다.

"짐승은 죽어서 가죽을 남기고 사람은 죽어서 이름을 남긴다고 했네. 그만큼 이름에 좋은 기운이 들어야 하는 게지. 내가 꼬박 사흘을 생각했네. 《논어》 위령공 편에 '자 왈, 인능홍도 비도홍인子曰 人能弘道, 非道弘人'이라 했네. '공자가 말씀하시기를, 사람이 도를 넓히지, 도가 사람을 크게 함이

---

* 갓의 테두리, 모자의 챙에 해당하는 부분.

아니다'라는 뜻이네. 이 문장에서 넓을 홍弘과 이치 도道를 갖고 와 아이 이름을 '홍도弘道'라고 지었네. '도를 넓힌다, 도를 크게 한다'라는 좋은 뜻을 가진 이름이네."

김석무는 훈장이 무슨 소리를 하는지 이해할 수 없었다. 도를 넓힌다는 '홍도'라는 이름도 썩 마음에 들지 않았다. 그런 이름은 공자 왈 맹자 왈 하는 문관에 어울리는 이름이지 활이나 창, 화포를 다루는 무관에 어울리는 이름이 아닌 것 같았다. 그렇다고 양반에게 다른 이름을 지어달라고 감히 재청할 수는 없었다. 김석무의 침묵이 길어지자 훈장은 다시 한번 헛기침을 했다.

"허허, 무반 집안 출신이라 말귀를 못 알아듣는 것 같구먼. 이런 좋은 뜻을 가진 이름은 쉽게 지을 수 없네. 특히 '홍'자는 뜻이 아주 좋은 글자일세. 아이가 이름대로 살면 나라에서 큰 쓰임을 받는 사람이 될 수도 있을 걸세. 흠흠."

나라에서 큰 쓰임을 받을 거라는 소리에 김석무의 표정이 누그러졌다. 그는 고개를 주억거리며 가지고 온 보리 주머니를 서안 앞에 밀어놓았다.

"생원님, 고맙습니다."

김석무가 이름을 쓴 종이를 들며 일어서자 훈장은 다시 한번 헛기침을 했다. 김석무는 사립문을 열고 나오면서 혼잣말을 되뇌었다.

'홍도야! 꼭 훌륭한 무관이 되어 집안을 다시 일으켜다오…….'

김홍도가 태어난 곳은 어디일까?

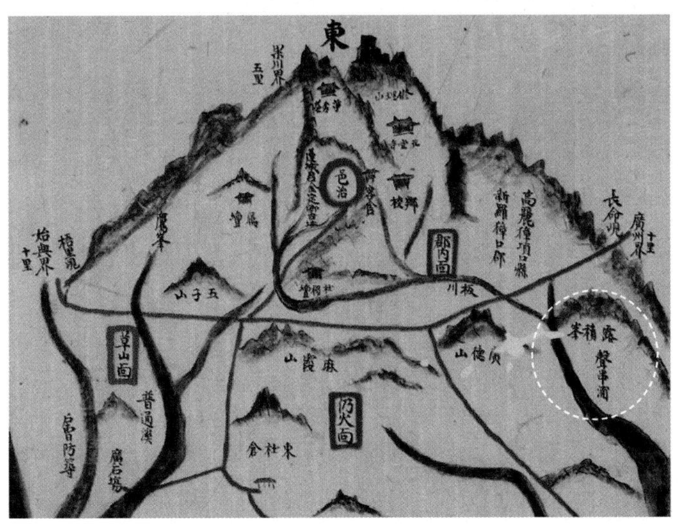

1872년 지방 지도 중 안산군 지도, 규장각 한국학연구원

조선시대 지도에는 성포리를 성고聲串 혹은 성곶포聲串浦라고 표기했다. 풍어가의 함성이 들리는 언덕에 있는 포구라는 뜻이다.

김홍도는 도화서에 들어간 지 4년쯤 되던 해, 자신의 아호를 '서호'로 정했다. 서호는 성포리 앞바다의 별칭이다. 노적봉 부근에 살았던 성호 이익은 "석민부(釋憫賦, 고민을 푸는 노래)"에서 성포 서쪽의 앞바다를 서호로 칭하며 바다로 나아가고 싶은 꿈을 표현했다.

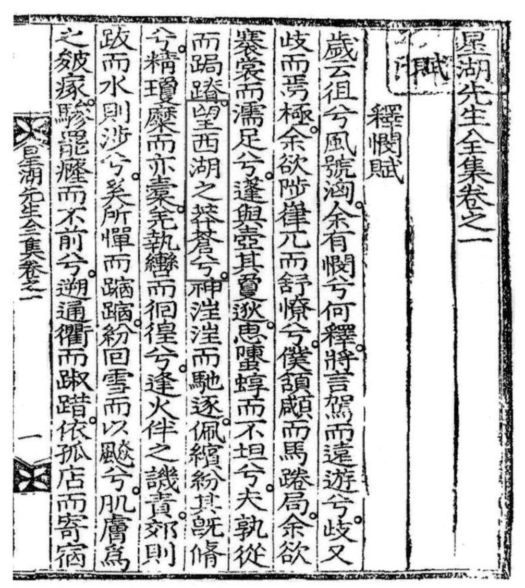
星湖先生全集卷之一

賦

釋悶賦

歲云徂兮風號洶余有悶兮何釋將言駕而遠遊兮歧又歧而焉極余欲陟嵂兀而舒憭兮僕頷顑而馬踡局余欲褰裳而濡足兮逢與壺其覓逖患嘖蟫而不坦兮夫孰從而踽踏望西湖之莽蒼兮神滉滉而馳逐佩繽紛其旣脩兮精瓊靡而亦橐羌執孿而徊徨兮逢火伴之譏責郊則跋而水則涉兮奚所憚而蹁躚紛回雪而以颺兮肌膚爲之皴瘃驂䮴䮸而不前兮遡通衢而踧踖依孤店而寄宿

星湖先生全集卷之一 一

성호 이익, 《성호전집》.

성호 이익의 시 "석민부"의 일부로, "서호를 바라보니 아득하더라"라고 썼다.

강세황의 후손인 강경훈 님도 "안산 일대 서해바다를 예부터 '서호' 라고 불렀다"고 증언했다.[2]

조선시대에는 자신의 출생지를 아호로 삼는 경우가 많았다. 김홍도가 맨 처음 사용한 아호는 '서호'이고, 그다음에 '단원', 그리고 30대 후반부터 '단구(丹丘, 丹邱)'를 사용했다. 세 아호 모두 경기도 안산의 성포리 부근과 연관이 있다.('단원'의 유래와 위치는 301쪽 부록 참조)

또한 김홍도는 성포리 앞바다의 어살에서 고기 잡는 모습과 성포리 아낙들이 방게를 머리에 이고 노량진으로 팔러 가는 모습을 풍속화로 남기기도 했다. 어린 시절부터 본 광경을 그렸다고 해도 과언이 아니다. 따라서 김홍도의 출생지를 경기도 안산 노적봉 아래 성포리로 비정比定해도 무리가 없을 듯하다.

김홍도가 안기 찰방 시절 안동의 임청각에서 그린 화첩에 "김홍도 낙성 하량인 자호 단원金弘道 洛城河梁人 自號檀園"이라고 썼다고 하여 그의 출생지를 한양으로 보는 의견이 있는데, 조선시대 한문 용례에 따르면 이는 태어난 곳이 아니라 당시 살던 곳을 지칭하는 것으로 해석하는 것이 타당하다는 게 여러 학자의 의견이다. 조광 국사편찬위원회 위원장, 이원복 전 국립중앙박물관 학예연구실장, 김만일 태동고전연구소 소장, 그리고 임청각에서 그린 화첩에 대한 해설을 쓴 미술사학자 이태호 전 명지대학교 교수도 같은 의견이다.

김홍도의 출생지와 아울러 그의 가문이 대대로 높은 벼슬을 했고, 부자였다는 주장도 있다. 그러나 그 근거로 제시하는 1731년(영조 7년) 10월 2일자 《승정원일기》에서 거론된 김진창은 동명이인으로 봐야 한다. 김홍도의 족보에 따르면 조부 김진창은 관직이 없었는데 《승정원일기》에 나오는 김진창은 관직이 있기 때문이다.

2장

천한 환쟁이가 되려는 것이냐?

1755년(영조 31년), 홍도는 열 살이 되었다. 당시 조선의 인구는 712만 명이었고 남자가 344만 명, 여자가 368만 명이었다. 소론이 몰락하고 노론이 정권의 핵심을 독점하는 시대였지만 고기 잡고 농사짓는 성포리의 일상에는 아무런 변화가 없었다.

머리를 길게 땋은 홍도는 또래 아이들에 비해 키가 크고 의젓했으며 얼굴이 희고 눈이 맑았다. 이웃 아낙네들은 홍도가 인물이 훤하고 체격도 크다며 추켜세웠고, 어머니 문씨는 무반가의 자손답다며 흐뭇해했다. 홍도는 형제자매가 없었다. 부모가 논이나 밭에 나가면 홀로 있는 시간이 많았고, 자연히 입이 무거워졌다.

여덟 살에 서당을 나가기 시작한 홍도는 열 살 무렵 《천자문》을 다 배웠고《동몽선습》으로 글자를 붙여 소리 내어 읽는 연습을 했다.《동몽선습》을 가르치는 이유는 글의 뜻을 이해하면서 동시에 사람의 도리를 깨우치게 하려는 의도에서였다. 훈장은 수업이 끝날 때마다 집에 가서 반복해 읽으며 외어오라는 숙제를 내주었다. 다음 날 암송 시험을 통과해야 진도가 나갈 수 있었다. 만약 암송하지 못하면 완벽히 외울 때까지 반복해서 읽게 했다. 그러나 홍도는 읽는 것보다 쓰는 게 좋았고, 쓰는 것보다 그리는 걸 좋아했다. 누가 가르쳐준 적이 없지만 홍도는 붓으로 서당 학동들의 얼굴을 그렸다. 훈장은 홍도의 붓놀림을 유심히 지켜보았다.

김석무는 홍도가 커서 성포리 바다 건너 별망성*에 있는 초지진의 하급 군관이 되길 바랐다. 그래서 집 부근 언덕에 과녁을 만들어 시간이 날 때마다 활쏘기를 가르쳤다. 그러나 홍도는 아버지가 밭일을 하러 내려가면 활을 던지고 언덕에서 바닷가를 하염없이 내려다보았다. 그러고 있으면 머릿속에서 자기도 모르게 그림이 그려졌다. 종이만 있다면 서호에서 고깃배가 오가는 모습도 그릴 수 있을 것 같았다. 그러나 종이는 비쌌고, 홍도는 가난한 살림을 꾸려가는 어머니에게 종이를 사달라고 말할 엄두를 내지 못했다.

여름이 다가올 무렵, 수업을 마친 훈장은 홍도에게 잠시 남으라고 했다. 홍도는 영문을 모른 채 서안 앞에 무릎을 꿇고 앉았다. 훈장은 서안 위에

* 적의 동정을 살피기 위해 초지진에 임시로 둔 별망군別望軍의 망루가 있던 곳. 여기서 별망성이라는 이름이 유래했다는 설이 유력하다.

《동몽선습》의 본문 첫 번째 편인 '부자유친父子有親'을 펼쳤다.

"읽어보아라"

홍도는 목소리를 가다듬었다.

"부자 천성지친 생이육지 애이교지 봉이승지 효이양지 시고 교지이의방 불납어사 유성이간 불사득죄어향당주려父子 天性之親 生而育之 愛而教之 奉而承之 孝而養之 是故 教之以義方 弗納於邪 柔聲以諫 不使得罪於鄕黨州閭"

"됐다. 거기까지 뜻을 말해보아라."

"부모와 자식은 하늘이 정해준 친한 관계이기 때문에 부모는 자식을 낳아서 기르고 사랑하고 가르쳐야 하며, 자식은 부모를 받들어 부모의 뜻을 이어가고 효도하면서 봉양해야 합니다. 이런 이유로 부모는 자식을 올바른 도리로 가르쳐서 부정한 곳에 발을 들여놓지 않게 해야 하며, 자식은 부모에게 부드러운 목소리로 말려서 고을에서 죄를 얻지 않게 해야 한다는 뜻입니다."

"제대로 알고 있구나. 효도는 사람의 도리 중에서 가장 근본이고, 모든 행실의 근원이 된다는 내용이다."

"예, 스승님."

"너의 부모는 네가 자라서 훌륭한 무관이 되기를 바라고 있다. 그런데 너는 글 읽기나 활쏘기 연습보다는 학동들 얼굴이나 그리는 붓장난을 하니, 네가 커서 환쟁이가 되고 싶은 것이냐?"

훈장의 준엄한 목소리에 홍도는 얼굴이 벌게졌다. 훈장의 꾸짖음에 말대답을 할 수는 없는 일, 홍도는 고개를 숙인 채 회초리 맞을 각오를 했다.

그러나 훈장은 회초리를 꺼내지 않았다.

"홍도야, 천한 잡기로 환쟁이가 되면 세상 사람들의 손가락질을 받는다. 부모님을 실망시켜서야 되겠느냐? 다시는 붓장난 따위 하지 말고 글 읽기와 활쏘기 연습을 해라. 내 말 알겠느냐?"

"예, 스승님."

"알아들었다니 됐다. 이제 그만 가보아라."

집으로 온 홍도는 활과 화살을 챙겨 과녁이 있는 산 아래로 갔다. 활시위를 당겼지만 화살은 과녁에 미치지 못했다. 귓가에서는 훈장의 목소리가 떠나지 않았다. 그림 그리는 일이 왜 천한 일일까? 홍도는 이해할 수 없었다.

이튿날 홍도는 훈장에게 물었다.

"스승님, 아무리 생각해도 그림 그리는 것이 왜 천한 일인지 모르겠습니다."

훈장은 나지막이 한숨을 쉬며 대답했다.

"네가 아직 어려서 잘 모르겠지만, 그림 그리는 일은 손 기술에 따른다. 그래서 천기, 잡기라고 하는 거다. 물론 양반들 중에도 그림을 그리는 사람이 있다. 그러나 양반은 시와 좋은 문장을 빛나게 하려고 붓장난 삼아 그림을 그리는 거다. 읍 아래 남쪽 동곡리에 표암이라는 양반이 있는데 학문이 깊어 시와 글씨가 좋고 그림까지 잘 그리기 때문에 안산 최고의 '시서화 삼절詩書畵 三絶'로 부른다. 이렇게 학식 높은 양반이 무료함을 달래기 위해 틈틈이 붓을 들어 그리는 그림은 여기(餘技, 취미)이기 때문에 흠이 안

되지만, 글공부를 제대로 하지 못한 중인이 그림에 빠지면 천한 기술을 가진 환쟁이라며 손가락질받는 거다. 내 말을 알아듣겠느냐?"

"……"

홍도는 대답을 하지 않았다. 그림이면 다 같은 그림이지, 양반이 그리면 훌륭한 그림이고 신분이 낮은 중인이 그리면 천한 그림이 된다는 걸 이해할 수 없었다.

"왜 대답을 않는 거냐?"

훈장이 말꼬리를 치세우며 호통을 쳤다. 홍도는 그제야 작은 목소리로 대답했다.

"예, 스승님."

"알아들었다니 됐다. 그만 가서 《동몽선습》을 열심히 읽어라."

홍도는 집으로 오는 내내 '표암'이라는 아호가 귓가에 맴돌았다. 마음 같아서는 그분을 찾아가서 훈장의 말이 사실이냐고 묻고 싶었다. 그러나 중인 아이가 양반의 집을 불쑥 찾아갈 수는 없는 일이었다. 그날 저녁 홍도는 아버지에게 훈장이 왜 그림을 못 그리게 하는지 이해할 수 없다며 눈물을 보였다. 아버지는 깊은 한숨을 내쉬며 말했다.

"홍도야, 우리 집은 무반 집안이다. 자식이라고는 너 하나뿐인데, 네가 활쏘기에는 관심이 없고 붓장난을 좋아한다는 훈장 선생 말을 들을 때마다 낙담이 크다. 네가 정녕 아비 말을 안 듣고 환쟁이가 되려 하느냐?"

홍도는 아무 대답을 하지 못했다.

"다시는 그림 그릴 생각 하지 말고 활쏘기 연습이나 열심히 해라. 이제

네 방으로 건너가거라."

"예, 아버지."

아들이 딴생각을 못하도록 단호하게 타일렀지만 김석무는 그날 저녁 잠을 제대로 이루지 못했다. 홍도도 마찬가지였다. 어머니는 부자 사이에서 한숨만 내쉬었다. 며칠이 지나도 홍도의 머릿속에서 표암이 잊히지 않았다. 그 양반을 만나 그림 그리는 게 왜 천한 기술인지 물어보고 싶다는 생각뿐이었다.

3장

첫 번째 스승 표암 강세황

홍도는 아버지 눈치를 보면서도 틈날 때마다 표암을 만나게 해달라고 졸랐다. 표암이라는 양반도 훈장처럼 그림 그리는 게 천한 일이라고 말한다면 다시는 그림 그릴 생각을 하지 않겠다는 맹세까지 했다. 그러나 아버지는 꿈쩍도 하지 않았다. 홍도도 물러서지 않았다. 몇날 며칠 눈물을 뚝뚝 흘리며 매달렸다. 결국 아버지가 졌다.

그해 여름, 아버지는 홍도를 데리고 서당 훈장이 알려준 대로 동곡리에 있는 강세황 집을 찾아갔다. 중인이 먼저 양반을 찾아가는 게 쉽지 않은 시대였지만 강세황이 반상의 예법을 크게 따지지 않는다는 말에 용기를 냈다.

강세황은 진주 강씨로 1713년(숙종 39년) 한양의 남소문동(현 장충체육관 부근)에서 태어났다. 태어날 때부터 등에 있는 흰 얼룩무늬가 표범과 비슷해서 별호를 표암이라 했다. 그의 가문은 소북小北으로 조부 강백년은 좌참찬, 부친 강현은 대제학과 예조판서를 지낸 명문가였다. 그러나 영조를 몰아내고 소현세자의 증손인 밀풍군 이탄을 옹립하려 했던 이인좌의 난 때 맏형 강세윤이 반적과 내통했다는 누명을 쓰고 1728년(영조 4년)에 체포되었다. 가문에 역적공모죄의 굴레가 씌워졌다. 과거에 급제해도 관직을 제수받을 수 없다는 뜻이었다. 강세황은 과거를 포기한 채 그림과 글씨를 쓰며 세월을 보냈다. 관직 없는 삶이 계속될수록 생활은 곤궁해졌다. 이때 안산 부곡리에서 은거하고 있던 처남 유경종이 함께 살자고 몇 차례 권유했다. 강세황은 서른한 살 때인 1744년(영조 20년) 겨울에 안산으로 내려왔다. 동곡리 초가집에 정착한 강세황은 그림을 그리며 정치적 상처로 인한 아픔을 달랬다.

홍도의 집이 있는 성포리에서 북쪽으로 10리(약 4킬로미터)를 가면 동곡리였다. 강세황의 집은 수리산의 한 자락인 노리울고개*에 있어 고깔봉, 서래봉과 같은 작은 봉우리들이 눈앞에 펼쳐졌고, 집 뒤편에는 숲이 우거져 있었다. 김석무가 문 앞에서 '나리'를 찾자 강세황의 둘째아들 완이 나왔다. 당시 완의 나이는 열여섯이었지만 양반이었기에 김석무는 한참 어린 그에게 머리를 조아리며 찾아온 연유를 고했다. 완은 기다리라 하고 집으로 들어가더니 잠시 후 김석무와 홍도를 사랑채로 안내했다.

---

* 순우리말인 노리울고개의 한자 표기는 장명현獐鳴峴이다. 33쪽 안산군 지도상의 長命峴은 소리가 비슷한 다른 한자로 잘못 표기한 것이다.

김석무는 홍도에게 자리에 가만히 있으라는 눈짓을 하고는 허리를 굽히며 홀로 디딤돌을 올라섰다. 사랑방으로 들어간 김석무는 정자관을 쓴 강세황에게 넙죽 절을 하고 자신이 찾아온 연유를 설명했다. 강세황은 침향목 팔걸이에 상체를 기댄 채 간간이 수염을 쓰다듬었다. 당시 강세황의 나이는 마흔넷, 안산에 내려온 지 11년이 되던 해였다. 김석무의 사연을 들은 그는 고개를 끄덕이며 밖에서 기다리는 홍도를 들어오게 했다.

홍도는 공손히 큰절을 하고 고개를 들었다. 편안한 자세로 앉아 있는 강세황에게서 온화한 분위기가 풍겼다. 사랑은 방 두 칸을 튼 것처럼 넓었다. 사방탁자에는 책이 빼곡했고, 벽에는 거문고가 세워져 있었다. 서안 옆에는 기다란 문갑이 놓여 있고, 백자 필통에는 여러 종류의 붓이 꽂혀 있었다. 문갑 옆에 소나무, 연꽃, 포도 그림이 보였다. 산수화도 있었다. 홍도는 처음 보는 그림에 눈이 휘둥그레졌다. 그림 위에 정갈한 글씨로 쓴 제발*을 보는 순간 훈장이 말한 '시서화 삼절'이 무엇을 뜻하는지 알 것 같아 까닭 모르게 풀이 죽어 어깨가 내려앉았다. 그런 홍도를 유심히 지켜보던 강세황이 입을 열었다.

"그림을 자세히 보는구나. 전에도 그림을 본 적이 있느냐?"

"오늘이 처음이옵니다. 나리."

홍도의 목소리는 작았다. 강세황은 고개를 끄덕였다.

"몇 살이냐?"

---

* 題跋. 그림 옆에 노래나 시 따위를 적은 제사題詞와 그림을 그리게 된 대강의 경위를 간략히 적은 발문跋文을 합하여 부르는 말.

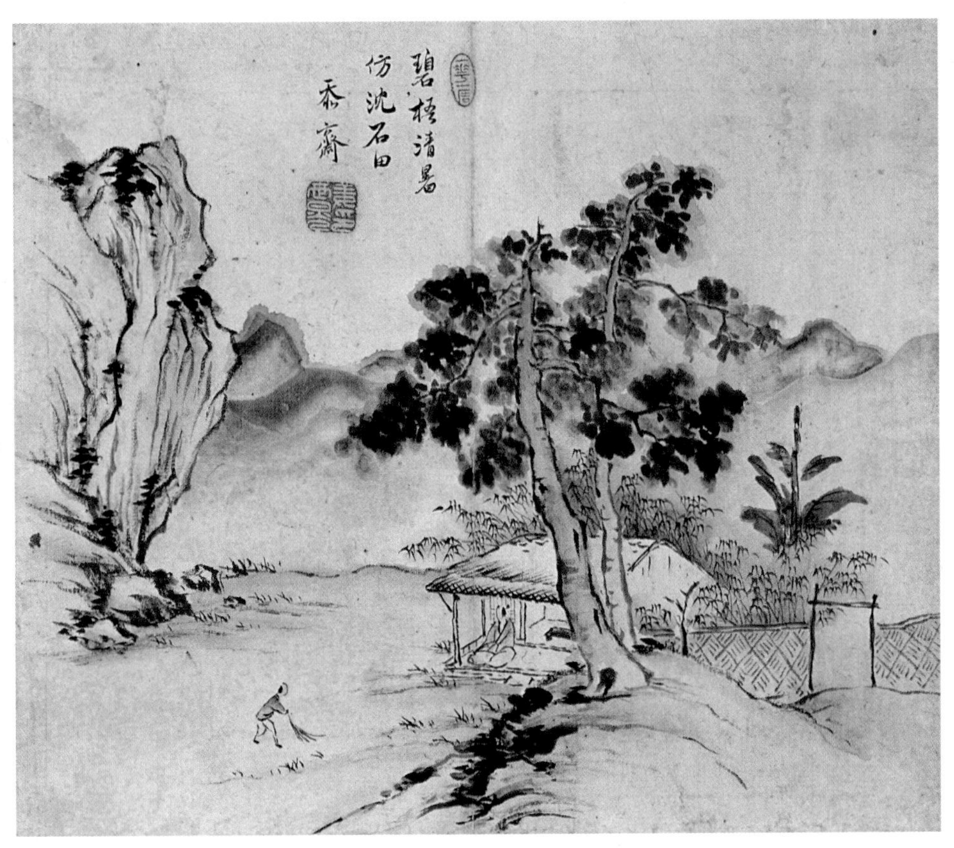

강세황, 벽오청서도碧梧淸暑圖, 지본담채, 30.5×35.8cm, 개인

강세황의 대표작 중 하나. 그림 위에 "시원한 벽오동나무 그늘 아래에서 무더위를 식히다. 명나라의 대표적인 문인화가 석전 심주의 그림을 본떠서 첨재가 그렸다"는 화제가 있다. 첨재忝齋는 강세황이 '표암'과 함께 사용한 별호다. 당시 사대부 화가들이 생각하는 '그림의 길'은 중국의 유명 화가 그림을 모방하는 데 있었다.

"나리. 소인, 을축생이옵니다."

열 살이면 강세황의 넷째 아들 빈과 동갑이었다.

"그림을 그려본 적이 있느냐?"

"서당에서 동무들 얼굴 그려본 게 전부입니다."

강세황은 사방탁자 옆에 있던 중국 화보 책인 《개자원화전芥子園畵傳》을 꺼내 서안 위에 올려놓고 나뭇가지를 그리는 법식이 있는 수보 편을 펼쳤다. 《개자원화전》은 당시 그림을 배우기 위해서는 필수적으로 공부해야 하는 교과서 같은 책이었다. 강세황은 나뭇가지가 두세 개 뻗어 나온 그림을 가리키며 홍도에게 말했다.

"이 나무와 나뭇가지를 모사해보아라."

강세황은 서안 위에 있는 종이와 붓과 먹을 건네며 홍도를 바라봤다. 나무 그리는 것을 보고 붓을 힘 있게 사용할 재능이 있는지 없는지 판단할 요량이었다. 강세황이 가리킨 나무와 나뭇가지는 간단한 모양새였지만 홍도의 손은 좀처럼 붓으로 나아가지 못했다. 지체 높은 어른이 주는 기회라는 생각에 잘못 그리면 어쩌나 하는 조바심이 생긴 것이다. 그런데 화보를 들여다볼수록 안갯속 같던 머리가 맑아지는 참으로 묘한 느낌이 들었다. 그러면서 비슷하게 그릴 수 있겠다는 자신감이 생겼다.

홍도는 잠시 눈을 감았다. 머릿속에서 조금 전에 본 그림이 떠올랐다. 홍도는 붓을 들고 강세황이 펼친 화보에 있는 나무를 조심스럽게 그렸다. 강세황은 홍도의 그림 그리는 속도를 보며 고개를 끄덕였다. 사물의 형상을 머릿속에 저장하는 능력이 없으면 이렇게 빨리 그릴 수 없다. 만약 그렇다면 타고난 재주였다. 강세황은 김석무에게 물었다.

"자네 집안이 무반이라고 했지……. 혹 외가나 처가 쪽에 도화서 화원이 있는가?"

김석무는 잠시 생각에 잠겼다. 증조모 집안이 역관을 했다는 소리를 들었고, 조부의 여동생이 궁궐에서 글씨 쓰는 사자관 중인 집안에 출가했다는 말을 들었지만 그건 홍도와 관계없는 일이었다.

"없습니다, 나리."

강세황은 홍도에게 물었다.

"요즘 서당에서 무엇을 배우느냐?"

"《동몽선습》의 부자유친 편을 배우고 있습니다."

"그럼 수 편(首篇, 머리말)을 배웠겠구나."

"예, 나리."

"첫 문장이 무엇이냐?"

"천지지간 만물지중 유인최귀 소귀호인자 이기유오륜야天地之間 萬物之衆 惟人最貴 所貴乎人者 以其有五倫也입니다."

"맞다. 그럼 뜻도 아느냐?"

"예, 나리."

"말해보아라."

"'천지 사이에 있는 만물의 무리 가운데에서 오직 사람이 가장 존귀하다. 사람을 존귀하게 여기는 까닭은 오륜五倫이 있기 때문이다'라는 뜻입니다."

"그래 잘 풀이했다. 그럼 그 문장을 써보아라."

강세황은 홍도의 글씨도 보고 싶었다. 홍도는 서안 앞에서 다시 한번 허리를 곧추세우며 자세를 바로잡았다. 그리고 숨을 가다듬은 다음 한 글자씩 꼼꼼히 써내려갔다. 긴장한 탓인지 콧등에 땀이 맺혔다. 아버지는 홍도가 글씨 쓰는 모습을 곁눈으로 기특하게 바라봤다. 강세황의 눈길도 홍도의 손끝에 닿았다. 글을 다 쓴 홍도가 허리를 펴면서 붓을 닦았다.

"필재筆才도 있구나."

강세황의 칭찬을 듣는 순간, 마음속에 그림에 대한 의욕이 불타올라 홍도는 자신도 모르게 비명처럼 말을 내뱉었다.

"나리, 소인 그림을 꼭 배우고 싶습니다."

김석무는 홍도를 바라보며 버릇없이 무슨 짓이냐는 표정을 지었다.

"'마음이 바르면 붓이 바르다'는 옛 선인의 말이 있는데 자네 아들의 붓이 바르고 재주가 있네. 그냥 묻히기에는 아까운 재주일세."

"나리, 그럼 이제 이 아이를 어떻게 해야 합니까? 무관이 아니라 환쟁이가 되는 건가요?"

김석무는 초조한 표정으로 물었다. 강세황은 재주를 타고났다고 해도 세습가문의 자식이 아니면 도화서에 들어가는 건 쉬운 일이 아니라는 걸 알고 있었다.

"자네 아들이 재주가 있는 건 맞네. 그러나 그림이라는 게 재주만 갖고 그릴 수 있는 게 아니네. 글공부를 해서 품성도 키워야 하고, 글씨 쓰는 공부도 해야 하네. 그런 힘든 과정을 거쳐야 온전한 그림을 그릴 수 있다네. 물론 이 아이는 재주를 타고났으니 열심히 하면 나중에 도화서에 들어가 화원이 될 수도 있겠지만, 쉬운 일은 아니네. 만약 도화서 화원이 못 되면 떠돌이 환쟁이가 되는 걸세. 그러니 집에 가서 잘 생각해보게."

도화서 화원도 환쟁이라고 손가락질받는 건 매한가지인데 그 자리조차 쉽게 얻을 수 없다는 말에 김석무는 고개를 떨궜다. 홍도는 그런 아버지를 바라봤다. 아버지도 홍도를 바라봤다. 김석무는 이제 그만 집에 가자는 말이 목구멍까지 올라왔다. 그러나 홍도의 눈빛이 너무 간절했다. 이렇게 힘들게 얻은 기회를 놓칠 수 없다는 듯 눈물이 그렁그렁했다. 김석무는 잠시 생각을 했다.

'재주가 있다니 훌륭한 스승 아래서 열심히 하면 도화서 화원이 될 수도 있지 않을까?'

그의 마음속에 실낱같은 희망이 스멀스멀 올라왔다.

'그러면 나라에서 녹을 받을 수 있으니 무관과 다를 바 없지 않은가. 초지진에 연줄도 없으니 차라리 이 양반님에게 매달리는 게 나을지도 모른다.'

여기까지 생각한 김석무는 머리를 조아리며 말했다.

"나리, 아무래도 아이는 그림 공부를 하고 싶은 모양입니다. 그러나 소인은 무식하고 가난해서 무엇을 어떻게 시킬지도 모르고, 서당에 보내는 일 말고는 더 가르칠 능력도 안 됩니다."

강세황은 무슨 말인지 알겠다는 듯 고개를 끄덕이며 홍도를 바라봤다. 그림을 운명으로 받아들이겠다는 열 살 아이의 생각이 기특하기도 하고 안쓰럽기도 했다. 내림이 아니라면 어린아이의 눈빛이 이렇게 간절할 수 없을 것 같다는 생각도 들었다.

"나는 삯을 바라고 가르치는 훈장이 아닐세. 그러니 그런 걱정은 하지 않아도 되네. 만약 이 아이가 그림을 공부하고 싶다면 종이와 붓도 내어주겠네. 그러나 글공부는 해야 하니 서당에는 계속 보내고, 서당을 마치면 내 집에 와서 화결(畫訣, 그림 그리는 법)을 익히도록 하게."

김석무는 일어나서 넙죽 절을 올렸다. 홍도도 따라서 절을 올렸다.

"나리, 고맙습니다. 정말 고맙습니다. 이 아이가 커서 나라에서 녹을 받는 도화서 화원이 될 수 있다면 저는 더 바랄 게 없습니다."

"다시 한번 말하네. 아이에게 재주가 있어 보여 거두네만, 도화서 화원이 되고 못 되고는 얼마나 열심히 하느냐에 달렸네."

"예, 나리. 소인 서당에도 다니고 나리께서 가르쳐주시는 건 모두 열심히 하겠습니다."

"홍도라고 했지. 좋은 이름이다. 열심히 해보아라."

"예, 나리. 명심, 또 명심하겠습니다."

강세황의 집을 나선 홍도는 날아갈 것 같은 기분으로 마을 남쪽의 봉우리를 바라봤다. 저런 높고 낮은 산봉우리를 화선지 위에 자유롭게 그릴 수 있는 날이 오게 될까? 아득한 미래만큼이나 그림을 배우게 되었다는 사실이 믿기지 않았다. 김석무는 홍도의 가벼운 발걸음을 보며 이 길이 천생 아들의 길인지도 모르겠다는 생각이 들었다.*

---

* 김홍도가 표암 강세황에게 화결을 배우러 다닌 시기를 열 살 때로 서술한 근거는 강세황이 김홍도에게 써준 '단원기 우일본'에서 김홍도가 자신에게 그림을 배우러 다니기 시작한 때가 머리를 땋은 동관 때라고 기술했기 때문이다. 동관은 열 살 무렵 아이를 가리킨다.[3]

4장

그림을 외우는 소년

홍도는 서당 수업이 끝나자마자 강세황의 집에 갔다. 성포리에서 동곡리까지는 10리 길이었지만 멀게 느껴지지 않았다. 강세황은 홍도에게 '나리'라 부르지 말고 '스승님'이라 부르라고 했다. 첫 제자였다. 강세황은 서안 위에 《개자원화전》을 올려놨다.

"이 책은 전부 여섯 권인데, 중국 유명 화가들이 만든 화보다. 제1책은 그림의 종류와 화법을 설명한 총론이라 아직 네가 읽기는 어려워 훗날 읽게 될 것이고, 제2책은 며칠 전에 네가 나무를 그릴 때 본 '수보'다. 경치를 그릴 때는 반드시 나무를 먼저 그려야 하고, 그중에서도 줄기가 먼저다. 줄기를 그린 다음, 점을 많이 더하면 수목樹木이 되고 나뭇가지를 많이 그리면 고목枯木이 되기 때문에 처음에는 한 나무에 여러 가지를 그리고, 그다음에는 두 나무, 세 나무, 다섯 나무 그리는 법을 모사해야 한다."

"예, 스승님."

"그리고 화보를 모사할 때는 정성 성誠, 한 글자를 명심해야 한다. 알겠느냐?"

"예. 스승님. 명심, 또 명심하겠습니다."

강세황은 홍도에게 종이와 붓, 먹, 벼루를 건넸다. 홍도는 깜짝 놀라며 그를 바라봤다.

"이건 네게 주는 선물이다. 집에 가져가서 틈나는 대로 연습하고 여기 올 때 갖고 오너라. 종이는 걱정하지 말고."

당시 강세황의 생활은 넉넉하지 않았지만 그림을 부탁하는 사람들이 종이와 비단을 갖고 오는 경우가 많았다. 스승이 내려준 붓과 벼루를 보자 그림을 배우는 게 비로소 실감이 났는지 홍도는 자기도 모르게 눈시울이 붉어졌다.

"스승님, 고맙습니다. 열심히 하겠습니다."

강세황은 일어나 방에서 나갔다. 방에 홀로 남은 홍도는 붓에 먹을 묻혀 며칠 전에 그렸던 첫 번째 나무부터 하나씩 따라 그리기 시작했다. 두 번째 나무부터는 조금씩 복잡해졌다. 큰 나무도 있고, 작은 나무도 있었다. 나뭇가지도 모양이 다양했다. 짧은 가지도 있고, 옆으로 길게 뻗어나간 가지도 있었다. 큰 나무에는 가지가 많았고, 조그만 나무에는 가지가 많지 않았다. 홍도는 열심히 따라 그렸다. 한참 그림을 바라보다 보면 형상이 머릿속에 저장되어 생각보다 어렵지 않았고 재미있어 시간 가는 줄을 몰랐다.

그림을 마음껏 그리는 것도 좋았지만 스승의 그림을 자세히 보는 것도 홍도에게는 큰 즐거움이었다. 강세황은 시간이 날 때마다 그림을 그렸다. 그에게 그림을 부탁하는 사람들로 문지방이 닳을 정도였다. 스승은 정자가 있는 산수화도 그렸고, 소나무 아래에서 생각에 잠긴 노인, 노인이 나귀를 타고 가는 그림, 강가에서 노를 젓는 뱃사공을 그리기도 했다. 패랭이와 방아깨비 같은 초충도도 그렸고, 매란국죽의 사군자도 그렸다. 홍도는 그때마다 자신은 언제쯤 저렇게 그릴 수 있을까 하며 경이로운 눈길로 스승의 그림을 바라봤다. 경이로운 건 그림에 그치지 않았다. 어릴 때부터 글씨를 잘 써서 당대의 명필인 백하 윤순*에게 칭찬을 받은 바 있는 강세황은 글씨와 시문詩文으로도 이름을 떨쳤다.

홍도는 열심히 강세황의 집을 드나들었다. 강세황은 특별히 지도하는 건 없고 홍도가 《개자원화전》을 모사하면 가끔 들여다보는 정도였다. 나무를 그리는 법이 어느 정도 익숙해진 다음에는 일흔 개가 넘는 다양한 종류의 잎사귀 그리는 법을 연습했다. 종류에 따라 잎사귀 생김새가 저마다 다른 것도 놀라웠고, 그리는 방법을 하나하나 설명한 화보가 있다는 사실도 신기했다. 《개자원화전》 그림 위에는 저마다 설명이 붙었는데, 홍도는 모르는 글자가 나올 때마다 강세황에게 묻는 게 민망했다. 그래서 글공부가 부족하다는 질책을 듣지 않으려고 그림 공부만큼 글공부도 열심히 했다.

---

* 尹淳, 1680~1741. 호는 백하白下. 영조 시절 예조판서, 평안도 관찰사 등을 두루 역임했으며 조선과 중국의 서법을 고루 익혀 조선 후기를 대표하는 명필로 이름을 떨쳤다.

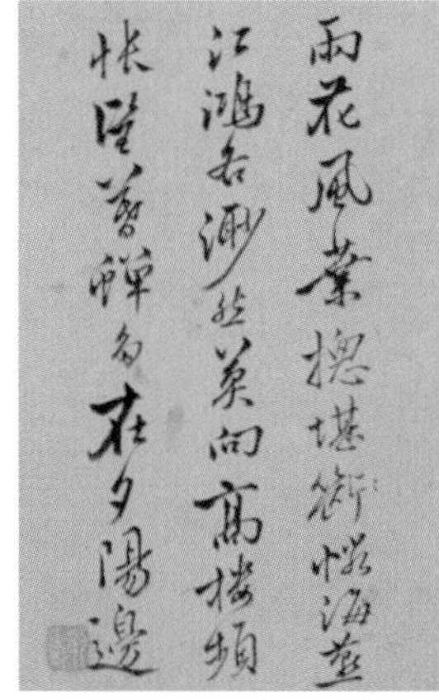

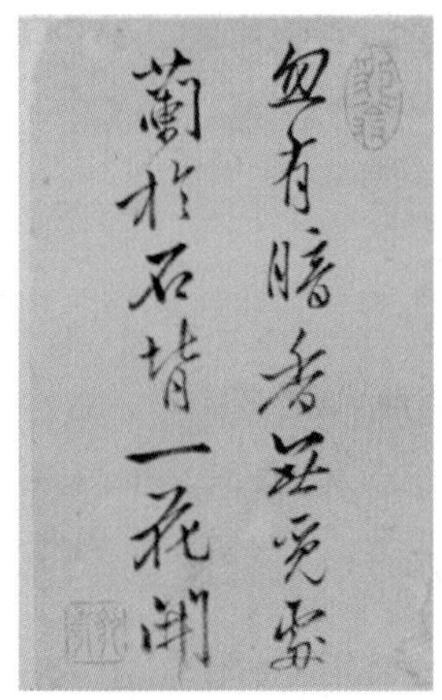

강세황, 초충도(위), 사군자(아래), 《표옹선생서화첩》, 일민미술관

강세황은 당대의 '시서화 삼절'로 불린 만큼 시도 잘 짓고, 글씨고 잘 썼고, 그림도 잘 그렸다. 그는 생전에 자신의 행적을 미리 썼는데 "그림을 좋아하여 때로 붓을 휘두르면 힘이 있어 고상하고 속기를 벗었다. 묵화인 난죽蘭竹은 더욱 맑고 힘차며 속기가 없었으나 깊이 알아주는 사람이 없었고, 나도 스스로 대단하게 생각하지 않고 다만 감흥을 풀고 마음을 기쁘게 하는 것뿐이었다. …… 글씨는 왕희지와 왕헌지를 본받고 미불과 조맹부를 참작하여 깊은 경지에 이르렀다. 한편으로 전서와 예서를 공부하여 옛사람의 정신을 터득하였다"라고 기록했다.[4]

강세황의 집에는 가끔 현재 심사정(沈師正, 1707~1769), 호생관 최북(崔北, 1712~?), 연객 허필(許佖, 1708/9~1768) 등과 같은 유명한 화가들이 찾아왔다. 기행奇行으로 유명한 중인 화가 최북은 1740년대부터 안산에 살면서 여주 이씨, 진주 유씨 가문과 교류했다. 허필은 담배를 너무 좋아해 연객煙客이라는 아호를 갖고 있는 소북계 문인화가였다. 어렸을 때부터 한양에 있는 강세황의 남소문동 집을 드나들며 우정을 쌓았다. 스물일곱 살인 1736년(영조 12년)에 진사시에 입격했지만 관직에는 나아가지 못한 포의(布衣, 벼슬 없이 살아가는 선비)였다. 누이동생이 성호 이익의 조카인 이병휴(실학자 이용휴의 동생)와 혼인해 여주 이씨 가문과도 가깝게 지냈다. 심사정은 청송 심씨로 노론 가문이었다. 심사정과 강세황의 가문은 신임사화* 때 풍파를 겪었다는 동병상련이 있어 한양에서부터 교류가 있었다. 강세황은 심사정의 남종화풍 그림을 조선 최고라고 평가했다. 어린 홍도는 유명한 화가인 스승의 벗들을 보며 자신도 언젠가는 이름을 날리는 화원이 되리라는 꿈을 키워나갔다.

1758년(영조 34년), 홍도가 강세황의 집을 드나든 지도 3년이 지났다. 강세황은 마흔넷, 홍도는 열세 살이 되었다. 《개자원화전》에 있는 웬만한 그림을 다 그릴 즈음 강세황이 그를 앞에 앉혔다.

---

* 경종 때인 신임(辛壬, 1721~1722) 연간에 심사정의 조부인 심익창이 노론임에도 소론 중에서도 과격파인 김일경과 공모해 왕세제인 연잉군(훗날 영조)을 시해하려다 실패했다. 강세황의 부친 강현은 소북으로 대제학과 예조판서를 지냈지만 신임 연간에 송시열의 직계 제자인 김창집을 비롯한 노론 4대신을 사사賜死하는 데 참여하였다가 영조 즉위 후 금산에 유배되었다. 이때부터 집안이 몰락했기에, 심사정과 강세황은 신임사화로 인한 동병상련이 있었다.

"지난 3년 동안 고생 많았다. 이제 이만하면 화결은 어느 정도 익힌 것 같다. 그러나 그림만 잘 그린다고 도화서 화원이 될 수 있는 게 아니다. 글씨도 잘 써야 하고 시도 지을 줄 알아야 제발을 쓸 수 있다. 시서화를 모두 잘해야 유능한 화원이 될 수 있다는 뜻이다. 그런데 너도 알겠지만 내 건강이 예전 같지가 않아 너에게 서법書法을 가르쳐줄 여력이 없다. 그러니 이제부터는 서당에 가서 글씨와 시를 공부하도록 해라."

명필인 스승 아래에서 글씨도 함께 배울 수 있기를 바랐던 홍도는 낙담한 눈길로 강세황을 바라봤다. 그 눈빛이 무엇을 의미하는지 안다는 듯 강세황의 말과 표정에는 인자함이 묻어났다.

강세황의 건강이 좋지 않은 건 사실이었다. 2년 전 부인 진주 유씨가 병으로 세상을 떠난 뒤부터 잔병치레가 잦았고, 그때마다 아들은 동네 의원을 불렀다. 벼슬길에 나아가지 못한 자신을 대신해 집안 살림을 꾸리고 자식을 키운 진주 유씨에 대한 자책으로 몸이 쇠약해진 것이다. 며칠씩 자리에서 일어나지 못할 때가 많았다. 사정을 아는 홍도는 더 이상 가르침을 부탁할 수 없었다. 그래도 아쉬운 마음에 조심스레 스승에게 간청을 했다.

"예, 스승님. 그런데 가끔 들러 문후를 여쭙고, 또 모르는 게 있으면 들러도 괜찮겠는지요?"

강세황이 허허 웃음을 터트리며 대답했다.

"너는 나에게 화결을 배운 제자다. 언제든지 오고 싶을 때 오너라."

"예, 스승님. 고맙습니다."

스승에게 큰절을 하고 나오는 길에 가슴속으로 서늘한 바람이 들어오는 것 같았다. 홍도는 가던 길을 멈추고 돌아서서 스승의 집을 향해 허리를 숙였다.

새로 다니기 시작한 서당에서 정자체인 해서楷書와 약간 흘려서 쓰는 행서行書를 배웠다. 훈장은 먼저 체법體法을 써 보이며 설명해줬다. 며칠 뒤에는 또 다른 본本을 보이며 따라서 쓰게 했다. 글씨도 그림 못지않게 흥미로웠다. 홍도는 글씨 연습을 하는 틈틈이 그림 그리는 것을 게을리하지 않았다. 바쁜 나날이었지만 가끔 강세황에게 들러 인사하는 것도 잊지 않았다. 스승도 그를 격려했다.

"잘 따라하고 있구나. 도화서에 들어가는 세습 화원의 자제들도 너와 같은 과정을 거친다. 그러나 네가 도화서 화원이 되려면 그들보다 몇 배 더 열심히 해야 한다. 그들은 가문의 뒷배로 어느 정도의 실력만 갖추어도 화원이 될 수 있지만, 아무런 연고가 없는 너는 그들보다 몇 배 더 뛰어나야 화원 취재에 합격할 수 있다."

채찍질이 섞인 스승의 격려를 들을 때마다 마음이 무거워지는 건 어쩔 수 없었다. 세상에서는 '환쟁이'라며 손가락질을 한다는 화원의 길이 이렇게 어렵단 말인가! 그래도 화원이 되기 위해서는 해야 하는 공부였다. 기본적인 서체 연습이 끝날 때쯤, 훈장은 도연명, 이백, 구양수와 같은 유명 시인들의 시를 쓰는 연습도 시켰다. 이렇게 또 3년이 지나면서 홍도는 글씨 공부와 시 공부를 어느 정도 마무리했다.

5장

반송방 북곡에서 도화서를 바라보다

1761년(영조 37년) 3월 18일, 왕세손 이산(李祘, 훗날 정조)의 관례(冠禮, 성인식)를 행했다. 세손이 열 살(만 9세)이라 관례를 행하기에는 어린 나이였지만 한 해 전 세손에 책봉된지라 시기를 앞당긴 것이다. 영조는 반교문頒教文에서 "아! 너 세손은 키는 얼마 되지 않지만 영명하고 지혜로움이 무리에서 뛰어나고, 타고난 자질과 성품이 순수하다"면서 "날마다 글을 강독하고 외우기를 부지런히 하여 지식과 행동이 모두 발전해서 궁묘宮廟에 알현할 때에는 단정하고 엄숙함을 스스로 유지하고, 기거와 동작을 법도에 맞도록 하여, 나의 마음을 기쁘게 하기를 다함이 없도록 힘쓰라"라고 했다.

그해에 홍도는 열여섯 살이 되었다. 집에서는 혼인을 시키려고 여기저기 처자를 알아보느라 분주했지만 홍도는 공부가 바쁘고 경제적으로 능력이 안 되기 때문에 혼인할 의사가 없다며 관심을 보이지 않았다. 그러나 댕기머리를 계속할 수는 없어 집에서 조촐하게 관례를 행하고 상투를 틀었다. 관례를 앞두고 서당 훈당은 홍도를 불러내어 앉히더니 하얀 종이에 '사능士能'이라는 두 글자를 적어주었다.

"이 글자를 앞으로 너의 자字로 삼거라."

남자가 관례를 행하면 이름 대신 부를 자를 지었다. 성인의 이름을 함부로 부르지 않는 것이 예였기 때문이다.

"스승님, 이건……"

홍도의 눈이 선비 '사士' 자에 한참 머물렀다. 스승의 호의에 감사하면서도 중인인 자신에게는 과분한 자라는 생각이 들어서였다. 그의 마음을 눈치챘는지 훈장은 따뜻한 목소리로 말을 이었다.

"사능은 항상 바른 마음을 가질 수 있는 선비가 되라는 뜻이다. 양반만이 선비의 길을 걸을 수 있는 건 아니다. 그러니 앞으로 너의 자를 네 말과 몸가짐, 행동의 지표로 삼도록 해라."

훈장은 양반은 아니지만 홍도의 품성과 마음가짐만은 사대부에 버금간다고 생각하던 터였다. 훈장의 진심을 알아챈 홍도는 정중하게 스승이 내린 자를 받았다. 며칠 뒤, 홍도는 강세황을 찾아가 관례를 올렸으며 서당의 스승에게 '사능'이라는 자를 받았다는 이야기를 했다.

노적봉이 여름의 짙은 푸른빛으로 물들어갈 무렵 홍도는 강세황에게 인사를 하러 갔다. 집에는 마침 심사정이 와 있었다. 수리산 자락에 있는 원당사에 왔다가 한양으로 올라가는 길에 들른 것이다. 원당사는 그림을 좋아하는 스님이 있어 심사정이 가끔 들르는 곳이었고, 이번에는 사찰에서 한 달을 머물며 그림을 그렸다고 했다. 심사정은 강세황보다 여섯 살 위였기 때문에 강세황은 그를 깍듯하게 대했다. 심사정도 강세황의 학식을 높이 샀기에 시서화 삼절에 걸맞게 강세황에게 예의를 차렸다. 그날 강세황이 심사정에게 홍도를 정식으로 인사시켰다.

"전에 가끔 보셨겠지만 저에게 화결을 배운 아이입니다. 사능아, 현재공께 인사 올려라."

"소인 김해 김가이고, 자는 선비 '사'에 능할 '능'이옵고, 이름은 넓을 '홍', 이치 '도'입니다."

홍도가 큰절을 하자 심사정이 물었다.

"나이가 몇이냐?"

"을축생이옵니다."

"나이에 비해 체격이 훤칠하구나."

"대대로 무반 집안 아이입니다."

중인 집안이라는 뜻이었다.

"그런데 어찌 무술을 연습하지 않고 화결을 배웠느냐?"

"소인, 그림을 그리고 싶어 배움을 청했습니다."

"저에게 《개자원화전》을 배우고 서당에서 글씨를 공부했습니다."

강세황의 말에 심사정은 고개를 끄덕였다. 홍도는 심사정과 강세황 사

심사정, 쌍폭병풍 중 산수도, 지본담채, 24.8×30.8cm, 서울대학교박물관

심사정의 아버지는 포도 그림을 잘 그렸던 심정주, 외할아버지는 포도와 인물을 잘 그렸던 정유승이다. 심사정도 어린 시절부터 화재가 출중해 겸재 정선에게 그림을 배웠다. 그러나 할아버지 심익창이 신임사화(1721년, 경종 1년) 때 대역죄로 극형에 처해져 집안이 몰락했다. 역적의 후손이 된 심사정은 관직에 나아갈 수가 없어 그림을 그리며 생활했다.

이에 펼쳐진 그림으로 눈이 갔다.

강세황이 종종 심사정의 남종화를 입에 침이 마르도록 극찬했기에 홍도는 이 그림도 남종화의 일종일 거라 짐작하며 한참을 들여다보았다.

'이처럼 생생한 산수를 그리려면 대체 얼마나 더 연습해야 할까.'

거칠 것 없는 대담한 구도와 때로는 휘몰아치고, 때로는 정제된 선에 홍도의 마음도 꿈틀거렸다. 자신의 그림을 넋을 놓고 보고 있는 홍도에게 심사정이 물었다.

"그림들이 볼 만하냐?"

"예, 나리."

심사정은 홍도의 눈에서 그림을 향한 간절한 욕망을 읽었다. 절로 도와주고 싶은 마음이 들게 하는 눈빛이었다. 심사정이 강세황에게 물었다.

"그런데 표암, 사능이 《고씨화보》*도 배웠는지요?"

"제가 《고씨화보》는 아직 구하지 못해 가르치지 못했습니다."

"사능아, 다행히 나에게 표암 공이 갖고 있지 않은 《고씨화보》가 있으니 언제 한양에 올 일이 있거든 서대문(돈의문) 밖 반송지** 북쪽 골짜기에 있는 나의 집으로 찾아오너라. 그림 공부하는 데 도움이 될 게다."

홍도는 당대 최고의 화가 심사정의 호의에 어떻게 대답해야 할지 몰라 스승의 얼굴을 바라봤다. 그러자 강세황이 미소를 지으며 말했다.

---

* 정식 명칭은 고씨역대명공화보顧氏歷代名公畵譜. 1603년 명나라 사람 고병顧炳이 중국 역대 화가들의 그림을 모아 판각한 화보집. 심사정뿐 아니라 공재 윤두서, 겸재 정선 등 조선 후기 그림을 이해하는 데에도 중요한 사료다.

** 盤松池, 중국 사신을 영접하던 모화관 남쪽에 위치한 연못. 서지西池라고도 불렸다.

"현재 공께서 그림을 좋아하는 너의 마음을 아끼는 뜻에서 하신 말씀이니 얼른 대답을 여쭈어라. 하하."

홍도는 그제야 작은 목소리로 대답했다.

"고맙습니다, 나리. 꼭 찾아뵙겠습니다."

홍도는 심사정과 강세황에게 큰절을 했다. 사립문을 나서는 홍도는 두근거리는 마음을 주체할 수 없었다. 심사정의 집을 드나들다보면 그에게 가르침을 받을 기회가 생길 수도 있었다. 홍도는 주먹을 불끈 쥐며 멀리 내려다보이는 성포리 앞바다를 바라봤다.

가을걷이가 끝난 후 홍도는 강세황을 찾았다. 서대문 밖 반송지 북쪽 골짜기에 있다는 심사정의 집을 찾아가서 《고씨화보》를 보고 싶다고 했다. 강세황은 고개를 끄덕이며 심사정이 겪은 정치적 시련에 대해 간단하게 설명해줬다. 부인인 배천 조씨도 세상을 떠났고, 슬하에 자식이 없어 사촌의 아들을 양자로 들였는데 그도 살림을 차려 나갔기 때문에 혼자 살고 있다고 했다. 형편이 넉넉하지 못할 수도 있으니 며칠 묵으면서 지낼 동안의 식량은 챙겨가라고 했다.

"당대 최고 화가인 현재 공의 눈에 든 걸 보면 사능 너는 아무래도 화원이 될 팔자인 모양이다. 현재 공께 억지로라도 매달려 그림 공부를 하여라. 공에게 그림을 배우면 도화서 화원이 되는 데 큰 도움을 받을 것이야."

강세황은 이미 마음이 한양 땅에 가 있는 홍도에게 당부하듯 말을 덧붙였다.

작자미상, 〈경기감영도〉(부분), 지본채색, 135.8×442.2cm, 보물 제1394호, 삼성미술관 리움
반송지 북쪽으로 백악산과 인왕산이 보이고 큰길 주변에는 집 밖으로 내어 지은 가게가 있다. 반송지 북쪽에 골짜기가 보이는데 이곳이 심사정 자신의 집이 있다고 한 반송방 북곡(北谷, 북쪽 골짜기, 현재 서대문구 옥천동)이다.

홍도는 아버지로부터 받은 쌀 한 말(약 8킬로그램)과 어머니가 챙겨준 방게조림을 등에 메고 길을 떠났다. 한양은 초행이었지만 안산에서 한양으로 가는 보부상들이 많아 그들을 따라갔다. 반나절을 걸어 노들 나루터에서 배를 타고 한강을 건넜다. 안산에서 아침 일찍 출발해 배가 고팠다. 나루터 부근에 있는 허름한 주막에서 점심을 먹은 뒤, 옆에 있던 보부상 무리에게 서대문 밖 반송지 가는 길을 물었다. 마침 개성까지 가기 위해 무악재를 넘어야 하는 이가 있어 그를 따라 경기감영 옆에 있는 반송지까지 수월하게 갈 수 있었다.

홍도는 반송지에서 심사정이 일러준 대로 북쪽 골짜기를 따라 올라갔다. 보부상 말로는 상인들이 많이 사는 동네라고 했다. 동네 어귀에서 그림 잘하는 현재 나리 집을 묻자 단풍나무 동산 아래에 있는 초가집이라고 알려줬다. 동네에서는 '현재 거사'로 통했다. 심사정은 국화가 소담하게 피어 있는 초가에서 방문을 열어놓고 그림을 그리고 있었다. 홍도가 사립문을 열고 들어서며 인사를 했다.

"나리, 안녕하셨는지요? 소인 일전에 표암 나리 댁에서 뵈었던 김가 사능이옵니다."

"그래. 그때 본 사능이구나. 먼 길 오느라 힘들 텐데 어서 들어오너라."

"예, 나리."

방으로 들어선 홍도는 등에 맨 짐을 내려놓고 큰절을 했다. 심사정은 그림을 그리다 말고 인사를 받아 머리에 관을 쓰지 않았다. 강세황이 자신보다 여섯 살 연상이라 말했으니 54세였다. 그래서인지 흰머리가 제법 많

있다.

“한양은 여러 번 왔었느냐?”

“소인, 초행이옵니다.”

“그런데 용케 잘 찾아왔구나. 어렵지는 않았느냐?”

“아닙니다, 나리. 나루터에서 개성으로 가는 보부상을 만나 경기감영까지 쉽게 왔습니다.”

“다행이구나. 아침에 떠났을 테니 배가 고프겠다. 내가 가서 밥을 준비할 테니 조금 기다려라.”

“아닙니다, 나리. 소인 나루터 주막에서 요기를 하고 왔습니다. 그리고 이건 소인의 부모님께서 보내는 곡식과 찬거리입니다.”

홍도는 바랑에서 쌀과 방게를 꺼내 심사정 앞에 공손히 놓았다.

“네가 제대로 눌러앉아 화보를 볼 작정을 하고 온 게로구나. 하하.”

“나리, 가르침을 주십시오. 소인은 정말로 그림을 그리고 싶습니다.”

홍도의 목소리는 간절했다.

‘저리 하얗고 말끔한 아이가 험한 환쟁이의 길을 끝까지 갈 수 있을까?’

천대와 모욕이 예상되는 길에 자신의 꿈을 절박하게 걸고 있는 홍도를 바라보며 심사정은 안타깝고 측은한 마음이 들었다.

“사능아, 그림을 그리는 사람이 된다는 건 환쟁이가 되겠다는 말이다. 도화서 화원이 되어서도 멸시를 받는 건 마찬가지다. 만약 도화서 화원이 못 되면 그 처지는 더욱 비참해진다. 떠돌이 방외화사方外畵師가 되어 여기저기 일거리를 찾아 양반집을 기웃거려야 할지도 모르지. 그런데도 그림을 그리고 싶으냐?"

"예, 나리. 저는 떠돌이 화가가 된다 해도 그림만 그릴 수 있으면 좋겠습니다."

심사정은 조용히 한숨을 내쉬었다.

"그림 그리는 게 왜 좋으냐?"

"나리, 저는 붓을 잡을 때가 제일 좋습니다. 산을 보면 산을 그리고 싶고, 바다를 보면 바다를 그리고 싶고, 사람을 보면 사람을 그리고 싶습니다. 그래서 저는 매일 밤 천장에다 그림을 그립니다."

"사능아, 나는 양반이지만 관직에 나아갈 처지가 못 돼서 하루도 붓을 잡지 않은 날이 없다. 남들이 양반이 그림을 그린다며 환쟁이라 비웃어도 그림을 그렸다. 그 이유는 그림을 그려야 생계를 유지할 수 있기 때문이다. 그래서 지금도 이렇게 그림을 그리고 있었던 거다. 이게 바로 환쟁이의 모습이다. 이런 수모를 견뎌낼 자신이 있느냐?"

심사정이 바닥에 널려 있는 그림들을 가리키며 말했다. 비단 위에 그린 그림도 있고, 종이 위에 그린 그림도 있었다.

"예, 나리. 소인은 중인이라 누구에게 대접받는 신분이 아님을 잘 알고 있습니다. 그래서 환쟁이라 손가락질받아도 참을 수 있습니다. 나리께서 가르침을 주신다면 정성을 다해 배우겠습니다."

"네 마음가짐이 그렇다면……. 도화서 화원이 되려면 지금부터 쉬지 않고 그려야 한다. 세습 화원의 자식들은 네 나이쯤에는 도화서 생도방에 입속하여 하루도 쉬지 않고 그림을 그린다. 거기에는 중국 그림도 있고, 이

전 화원들이 그린 그림도 있다. 그렇게 몇 년 훈련을 받으면 웬만한 그림은 눈을 감고도 그릴 정도의 실력을 갖춘다. 그러나 너는 생도방에 입속할 수 있는 처지가 아니니, 그들보다 더 열심히 해야 나중에 도화서 화원 취재에 합격할 수 있을 것이다. 그리고 합격해서 화원이 된다 해도 실력에 따라 1방, 2방, 3방으로 나뉜다. 산 넘어 산이고, 물 건너 물인 곳이 도화서다. 열심히 할 자신이 있느냐?"

세습 화원의 자식들이 도화서 생도방에서 그림 공부를 한다는 이야기는 처음 들었다. 도화서 안에서도 실력에 따라 등급이 나뉜다는 것도 마찬가지였다.

"소인 힘든 건 각오하고 있습니다. 열심히 하겠습니다. 그러나 소인은 길을 모르오니 나리께서 가르쳐주십시오."

"네 열성이 기특하다. 그럼 공부를 해보도록 하자. 한양에는 얼마나 있다가 가려고 하느냐?"

"나리, 이제는 소인 집에서 소작하는 논의 추수도 끝나 집에 가도 별로 할 일이 없습니다. 허락하신다면 한 달쯤 나리 댁에 있으면서 그림을 배우고 싶습니다. 그리고 집에 가서 식량을 넉넉히 준비해 다시 올라오겠습니다."

"그래, 집에는 나 혼자니 아들아이가 살던 방에서 지내면 된다. 그리고 나에게 그림을 배우겠다며 오는 아이가 한 명 더 있다. 그 아이도 을축생이니 너와 동갑이다. 와서 며칠씩 묵다 가는데, 다음에 오면 서로 인사하도록 해라."

"예, 나리."

홍도는 그날부터 심사정의 제자가 되어 그의 옆에서 먹을 갈았다. 심사정에 대한 호칭도 나리에서 스승님으로 바뀌었다. 심사정은 먹을 가는 틈틈이 스승의 그림 그리는 모습을 눈에 담으려는 홍도의 열정과 자세를 기특하게 여겼다. 며칠 뒤 심사정은 홍도를 불러 앉혀 그가 보고 싶어 하던 《고씨화보》를 내밀었다.

"사능아, 이제부터는 전해오는 옛 그림을 좇아서 배우고 익혀 힘을 쌓아야 한다. 그러나 그건 그림의 기본을 익히기 위한 공부일 뿐이다. 네가 명심해야 할 건, 보이는 대로 그리면 붓장난이 되고 만다는 사실이다. 좋은 그림을 방倣할 때는 그 그림이 보여주려고 한 정신을 찾아서 그려야 한다. 처음에는 어렵겠지만 자꾸 그리다보면 내 말 뜻을 알게 될 게다."

'정신'이라는 단어가 홍도의 가슴속에 박혔다. 화의(畵意, 그림의 뜻)를 이해하고 그 뜻을 자신의 방법으로 새롭게 표현해야 한다는 말이었다.

"예, 나리. 명심하겠습니다."

심사정은 틈이 날 때마다 그림 그리는 기술보다 중요한 게 마음 자세라는 점을 강조했다. 그림의 정신을 중요시하는 건 심사정이 사대부 화가였기 때문이었다. 심사정의 말 한마디 한마디를 새기다보면 어렵고 아득하게만 느껴지던 도화서 화원의 길이 어슴푸레 보이는 듯했다. 기가 죽을 때마다 심사정의 격려가 홍도에겐 위로가 되고 힘이 되었다.

6장

네가 그리고 싶은 그림이 무엇이냐?

심사정은 가끔 홍도에게 그림 그리는 모습을 보여주며 따라 그려보라고 했다. 매화나무 가지와 꽃을 그릴 때도 있고, 버드나무 위에 앉은 꾀꼬리나 연못을 노니는 오리를 그릴 때도 있었다. 소나무 아래서 바둑 두는 노인, 산수를 배경으로 한 인물화도 그리게 했다. 그렇게 열흘이 지날 무렵 약관의 청년이 사립문을 열고 들어와 심사정에게 인사를 했다. 잠시 후 심사정이 홍도를 불렀다.

"지난번에 말한 문욱이다. 몇 년 전부터 나에게 그림을 배웠는데, 앞으로 동무가 되어 함께 공부하도록 해라."

"예, 스승님."

이인문은 깨끗한 두루마기를 입고 있어 행색이 초라하지 않았다. 그러나 갓 양태가 좁은 걸로 봐서 중인이었다. 홍도는 양반이 아니라 다행이라는 생각이 들었다.

"문욱아, 여기 있는 사능은 안산에서 올라왔다. 앞으로 함께 공부할 도반이다. 사능도 을축생이니 서로 동갑이다. 동무가 되어 함께 배우면 서로에게 좋을 테니 잘 지내도록 하여라."

"예, 스승님."

두 사람은 심사정의 방에서 나왔다. 인문이 먼저 말을 붙였다.

"앞으로 함께 공부를 한다니 반갑소. 나는 해주 이가, 셋째 인寅에 글월 문文이고, 자는 글월 문文에 성할 욱郁을 쓴다오."

"나는 김해 김가, 넓을 홍, 이치 도이고, 자는 선비 사, 능할 능이오."

인문은 홍도가 김해 김씨라는 말에 반색을 하며 되물었다.

"그렇소? 내 외가가 김해 김씨요. 항렬자가 어찌되오?"

"빛날 태兌인데, 내 이름은 항렬자를 따르지 않았소. 육촌 형님들은 빛 광에 빛날 태, 항상 항에 빛날 태를 쓰오."

"빛날 태 자면 외조부님과 같은 항렬이오. 외조부님은 태 자에 창성할 창 자를 쓰시오. 이거 오늘 먼 외조부를 뵙소. 하하."

인문의 말에 홍도도 웃음을 지었다.

"동갑 손자라는 말은 들었는데 실제 이렇게 보게 되는구려. 반갑소, 손자. 하하."

"말이 나온 김에 이야기하면 막내 조모께서도 김해 김씨와 혼인을 하셨는데 그분은 항렬이 벼락 진震 자를 쓰시는 분이오. 진 자에 도울 필 자 분이시오."

"그렇소. 그거 참 반가운 인연이오. 벼락 진은 저의 증조 항렬이오. 그분은 진 자에 창성할 창 자를 쓰셨소."

"그럼 이번에는 먼 외숙부가 되시는구려. 하하."

"손자보다는 조카가 낫소. 우리가 통성명도 했고 계촌(計寸, 촌수를 따지는 것)에 동갑이라는 걸 알았으니, 앞으로 동무로 지내면서 함께 공부하도록 하오."

"하하. 외숙부께서 그리 말씀하시니 따르겠습니다. 그런데 사능은 언제부터 그림을 공부했소?"

"마을에서 멀지 않은 곳에 표암 강세황 나리가 계셔서 동관 때부터 그분께 화결을 배웠소."

"강세황 나리라면 시서화 삼절로 유명한 그분 말씀이시오?"

"그렇소. 그분도 현재 나리처럼 반상을 따지지 않는 분이라 나 같은 중인도 가르쳐주셨소."

"집안 어르신 중에 화원이 계시오?"

"아니요. 우리는 무반가인데 나는 어릴 때부터 그리는 게 좋았소."

"나도 그렇소. 우리 집안에는 사자관에 종사하는 어른들이 많은데, 나는 글씨 쓰는 것보다 그리는 게 좋아서 스승님께 온 거요."

"현재 나리께는 언제부터 배우셨소?"

"나도 동관 때부터요. 집안에서 아는 도화서 화원에게 화결을 잠깐 배웠는데, 집 근처에 스승님이 계시다는 걸 알고 열두 살 때부터 배웠소."

"문욱은 집이 어디오?"

"여기서 멀지 않은 인왕산 자락 아래 인왕곡에 사오. 스승님도 전에는 인왕곡에 있는 외가에 사시다가 3년 전에 이곳 반송방 북곡으로 오셨소."

심사정은 조부 심익창이 영조에 의해 역적으로 확정되고 반송방으로 이사를 왔다. 역적의 자손들은 사대문 안 도성에 살 수 없다는 관습법에 따른 것이었다.[5]

"문욱은 문안(門安, 사대문 안쪽)에 사시는구려. 여기 있는 그림들을 보니 훌륭하오. 재주가 좋소. 나는 아직 화결을 다 익히지도 못했소."

"나도 마찬가지요. 스승님께 드나든 햇수는 오래됐지만 집에서는 아직도 사자관이 화원보다 낫다며 글씨 공부를 하게 해 많이 배우지는 못했소. 그래서 도화서 화원이 되려면 아직 멀었소. 그런데 사능은 어떻게 스승님에게 오게 되었소?"

"현재 나리께서 표암 댁에 오셨다가 내가 못 본 화보를 갖고 계시다면서 한번 들르라 말씀해주시기에 온 거요. 그런데 나는 집이 안산이라 왔다 갔다 해야 하오."

"그건 나도 같소. 아무튼 반갑소. 우리 좋은 도반이 되어 함께 공부합시다."

"고맙소, 문욱."

홍도와 인문은 서로 손을 맞잡았다. 두 사람은 이때부터 피차에 간격이 없도록 말을 공대가 아니라 평교(平交, 나이가 비슷한 벗) 사이의 편한 말로 하기로 했다. 같은 길을 가는 중인끼리 만난 것도 반가운데 먼 계촌이라는 사실이 두 사람을 더 가깝게 했다. 서로 만나 함께 공부할 때도 있고, 길이 엇갈려 못 만날 때도 있었지만 둘은 심사정 문하에서 선의의 경쟁을 했다. 심사정도 때로는 둘을 은근히 경쟁시키며 서로에게 자극이 되도록 했다. 훗날 홍도와 인문은 함께 도화서에 들어가 평생 문경지교(刎頸之交, 생사를 같이할 만큼 친한 사이)의 우정을 나누는 사이가 된다.*

이튿날부터 홍도는 인문과 함께 주변을 산책하며 그림 이야기를 나눴다. 인문과 길을 걸으며 홍도는 조금씩 주변 길과 풍경을 익혔다. 심사정의 심부름으로 인문과 함께 종루(현재 보신각)에서 숭례문(남대문)으로 가는 길에 청계천 광통교 부근의 지전(紙廛, 종이 가게)에도 들렀다. 광통교는 조선시대 도성 내에서 가장 큰 다리로 길이 약 12미터, 폭 15미터로 길이보다 폭이 넓은 다리였다. 동서남북으로 오가는 사람이 많은 곳이라 한양 최고의 번화가였다. 큰길 옆에는 그림을 파는 서화사가 여러 곳 있고 그 옆에 종이 파는 지전이 있었다. 지전은 종이뿐 아니라 그림도 팔았다. 서화사에서 거래되는 게 주로 광통교 부근 도화서에서 나온 그림이나 방외화사들의 그림이라면 지전은 서화사보다는 조악한 그림들을 다루었다. 가난한 바닷가 마을에서 온 홍도에겐 이 모든 풍경이 낯설고 신기할 뿐이었다.

---

* 김홍도가 심사정에게 그림을 배웠다는 기록은 성해응의 《연경재전집研經齋全集》 속집책십육續集册十六 "서화잡식書畫雜識" 부분에 나온다. "단원 김홍도는 근래의 화사 중 거장이다. 현재 심사정에게서 그림을 배우기 시작했다檀園金弘道 近時畵師之鉅匠也 始學于 玄齋 沈思貞(밑줄은 師正의 오기)." 한편, 이인문이 심사정의 제자였다는 근거는 《석농화원石農畵苑》 원첩原帖 제4권에 있는 계산적설도溪山積雪圖의 화제에서 찾을 수 있다. 여기에 "현재 심사정에게 수제자가 있으니 이인문 군으로 자는 문욱이다玄齋有高足曰 李君寅文 字文郁"라는 기록이 있다.[6]

며칠 뒤 인문은 사대문 안에 있는 집으로 돌아갔고, 홍도는 그동안 그린 그림을 둘둘 말아 광통교로 가지고 갔다. 인문은 사자관 집안이라 종이 걱정 없이 그림을 그렸지만 홍도는 그렇지 않았다. 인문과 함께 들른 적 있는 지전에서 그림을 팔아 종이를 벌어볼 생각이었다.

"이보시오, 이 그림을 종이와 바꿀까 하는데……."

아무리 지전이라도 자기처럼 화원도 아닌 습작생의 그림을 받을지 확신할 수 없어 상인에게 말을 거는 홍도의 목소리에는 자신감이 없었다. 지전 주인은 익숙한 일이라는 듯 "그림 배우는 생도인가 보오?" 하면서 홍도의 그림을 대충 살피고는 종이값을 쳐주었다. 당시 중인들 사이에서는 중국 그림 한두 점을 집에 걸어놓는 게 유행이었고, 그들 중 여유가 없는 이들은 싼 그림을 찾았기에 습작 중인 생도들의 그림도 걸어놓으면 팔렸다. 첫 번째 거래를 튼 이후로 홍도도 자신감이 붙었다. 게다가 홍도의 습작 그림은 웬만한 방외화사의 그림보다 수준이 높아 시간이 지날수록 홍도의 그림을 찾는 지전이 늘었고, 그림과 바꿔주는 종이의 양도 늘었다.

심사정은 홍도에게 남종화풍의 산수화부터 화조화와 초충도 그리는 법까지 자세하게 가르쳐주었다. 심사정의 산수화는 중국 화보나 중국 화가의 작품을 발전시킨 그림이었지만, 화조화에서만큼은 자신의 독창적인 화법을 이루고 있었다. 홍도는 심사정이 화조화를 펼칠 때마다 입을 다물 수가 없었다. 연꽃이 화려하게 피어오른 연못 사이를 노니는 오리, 버드나무 등걸에서 울고 있는 매미를 그린 그림을 보며 감탄하지 않을 수 없었다.

(좌) 심사정, 산수화, 지본담채, 164×45cm, 국립중앙박물관

(우) 심사정, 화훼초충도(매미), 지본채색, 163×43cm, 국립중앙박물관

심사정은 나무를 쪼는 딱따구리, 버드나무 위에서 지저귀는 새 한 쌍, 장미 위를 날아다니는 나비, 양귀비꽃 위를 빙빙 도는 벌과 나비, 패랭이꽃과 잠자리 등의 그림을 보여주며 따라 그리게 했다.

홍도는 안산에 내려갈 때마다 강세황을 찾아 문안 인사를 했다. 강세황은 심사정의 안부를 물었고, 근황을 알려주면 안타까운 표정을 지으며 고개를 끄덕였다.

"그림 공부는 잘되고 있느냐?"

"예, 스승님. 그러나 소인의 재주가 부족해서 아직 멀었습니다."

"공부에 끝이 있겠느냐. 그러나 열성을 가지고 열심히 하다보면 좋은 그림을 그릴 수 있을 게다."

"예, 스승님. 마음을 모아 열심히 하겠습니다."

"사능아, 산수를 그리면서 산수의 소리를 들어본 적이 있느냐?"

홍도는 그게 무슨 말인가 하고 스승을 바라봤다.

"그렇게 그림만 그리다보면 그림의 정신을 놓치고 재주에만 빠질 수 있다. 내가 이따금 거문고를 만져 곡조를 타면 그 소리에 취해 세찬 여울물이 돌에 부딪히는 듯도 하고, 더러는 잔잔한 바람이 솔숲에 드는 듯도 하며, 때로는 어부들의 뱃노래 같기도 하고, 조용한 절의 종소리처럼 들리기도 한다. 거문고 소리 속에서 산과 물과 세상의 소리를 들을 수 있었고, 그 기운을 따라 그림을 그리곤 했다. 그림이 거문고 소리가 되고, 거문고 소리가 그림이 되기도 한다."

홍도는 사람의 마음과 통할 수 있는 그림으로 가는 길에는 손과 눈뿐 아니라 귀까지 필요하다는 걸 깨달았다.

"거문고는 단순히 악기가 아니라 분심(分心, 마음이 분산되는 것)을 다잡고 성정을 기르는 악기다. 그래서 풍류를 좋아하는 사대부들 중에서는 거문고를 연주하는 사람들이 꽤 있다. 언제 시간이 나면 너에게도 가르쳐줄 테니 찾아오거라."

"예, 스승님. 고맙습니다. 꼭 가르쳐주십시오."

홍도로서는 불감청고소원(不敢請固所願, 감히 청하지는 못하나 몹시 바라던 바)이었다. 그때부터 그는 강세황의 집을 드나들며 거문고를 배웠다. 거문고 머리를 무릎에 놓는 법, 왼손가락으로 괘(줄 받침)를 짚어 운율을 맞추는 법, 오른손으로 가느다란 대나무로 만든 술대를 쥐고 줄을 쳐서 소리를 내는 법을 배우기 시작했다. 강세황은 담담하고 꿋꿋한 느낌의 우조羽調와 슬프고 부드럽고 애절한 느낌의 계면조界面調를 즐겨 뜯으며 인간의 희로애락이 담긴 곡조라고 했다. 김홍도는 괘와 괘 사이를 짚는 법을 배워가면서 거문고의 둔탁하면서도 묵직한 소리 속으로 들어갔다.

1762년(영조 38년), 또 한 해가 지났다. 홍도는 열일곱 살이 되었고, 심사정은 55세, 강세황은 49세를 바라보고 있었다. 심사정은 홍도와 인문에게 고사인물화와 신선도를 그리게 했다.

고사인물화는 고사 속의 인물이나 고전 경서에 등장하는 인물의 행적을 그리는 것이었다. 왕희지(王羲之, 307~365)가 글씨를 써주고 거위와 바꾸었다는 '왕희지환아도王羲之換鵝圖'를 비롯해 '삼공불환도三公不換圖' '서원

심사정, 고사인물화, 지본담채, 21.2×28.5cm, 국립중앙박물관

아집도西園雅集圖' 등 종류가 다양했다. 심사정은 "이 그림은 화원이 되면 꼭 그려야 하는 그림이니 너희들도 초본을 만들어두어라" 하고 말하며 집에 보관하고 있던 자신의 초본을 꺼내 하나씩 자세히 설명했다.

신선도는 늙지 않고 오래 사는 신선과 그들이 등장하는 설화를 묘사한 중국의 도석인물화道釋人物畫로 무병장수의 기복적인 염원이 담긴 그림이었다. 당시 조선은 성리학의 나라였지만 성리학의 자연관이 인간과 자연은 둘이 아니라는 도교의 영향을 받은 터라 신선도는 새해 선물로 주는 세화歲畫로 널리 쓰였다. 도화서 화원이라면 세밑에 필수적으로 그려야 하는 그림이었다. 신선도에 등장하는 신선이 워낙 많아 그 다양한 모습을 익히는 일은 쉽지 않았지만 홍도와 인문은 도화서 화원 취재에 합격하겠다는 일념으로 열심히 신선들을 그렸다.

심사정은 두 제자에게 호렵도(胡獵圖, 사냥도)도 그리게 했다. 호렵도는 중국의 북방민족(胡族, 호족)의 왕이나 지체 높은 인물이 수행원들에게 둘러싸여 사냥하는 모습을 그린 것으로, 주변에는 많은 병사가 창검이나 깃발을 들고 호위하고 있어 8폭 병풍이나 큰 화폭에 그리는 게 대부분이었다. 이 또한 도화서 화원들이 그려야 하는 그림 중 하나였다. 호렵도 연습이 끝나자 심사정은 두 제자에게 이제 중국 그림 공부는 어느 정도 마무리되었으니 이제부터는 겸재 정선의 진경산수 필법을 익히라며 주변의 경치를 그리게 했다. 홍도는 인문과 함께 심사정의 집 뒷동산에 올라가 인왕산과 백악산, 그리고 멀리 보이는 북한산도 그렸다. 반송지에 가서는 연꽃 그림도 그렸다.

1763년(영조 39년), 사도세자가 뒤주에 갇혀 세상을 떠난 지 일 년이 지났고, 영조의 나이가 일흔, 왕위에 오른 지 40년을 바라보는 해였다. 홍도의 나이도 열여덟이라 장가를 가야 한다는 어머니의 성화도 더 거세졌다. 그때마다 홍도는 도화서 화원이 되면 가겠다며 고개를 저었다. 봄이 되어 날씨가 풀리자 홍도는 한양의 심사정을 찾아갔다.

심사정은 제자에게 자신이 애지중지하는 중국 그림과 화보집 등 소장품을 원 없이 보여주었다. 그림 위나 옆에 화제시를 쓰는 법도 가르쳐주고,

그 시들을 모아놓은 시첩도 빌려주었다. 홍도는 심사정이 화보나 초본을 보여주며 따라 그리라고 하면 그대로 그리지 않고 조금씩 형태를 바꿔가며 그렸다. 심사정은 그런 홍도를 보며 그림에 대한 집중력뿐 아니라 즉흥적으로 창조하는 능력이 나이답지 않다고 느꼈다. 홍도의 재주를 아끼는 마음이 커지던 어느 날, 심사정이 홍도에게 물었다.

"사능아, 너는 좋은 그림이 뭐라고 생각하느냐?"

"아직은 잘 모르겠습니다. 다만 사람의 마음과 통할 수 있는 그림이 좋은 그림일 거라는 생각을 해본 적이 있습니다."

심사정은 고개를 끄덕였다.

"맞다. 그 생각을 잊지 말고 간직하여라. 그러나 사람의 마음과 통하는 그림을 그린다는 건 쉬운 일이 아니다. 남들이 다 그리는 그림으로는 사람의 마음을 움직일 수 없다. 사람들이 어떤 그림을 좋아하는지를 생각하고 궁구할 때라야 가능한 일이다. 사능아, 나는 네가 사람의 마음과 통할 수 있는 너만의 그림을 그리는 화사가 되기를 바란다. 이것이 바로 네가 가야 할 궁극의 길이다. 앞으로 붓을 잡을 때마다 이 말을 잊지 말고 명심, 또 명심하거라."

홍도의 가슴에 '너만의 그림'이라는 말과 '가야 할 궁극의 길'이라는 말이 박혔다. 스승은 한 가지 더 당부했다.

"사능아, 도화서 화원이 되면 나라에서 그리라는 그림을 그려야 하기에 네가 그리고 싶은 그림을 그릴 기회는 많지 않다. 너 스스로 기회를 만들어 그려야 한다. 꼭 후세에 이름을 남길 너의 그림을 그려야 한다."

따뜻하면서도 단호한 스승의 말이 마치 마지막을 준비하는 것 같아 홍도의 가슴이 철렁했다. 그런 제자의 마음을 알아차렸는지 심사정은 아직은 괜찮다는 듯 아주 살짝 고개를 끄덕이며 그를 안심시켰다. 도화서 화원이 되면 그리고 싶은 그림을 그릴 기회가 많지 않다는 말이 당시의 홍도에게는 쉬이 이해가 되지 않았다. 그저 스승이 당부를 했을 때는 그만한 이유가 있을 거라고 생각하며 그날 자리에서 물러났다. 홍도는 3월 말경에 다시 안산으로 내려왔다.

열여덟 살 김홍도의 얼굴을 찾아서

김홍도·심사정·강세황·최북 합작, 균와아집도, 지본담채, 112.5×59.8cm, 국립중앙박물관

균와아집도에 허필이 쓴 발문에 따르면, 1763년 4월 10일 '균와'에서 가진 모임을 그린 그림이다. 강세황이 구도를 잡고, 심사정이 바위와 소나무와 물이 흐르는 계곡을, 김홍도가 인물을, 최북이 채색을 했다고 밝혔다. 허필은 참석자에 대한 설명도 했다. 거문고를 켜는 이가 강세황, 그 옆에 쪼그리고 앉아 있는 소년이 훗날 규장각 서리가 된 화산자 김덕형金德亨, 그 옆에 담뱃대를 물고 있는 이가 심사정, 바둑통을 들고 있는 이가 최북, 그 건너편에서 담배를 피우며 생각에 잠겨 있는 이가 추계(秋溪, 성명 미상), 그 가운데서 바둑을 감상하는 이가 허필, 그 옆에서 비스듬한 자세로 모임을 바라보는 이가 주인장 균와, 그리고 퉁소를 부는 청년이 김홍도다.

소장처인 국립중앙박물관에서는 허필의 발문이 있고, 등장인물들이 안산, 특히 강세황과 연결되어 있어 진품으로 판단하지만, 일부 미술사학자는 수리한 흔적이 많고 허필의 필체에 의문이 있다며 판단을 보류하고 있다. 만약 이 작품이 진품일 경우 김홍도의 첫 번째 합작 그림인 동시에 자신의 모습을 남긴 첫 그림이 된다. 주인장 균와의 집에 대나무가 많아 당호(堂號, 집 이름)와 별호를 똑같이 '균와(筠窩, 대나무가 많은 집)'라고 불렀을 가능성이 높다. 구전에 따르면 양주 최씨 집성촌이던 현 안산시 상록구 수암동은 작은 대나무가 많아 '균와'라 불렸고, 그림의 넓은 바위가 있던 집이 도시 개발 전까지 있었다고 한다.

7장

화원의 꿈을 이루다

안산에서 홍도는 다시 일상으로 돌아갔다. 아버지의 소작 일을 도우면서 틈나는 대로 성포리 포구에 나가 어전에서 고기 잡는 모습도 그려보고 아침 일찍 노량진으로 떠나는 아낙들의 모습도 그렸다. 노적봉 단원과 단구에 올라가 서호의 잔잔한 바다와 그 앞에 펼쳐진 작은 섬들 사이를 오가는 고깃배의 풍광도 그렸다. 그러다 여름이 될 무렵 홍도는 다시 한양에 올라갔다. 인문을 만나 도화서 화원 취재에 대해 자세히 알아보기 위해서였다.

도화서 취재 시험은 그림을 경시하는 풍조 때문에 중인이 지원하는 잡과에도 속하지 않고 별도로 운영된다고 했다. 그리고 취재는 세습가문이 자제를 추천하고, 화원이나 예조 관료들이 천거한 이후에 남은 인원을 선발하는 것이기 때문에 일반 응시자는 3월, 6월, 9월, 12월 중 비정기적으로 치러지는 시험에 응시해야 했다. 시험 과목은 도화서의 다섯 가지 화목畵目인 대나무, 산수, 인물, 영모, 화초 중에서 두 가지를 그리는 것이었으나 대나무와 산수를 중요시했고 채점은 예조 관료들이 했다.[7] 홍도는 시험이 언제 치러질지 알 수 없다는 사실에 낙담했다. 마침 집안에서 아는 화원에게 줄을 넣어 천거를 받으려던 인문은 자신이 도화서에 들어가면 알아볼 테니 인내심을 가지고 기다려보라고 홍도를 다독였다.

8월 22일, 영조는 이인좌의 난에 연루되어 역적 공모 죄인이 된 강세황의 형 강세윤이 반란군이던 정세윤과 이름이 같아 누명을 쓴 것이라는 판의금부사의 소명을 받아들여 강세윤에 대한 사면과 복권을 명했다. 강세윤의 복권으로 강세황 집안은 35년 만에 역적과 공모했다는 누명을 벗게 되었다. 강세황의 아들들에게도 과거에 급제하면 관직을 받을 수 있는 길이 열린 것이다.

홍도는 강세황을 찾아가 축하 인사를 했다. 그리고 자신은 8월 말부터 한양에서 도화서 화원 취재를 준비할 거라는 소식을 알렸다. 강세황도 둘째아들 완이 10월에 열리는 증광전시*를 준비해야 해서 거처를 알아보기 위해 당분간 한양에 머물 예정이었다. 홍도는 그동안 가르침에 고맙다는 큰절을 올렸고, 강세황은 꼭 도화서 화원이 되어 좋은 그림을 많이 그리라

---

* 增廣殿試. 나라에 경사가 있을 때 열리는 임시 과거제도.

는 덕담을 건넸다.

홍도가 한양으로 다시 올라간 건 9월 초였다. 심사정은 인문이 천거로 품직 없는 도화서 화원이 되었다는 소식을 알렸다. 인문은 스승을 통해 틈이 나면 홍도를 만나러 오겠다는 말을 전했다. 그 뒤로 홍도의 정신은 온통 스승의 집 사립문에 쏠렸다. 인문을 만나 도화서에 대해 묻고 싶은 게 한가득이었다. 그림과 종이를 바꾸러 광통교 지전에 갔다가 도화서가 있는 태평방 앞을 지나며 기웃거리기도 했다. 저 건물 안에 자신의 벗이 있을 거라 생각하니 그동안 손닿지 않는 곳에 있는 것만 같았던 도화서가 한층 가깝게 느껴졌다.

인문이 심사정의 집으로 온 건 9월 중순이었다. 홍도는 반갑게 그를 맞았다. 인문은 심사정에게 문안 인사를 한 후 홍도와 함께 방으로 갔다.

"문욱아, 드디어 화원이 되었다니 축하한다."

"사능, 고맙다. 네가 왔을 거라고 생각했지만 좀처럼 틈을 내지 못했어."

"벌써 그렇게 바쁘다니 실력을 인정받은 게로구나."

"그런 건 아니고 도화서에서 그려야 할 그림이 많아 나 같은 품직이 없는 화원들은 회사(繪史, 종9품) 나리와 화사(畵史, 종8품) 나리가 이것저것 심부름을 많이 시켜서 바쁜 거야."

"그런데 품직이 없는 화원이라는 건 무슨 소리야?"

"천거로 도화서에 들어가 1년 동안 품직도 없고 녹봉도 받지 못하고 그림만 그리는 임시 화원이야. 도화서에 그런 자리가 셋인데, 최근 결원이 생겨서 나도 들어가게 된 거야. 녹봉을 받지 못하는 걸 기다리지 못하고 나가는 화원들이 있어서 그래. 그렇지만 1년 뒤에는 시험을 쳐서 품계에 따른 직분을 준다고 해. 그래서 별제(別製, 종6품) 나리께 네 이야기를 했더니 요지연도와 산수도를 그려서 갖고 와보라고 하셨어. 그런데 사능, 1년 동안 녹봉이 없어도 괜찮겠어?"

인문의 말에 홍도는 뛸 듯이 기뻤다. 요지연도瑤池宴圖는 서왕모가 요지에서 베푼 연회에 초대받아 가는 여러 신선이 등장하는 그림이었다. 신선도는 심사정이 화원이 되면 꼭 그린다고 강조해 연습을 많이 했던 터였다. 그리고 화원만 될 수 있다면 녹봉은 없어도 괜찮았다. 그사이 광통교에 믿고 거래를 틀 서화사를 알아두었으니 근처 허름한 방 하나에 세 들어 살면서 밤에 그림을 그리면 생계를 해결하는 데는 큰 문제가 없을 것 같았다.

"문욱아, 정말 고맙다. 1년이라면 녹봉이 없어도 괜찮을 것 같아. 그런데 요지연도는 그리는 게 어렵지 않은데 산수도는 뭘 그리는 게 좋을까?"

인문은 스승님께 여쭤보자며 그와 함께 심사정의 방으로 갔다. 인문이 대강을 이야기하자 심사정은 고개를 끄덕였다.

"문욱이가 동무를 위해 애쓰는구나. 수고 많았다."

홍도가 심사정에게 물었다.

"스승님, 그런데 산수도는 뭘 그리는 게 좋을까요?"

"잘 그릴 수 있는 그림이 좋으니 그동안 여러 번 그려본 심석전*의 산속에서 독서하는 선비 그림을 그려라. 먹으로만 그리지 말고 엷은 색도 함께

---

* 沈石田, 1427~1509. 명대 중기의 문인화가 심주沈周의 호.

쓰는 게 좋을 것 같구나."

심석전이라면 사대부들이 좋아하는 화가이고, 심사정도 그의 그림을 즐겨 그리는지라 그동안 연습을 많이 한 터였다.

"예, 스승님. 열심히 준비해보겠습니다."

인문이 떠난 뒤 홍도는 방 안에 틀어박혀 그림만 그렸다. 심사정은 가끔 그런 제자를 들여다보며 붓에 힘이 너무 들어갔으니 평소대로 그리라는 조언을 해줬다. 장래가 걸린 일인지라 자기도 모르게 어깨에 힘이 들어가 붓놀림이 자연스럽지 못했던 것이다. 그렇게 며칠을 그리자 심사정은 이만하면 됐다며 흡족한 미소를 지었다. 그때부터 홍도는 문밖을 기웃거리며 인문을 기다렸고, 얼마 후 인문이 와서 그의 그림을 가지고 도화서로 갔다.

심사정은 빨리 결정될 일이 아니니 차분히 앉아서 그림 공부를 하라고 했지만 홍도는 초조했다. 하루가 지나고 이틀이 지났을 때 인문이 사립문을 열고 들어왔다.

"사능아, 별제 나리께서 너를 데리고 오라신다. 이제 너도 화원이 되는 거야."

홍도는 예상보다 빠른 합격 소식에 놀랐고 무엇보다 믿기지 않았다. 그런 친구의 마음을 아는지 모르는지 인문은 어서 도화서로 가자며 싱글벙글했다. 옆에 있던 심사정이 빙그레 미소를 지으며 나직한 목소리로 말했다.

"별제가 네 그림 솜씨를 알아본 게로구나. 정말 잘된 일이다……."

"스승님, 고맙습니다. 그동안 가르쳐주신 은혜 잊지 않겠습니다."

홍도의 눈에서 눈물이 계속 흘러내렸다. 그는 형제 없이 혼자 외롭게 자란 탓에 마음이 여렸다. 그래서 기뻐도 울고, 슬퍼도 울고, 자신이 켜는 거문고 곡조에도 눈물을 흘리곤 했다. 8년의 세월이 주마등처럼 스쳐지나가는 동안 눈물도 쉴 새 없이 흘렀다. 심사정이 그의 등을 가볍게 두드렸다.

"별제가 기다린다니 빨리 가보아라. 그리고 도화서에서 너희들의 꿈을 펼쳐라. 훌륭한 화원이 되어 좋은 그림을 남기는 것도 잊지 말고."

"예, 스승님. 명심, 또 명심하겠습니다."

홍도와 인문은 다시 한번 허리 숙여 절을 하고 사립문을 나섰다. 두 사람은 심사정을 뒤로하고 종종걸음으로 언덕 아래로 내려갔다. 심사정은 뒷짐을 지고 인왕산과 백악산을 바라보며 생각에 잠겼다.

'이제 너희들의 시대가 오는구나……. 그러나 사대부의 멸시와 천대를 견디는 게 쉽지는 않을 게다. 그래도 버티고 버텨 그들이 마침내 너희의 그림에 칭송의 필적을 남기는 그런 날이 오길 바란다. 그런 화원이 되어다오.'

심사정은 역적의 후손으로 받아야 했던 수모와 '환쟁이'라 불리며 견뎌야 했던 모멸을 평생 삼키며 살았다. 그래도 걸출한 제자 둘을 키워냈다는 자부심이 가을 햇살을 따라 그의 가슴으로 들어왔다.

2부

궁중화를 그리다

8장

단 하나의 길

김홍도는 이인문과 함께 청계천 남쪽 태평방(太平坊, 을지로 입구 부근)에 있는 도화서에 도착했다. 초겨울의 찬바람이 제법 매서웠지만 그는 정문 위에 '도화서'라고 걸려 있는 편액을 자기도 모르게 한참 바라보았다.

'그토록 꿈꿔왔던 도화서에 발을 들여놓는구나!'

도화서는 정면으로 앞면 5칸, 옆면 2칸의 넓은 대청이 있었고 남쪽을 향해 3칸짜리 마루가 자리 잡고 있었다. 넓은 마당 좌우로 행랑이 길게 늘어섰는데 오른쪽은 화원들이 그림을 그리는 방이었고, 왼쪽은 다락을 설치하여 위아래로 저장 공간을 두었다. 대청 뒤쪽으로는 표구를 하는 창고 행각이 별도로 있었다.

도화서에는 화원 서른 명 정도와 그림을 배우는 생도 열대여섯 명, 표구를 담당하는 배첩장 두 명, 잡일을 하는 차비노 다섯 명, 별제가 외출할 때 따라다니며 시중을 드는 근수노 두 명이 바쁘게 움직이고 있었다. 김홍도는 생각보다 큰 도화서의 규모에 놀라 입이 떡 벌어졌다. 이 모든 게 그림만을 위해 마련된 공간이라는 게 믿기지 않았다.

김홍도는 이인문을 따라 별제 앞으로 가서 꾸뻑 인사를 했다. 별제는 뛰어난 실력으로 당대 국수國手라 불리던 화가 변상벽(卞相璧, 1730~1775)이었다. 고양이와 닭 그림을 잘 그려 '변고양이'라 불렸고, 초상화에서만큼은 조선에 그를 따를 자가 없다는 평을 들었다.

"나리, 소인 김가 홍도라 하옵니다."

변상벽은 흘끗 김홍도를 바라봤다.

"문욱의 말을 들으니 표암 나리와 현재 나리에게서 그림을 배웠다는데 사실이냐?"

"예, 나리. 소인 안산에서는 표암 나리께 화결을 배웠고, 현재 나리께는 그림을 배웠습니다."

"그럼 됐다. 문욱이에게서 이야기를 들었겠지만, 1년 동안은 품직도 없고 녹봉도 없다. 그러나 열심히 그리면 정식 화원이 될 수 있다. 그동안 참고 지내면서 정성을 다해 그릴 수 있겠느냐?"

"예, 나리. 소인 부족하지만 있는 힘을 다해 열심히 그리겠습니다."

김홍도가 고개를 숙이자 이인문이 나섰다.

"별제 나리, 그런데 사능은 한양에 거처가 없습니다. 송구하지만 거처를 마련할 때까지 빈 생도방에서 지낼 수 있겠는지요?"

"본가가 안산이라니 그렇겠구나. 그럼 거처를 마련할 때까지 여기서 지내도록 해라."

변상벽은 대수롭지 않게 대답하며 자리에서 일어났다. 대화가 변상벽의 뒷모습을 바라보며 김홍도는 마침내 자신이 꿈에 그리던 도화서 화원이 되었다는 사실을 실감했다. 얼마나 오랫동안 갈망하던 자리이던가! 그는 이인문의 손을 잡았다.

"문욱아, 고맙다. 정말 고맙다."

"사능아, 네가 실력이 출중하니까 된 거야. 나도 네가 옆에 있게 되어 마음이 한결 든든하다."

당시 도화서는 세습가문의 화원이 주류를 이루고 있었다. 아버지와 아들은 함께 근무할 수 없다는 상피법相避法이 있어 부자가 함께 화원으로 근무할 수는 없었지만, 숙부와 조카가 함께 일하는 건 가능했다. 세습가문은 혼인을 통해 유대를 강화했고, 같은 중인인 사자관 가문이나 역관 가문과도 통혼해서 궁궐 안에 폭넓은 인맥을 형성하고 있었다. 이인문 역시 사자관 집안 출신이기는 하나 생도방 시절부터 숙식을 함께하며 돈독해진 세습가문 화원들 틈에서 외로웠던 터였다.

김홍도는 그날부터 생도방에서 도화서 생활을 시작했다. 생도방에 있는 소년들은 보통 열다섯 살 무렵부터 이곳에서 그림 공부를 시작했고, 대부분 화원의 친인척이었다. 처음엔 자신들처럼 세습가문 출신도 아니고, 그렇다고 추천으로 들어올 만한 뒷배도 없는 김홍도를 얕보던 생도들도 그가 연습 삼아 그리는 신선도와 남종화풍의 그림을 보며 감탄하지 않을 수 없었다. 얼마 지나지 않아 김홍도가 표암과 현재에게 그림을 배웠다는 사실이 알려지면서 생도들은 비로소 이해했다는 듯 김홍도를 선배 화원으로 대접했다.

도화서에 들어온 지 열흘이 지나 생도방 생활에도 익숙해질 무렵, 김홍도는 안산에 내려가 어엿한 도화서 화원이 되었다는 소식을 전할 때가 되었다고 생각했다. 변상벽에게 사나흘의 휴가를 허락받자마자 바로 행장을 챙겨 떠났다.

"아버지, 어머니. 저 왔습니다."

아직 사방이 어둠에 잠길 시간은 아니었지만, 초롱불 하나 밝히지 않은 고향집이 유독 적막하게 느껴졌다. 그림을 배워 도화서 화원이 되겠다고 동가식서가숙하듯 안산과 한양을 오가던 지난 세월이 눈앞을 스쳐지나가 김홍도는 평소답지 않게 목청을 높여 도착을 알렸다.

"아이고, 이게 누구냐. 날도 추운데 어서 들어오너라."

"어머니, 저 도화서에 들어갔습니다. 도화서 화원이 되었어요."

추운 겨울 버선발로 나와 김홍도의 손을 잡고 방으로 이끄는 어머니의 등 뒤에 대고 김홍도는 벅찬 목소리로 기쁜 소식을 알렸다.

"화원이 되었다고? 정말 장하다. 장하다, 우리 아들."

방에 들어가자 아버지가 초롱불을 켜고 장성한 아들의 절을 받았다.

"이제 조상님들 볼 면목이 생겼구나. 네가 우리 집안 기둥이다. 그래, 네 품직이 무어냐?"

"천거를 받아 들어간 터라 1년 동안은 품직도, 녹봉도 없습니다. 1년 뒤에는 시험을 보고 품계를 받는다 하니 너무 걱정은 마세요."

김홍도는 품직 없는 화원이 되었다는 소식에 부모가 실망할까 봐 선수를 치듯 말을 이었다. 그렇다 해도 앞으로 1년을 더 기다려야 한다는 김홍도의 말은 들떴던 부모의 마음에 찬물을 끼얹는 것이었다.

"허, 품직 없는 관리도 있다니……."

아버지는 아쉬움에 입맛을 다셨고, 당장이라도 며느릿감을 구하겠다고 말하려던 어머니도 입을 닫았다.

"아버지, 어머니. 한동안은 지금처럼 집에서 쌀, 보리를 가져가야 할 수도 있어요. 조금만 기다려주시면 곧 녹봉을 받는 어엿한 화원이 되어서 그간의 키워주신 은혜를 갚겠습니다."

"그래, 그래. 나라의 녹을 먹는다는 게 그렇게 쉬울 리가 없지. 우리는 괜찮다. 부디 정진해서 네 이름처럼 나라의 부름을 받는 화원이 되어라."

"네, 아버지 말씀 명심하겠습니다."

김홍도는 부모가 내비친 우려에 서운한 마음이 들거나 하지는 않았다. 오히려 앞으로 정성을 다해 그림을 그리겠다는 마음을 다졌다. 이튿날 김홍도는 아침 일찍 강세황에게 가서 큰절을 하며 감사 인사를 전했다. 강세황은 그에게 어진을 그리는 어용화사가 되라는 덕담을 건넸다.

도화서에서 화원들이 그리는 그림의 종류는 병풍과 장식용 가리개부터 산수화, 화훼영모화, 신선도, 고사화, 사군자 등 다양했다. 화원들은 실력과 경험에 따라 1, 2, 3방으로 구분되었다. 대궐이나 왕세손 궁에 들어갈 그림은 1방 화원이, 종친 행사에 선물로 보낼 그림은 2, 3방 화원이 나눠 그렸다. 왕의 어진御眞이나 세자의 예진睿眞은 특별한 사정이 없는 한 10년에 한번씩 그렸다.

도화서는 대궐에서 필요한 그림만 그리지 않았다. 종종 조정대신들이 초상화나 감상용 그림을 주문했고, 그러한 요청까지 감당하는 게 도화서 일이었다. 도화서의 책임자는 예조판서였지만, 나라에 큰 행사가 있어 반차도*를 그릴 때만 모습을 비추었고, 평상시에는 별제가 책임자 역할을 했다. 별제는 그림 주문이 들어오면 잘 그릴 화원이 누구인지를 판단해서 마감 날짜를 알려줬고, 작업을 배당받은 화원은 그때부터 그림을 그렸다.

김홍도에게 도화서 일은 그리 어렵지 않았다. 주문받은 그림은 대부분 심사정 밑에서 습작할 때 여러 번 그려본 것들이었다. 가문의 도움이나 인맥 없이 도화서에 빠르게 적응할 수 있었던 건 모두 심사정 덕분이라 생각해 김홍도는 바쁜 도화서 생활에도 스승에게 안부 여쭙는 걸 잊지 않았다. 심사정은 여전히 주문 들어오는 그림을 그리며 세월을 보내고 있었다. 김홍도와 이인문이 올 때면 심사정은 도화서에서 자리를 잡아가는 두 제자를 흐뭇하게 바라보며 밤이 늦도록 이야기를 나눴다. 그러던 어느 날, 분주한 세밑 준비를 앞두고 심사정의 집을 찾은 김홍도는 스승의 얼굴에 그늘이 드리워진 것을 보고 심상치 않은 기운을 느꼈다.

"표암의 아들이 이번 증광시에 급제해 관직을 제수받았다는구나."

---

* 班次圖. 조선시대 궁중 의례에 참여하는 관원, 시위군, 가마류와 의장 및 기물 등 전모를 알 수 있도록 그린 그림이다. 반차도는 국가 의례의 반차(班次, 순서)를 숙지해 지침으로 삼도록 의궤에 수록되어 전해진다.

"스승님, 그건 경사가 아닙니까?"

강세황의 둘째 아들 완은 11월에 치러진 증광시에서 병과 4위로 급제해 승정원의 일기를 정리하는 정7품 가주서假注書에 임명되었다. 김홍도는 도화서에 들어오기 전 안산에서 강세황을 만났을 때 가문이 역적의 누명을 벗어 아들이 과거를 보게 되었다며 기뻐하던 스승의 모습을 떠올리며 고개를 갸웃했다.

"그렇지, 기쁜 소식임이 분명하지. 그런데 그게 표암에게도 좋은 일인지는 모르겠구나."

자초지종은 이러했다. 아들이 관직에 임명되었다는 소식에 기뻐하며 한양으로 거처를 옮기려던 강세황은 아들 완을 만나고 나서 한양 행을 포기했다. 영조가 완을 통해 강세황에게 "천한 기술 때문에 업신여길 사람이 있을 터이니 다시는 그림 잘 그린다는 말을 하지 말라"는 말을 전한 것이다. 왕의 말을 들은 강세황은 부끄러움을 느끼며 갖고 있던 그림과 붓을 불태웠다. 그리고 학문을 하던 가문과 조상에 누가 되었다며 한양에 발길을 끊고, 처남 유경종의 집을 오가며 지낸다는 것이었다. 김홍도는 가문이 복권되고 아들이 관직에 나아간 대가로 붓을 꺾어야 하는 스승의 처지가 기가 막혀 말을 잇지 못했다.

"사능, 알겠느냐? 시서화 삼절이라 칭찬을 받아도 양반이 그림을 잘 그린다는 건 언제든 흉이 될 수 있는 거다. 네가 그렇게 바라던 '그림'이란 고작 이런 것이다."

벗의 기구한 사정에 깊이 이입한 탓인지, 심사정의 말에는 평소와 달리 가시가 돋쳐 있었다. 심사정의 말대로 화원은 아무리 그림을 잘 그려도 '환쟁이' 이상도, 이하도 아니었다. 김홍도도 그 사실을 모르는 건 아니었다. 그러나 김홍도에게 길은 하나였다. 다른 길은 생각해본 적이 없기에 그는 자신의 운명을 묵묵히 받아들이는 수밖에 없었다. 그날 김홍도는 쓸쓸한 마음으로 심사정의 집을 나섰다.

9장

영조의 수작연을 그리다

1765년(영조 41년) 김홍도는 스무 살이 되었다. 지난해에 정식 도화서 화원이 된 그는 그해 연말부터 정신없이 세화를 그렸다. 세화는 길상(吉祥, 좋은 일과 복)과 축수(祝壽, 장수를 빎)의 의미가 담긴 신선도가 대부분이었다. 왕실의 안녕과 복락을 기원하는 의미에서였다. 궁궐의 여러 전殿과 종친에게 바치는 건 기본이고, 임금이 조정대신에게 하사하는 그림까지 세화 주문은 끝이 보이지 않았다. 모든 화원은 통상 9월 중순부터 12월 중순까지 하루에도 몇 장씩 세화에 매달렸다.

별제실에서 눈코 뜰 새 없이 바쁘게 돌아가는 도화서를 바라보던 변상벽은 한참을 손에 들고 있던 신선도로 다시 눈을 돌렸다.

"허허……."

변상벽의 입에서 기분 좋을 때 나는 헛웃음이 새어나왔다. 그는 마음이 가지 않는 그림은 종친이 와서 부탁해도 거절하는 성격 때문에 세상에 괴짜 화가라 소문났지만 고양이 털 한 자락도 허투루 그리지 않는 섬세한 필치만큼이나 그림을 보는 심미안이 뛰어난 이였다. 그런 변상벽이 지금 김홍도가 그린 신선도에서 시선을 떼지 못하고 있었다.

'도화서에 온 지 얼마 되지 않은 이의 실력이 1방 화원 못지않구나. 과연 표암과 현재 선생의 제자라 할 만하다.'

변상벽은 김홍도의 실력도 실력이지만 선배 화원들이 힘들고 궂은일을 시켜도 공손하게 맡은 일을 수행하는 모습을 지켜보며 흡족해했다. 자신도 세습가문 출신이 아니었기에 처지가 비슷한 김홍도에게 각별한 관심을 갖게 된 것인지도 몰랐다. 해를 넘기고 세화 주문이 그칠 때쯤, 변상벽은 김홍도를 불러 조정대신들이 주문한 산수화와 화훼영모도를 그릴 기회를 주었다. 그가 한양에 조그만 초가집도 마련할 형편이 안 되어 생도방에서 지내는 게 안쓰러워서였다. 조정대신들은 그림이 마음에 들면 화원에게 사례라며 쌀 한 포대(약 20킬로그램)는 살 수 있는 상평통보 한 냥을 건넸다. 사대문 안의 구석진 곳에 있는 세 칸짜리 초가집이 30~40냥 하던 시절이었다.

9월 28일, 왕세손 이산은 영조의 나이가 만 71세로 80세를 바라보는 팔망八望에 든 것을 축하하고 무병장수를 기원하는 진연례를 행할 것을 청하는 상소문을 올렸다. 종친과 궁중대신 들이 이미 여러 차례 상소를 올렸음에도 영조가 윤허하지 않자 왕세손이 나선 것이다. 궁중 잔치는 규모가 큰 순서대로 진연進宴, 진찬進饌, 진작進爵, 수작受爵 등으로 나뉘었다. 진연은 왕, 왕비, 대비 등의 회갑, 탄신, 사순(四旬, 40세), 오순(五旬, 50세), 망오(望五, 50살을 바라본다는 의미의 41세), 망륙(望六, 51세) 등의 특별한 날과 왕세자의 책봉이나 가례, 외국 사신을 맞이하는 등의 국가적인 경사가 있을 때 왕의 윤허를 받아 준비하는 가장 큰 잔치였다. 그러나 영조는 진연을 허락하지 않았다. 조정을 장악하고 있는 노론이 시파와 벽파로 나뉘어 치열하게 정쟁을 벌이는 상황에서 궁중 잔치를 벌이는 것이 적당하지 않다고 생각한 것이다. 영조는 9월 8일 어전회의에서 "여러 세대에 걸쳐 높은 지위에 있는 집안의 신하들이 당黨을 짓고 있다"며 개탄할 정도로 당시 정쟁은 심각했다. 그러나 왕세손에게는 지켜야 할 도리가 있어 10월 1일에 두 번째 상소를 올렸다. 영조는 계속 허락하지 않았다. 그러자 왕세손은 음식을 폐했다.

10월 4일, 영조는 어린 세손의 건강을 염려해 진연 중에서 규모가 가장 작은 수작례를 경희궁 경현당에서 10월 11일에 진행하도록 허락했다. 경현당은 숙종 때 연회를 치르기에 좁다는 논의가 있었던 장소지만 영조는 의식과 절차를 간소화하기 위해 그곳을 지정한 것이다. 그뿐 아니라 어찬(御饌, 왕의 반찬)은 열 그릇을 넘지 않게 하고, 신하의 경우는 다섯 그릇을 넘지 않게 하며, 술잔을 아홉 번 올리며 천세를 외치는 구작九爵의 예는 하지 말라고 명했다.

수작례가 일주일 뒤로 결정되자 예조정랑 신기경이 도화서 별제 변상벽을 불러 대전과 세손궁에 들일 반차도 두 벌과 목판본 밑그림을 그릴 준비를 하라고 명했다. 웬만한 궁중 행사마다 화원들에게 족자나 화첩 혹은 병풍으로 반차도를 몇 벌 더 그리게 해 조정대신들에게 나눠주는 것이 관례였지만 이번에는 규모를 줄이라는 영조의 명이 있어 목판본을 제작하려는 것이었다.

도화서는 바빠졌다. 변상벽은 1방 화원을 중심으로 반차도와 목판본 밑그림을 그릴 화원을 구성했다. 그 와중에 준비 상황을 보고받은 영조가 참석자 수와 행사 규모를 더욱 줄이라고 하교했다. 결국 반차도와 목판본도 생략하고 작은 병풍 한 벌만 만드는 것으로 결론이 났다. 보통의 왕실 병풍은 여덟 폭이나 열 폭으로 만드는 것이 관례이지만 작은 병풍이라 했으니 네 폭짜리를 뜻했다. 지난 8월, 70세 이상의 원로 문신들을 예우하기 위해 열렸던 기로연耆老宴 행사 때도 네 폭짜리 병풍에 그린 전례가 있었다. 네 폭짜리 병풍은 왼쪽 마지막 폭에 참석자들의 직위와 이름을 써야 하기 때문에 세 폭에 그림을 그리는 작업이었고, 그 정도면 화원 한 명이 충분히 그릴 수 있는 크기였다.

변상벽은 영조의 하교를 받고 한참을 고민하다 김홍도를 불렀다.

"이번 전하의 수작례에 네 폭 병풍을 그릴 화원으로 너를 천거하려 한다. 할 수 있겠느냐?"

김홍도는 깜짝 놀랐다. 변상벽의 부름을 받고 수작례와 연관이 있지 않을까 짐작했지만 고작해야 반차도를 그리는 1방 화원의 시중을 드는 일일 거라 예상했기 때문이었다. 그렇다고 머뭇거릴 일은 아니었다. 김홍도는 기회를 붙잡아야 한다고 생각했다.

“별제 나리, 재주가 부족한 소인에게 중임을 맡겨주시니 몸 둘 바를 모르겠습니다. 소인 정성을 다해 그리겠습니다.”

“1방 화원들이 반차도를 준비를 하고 있어 너에게 맡기는 것이니 들떠서 자만하지 말고 차분히 준비하여라.”

영조가 반차도 등을 생략하라고 했지만 조정대신들이 계속 상소를 올리는 바람에 1방 화원들은 발이 묶여 있었다. 이런 상황에서 어쩔 수 없이 내린 결정이었지만, 그렇다 해도 불과 며칠 전 2방 화원이 된 이에게 선뜻 맡길 수 있는 일은 아니었다. 궁중행사도는 정해진 방법에 따라 그리면 되기 때문에 변상벽은 김홍도의 실력이면 충분히 그릴 수 있다고 판단했다.

김홍도가 수작례 병풍을 그리게 되었다는 소식이 전해지자 김홍도보다 먼저 2방에 들어온 화원들은 변상벽의 파격적인 결정을 이해할 수 없다며 수군거렸다. 김홍도가 뇌물을 고인 게 아니냐는 소리도 나왔고, 무슨 동아줄을 잡고 있는 게 아니냐는 입방아도 있었다. 그러나 도화서에서 별제의 결정은 절대적이었다. 김홍도도 그런 분위기를 알기에 더욱 몸을 낮췄고 이인문도 대놓고 축하 인사를 건네지 못했다. 그런 상황이었지만 도화서 화원이 된 지 2년 만에 단독으로 궁중 행사도를 그리게 되었다는 사실에 가슴이 벅차오르는 건 어쩔 수 없었다. 그날 밤 김홍도는 잠을 이루지 못했다.

“병풍 그림은 주상 전하와 세손 저하가 거동하는 수작례 때 그리지 않고 예행 연습을 하는 습의習儀 때 그리기 때문에 긴장할 필요는 없다. 수작례는 규모가 너무 작아 전례가 없지만, 다른 진연에 비해 참석 인원만 적을 뿐 진행은 비슷하다고 하니 도화서에 보관된 진찬도를 찾아 반복해서 그려보아라. 정해진 법식에 따라 그리는 거니까 크게 어렵지는 않을 게다."

이튿날, 김홍도는 변상벽에게 소임의 자세한 내용을 전달받았다. 영조와 세손을 직접 알현하지 못한다는 말에 잠시 실망했으나 변상벽의 말대로 습의 때 그리면 긴장이 덜해서 다행이라는 생각도 들었다. 그는 그날부터 진찬도를 보며 따라 그리는 연습을 했다. 며칠 동안 반복해서 그리다보니 자신감이 붙었다.

습의는 10월 8일에 거행되었다. 김홍도는 변상벽을 따라 아침 일찍 경희궁 경현당으로 갔다. 예행 연습일 뿐이라고 스스로 마음을 다독였지만 궁궐에 들어서니 긴장이 되는 건 어쩔 수 없었다. 경현당은 정면 3칸, 측면 3칸으로 된 작은 전각이었다. 변상벽은 건물 앞에 놓인 작은 연못에 이르러 김홍도를 멈춰 세우고 지필묵을 꺼내게 했다. 김홍도는 바닥에 무릎을 꿇고 떨리는 손으로 지필묵을 펼쳤다. 전각의 풍경을 한껏 눈 안에 담고, 종이 위에 붓을 대자 떨림은 곧 멈추었다. 곧이어 지난 며칠간 수차례 반복한 그림을 복기하듯 노련하게 붓을 움직였다. 먼저 경현당의 윤곽을 그린 후 어좌(御榻, 어탑) 뒤에 있는 일월오봉 병풍도를 그렸다. 그리고 빈 어좌와 왕세손의 의자를 그렸다. 반차도나 궁중예식을 그릴 때는 왕이나 왕비, 세자, 세손의 모습을 그리지 않는 것이 관례였다. 어진이나 예진을 그릴 때만 그릴 수 있었다.

〈영조 기로연 · 수작연도〉 중 어좌와 일월오봉도, 견본채색, 122.5×444.6cm, 보물 제1531호, 서울역사박물관

잠시 뒤 습의 행렬이 도착했다. 행사 시작을 알리는 첫 번째 북소리가 울리자 호위무사들이 영조가 들어올 숭현문 밖에서 좌우로 대오를 갖췄다.[8] 궁중기록화는 얼굴 하나하나보다는 전체적인 모습과 위치가 중요했기에 김홍도는 빠르게 손길을 놀렸다. 두 번째 북소리가 울리자 행사에 참석할 관원들이 숭현문 안으로 들어와 문관인 동반 관료는 관직에 따라 네 줄로 섰고 무반인 서반 관료들은 종신, 척신 등과 함께 두 줄로 섰다. 그 뒤를 이어 장악원 악사들이 연주할 악기를 들고 들어왔다. 그런데 악사의

수와 악기의 종류가 진연도를 따라 그릴 때 본 규모와 비슷할 정도로 많았다. 아무리 규모를 줄였다 해도 궁중 연회인지라 세 종류의 악대가 동원되었다. 앞에서 아악을 연주하는 등가登歌 차비가 스물두 명, 중간에서 연주하는 헌가軒架 차비가 스물한 명, 영조가 출입할 때 고취악을 연주하는 전상고취殿上鼓吹 차비가 스물아홉 명이나 되었다. 악사들의 악기도 금琴, 슬瑟, 생笙, 소簫, 편종編鐘, 편경編磬 등 스물두 종류나 되었다. 악사와 악기가 자리를 잡자 무동들이 들어왔다.

세 번째 북소리가 울리자 내시가 왕세손이 들어오는 순서를 연출했다. 그다음에 의례를 담당하는 통례원의 좌통례左通禮가 꿇어앉아 낭랑한 목소리로 주상 전하가 납신다고 알리자 악사들이 태평성대를 기원하는 "여민락령與民樂令"을 연주했다. 당피리, 당적, 대금, 해금, 장구, 방향, 북 소리가 흥겹게 어우러지는 가운데 영조가 들어오는 모습이 연출되었다. 영조가 어좌에 앉았음을 알리자 연주가 그쳤다. 김홍도는 궁중 잔치의 복잡함과 화려함에 눈이 휘둥그레졌지만 넋을 놓고 감상할 여유가 없었다. 백여덟 명의 조정대신과 종친, 그리고 호위무사 들을 그리느라 정신이 없었다. 김홍도의 손길은 점점 빨라졌고, 이마에는 땀이 맺혔다. 다행히 연습이 두 시간 가까이 진행되어 실수 없이 마무리했다.

습의는 시늉에 불과했지만 참여하는 이들이 시종일관 진지했기에 마치 눈앞에서 실제 수작연을 보는 듯했다. 왕세손이 사배를 올리는 동안 음악이 연주된다. 왕세손이 대신들과 함께 세 번 머리를 조아리고 천세를 외친 후 각자의 자리로 가서 앉는다. 영조는 내시가 전해준 화반花盤을 받은 후

〈영조 기로연 · 수작연도〉 중 처용무와 악사 부분도, 견본채색, 122.5×444.6cm, 보물 제1531호, 서울역사박물관

참가자들에게 하사한 음식 위에 꽃을 뿌린다. 대신과 종친 들은 모두 무릎을 꿇어 꽃을 받고, 왕세손은 어탑 앞으로 나아간다. 음식을 먹는 동안에는 "황의곡皇矣曲" 등 모두 열 곡이 넘는 음악이 연주되고 무동들도 나와서 춤을 춘다.

김홍도가 마지막으로 그릴 부분은 처용무였다. 악귀를 쫓는 벽사辟邪의 의미를 담고 있어 연회의 마지막을 장식했고, 거의 모든 진찬도에 처용무를 그리는 것이 관례였다. 처용 다섯 명과 무동 열한 명이 오방색의 복식을 입고 처용무를 췄다. 춤사위가 정신없이 펼쳐졌지만 김홍도는 침착하게 다른 진찬도에서 보고 연습한 대로 마무리했다. 처용무가 끝나자 영조와 왕세손이 자리에서 일어나 경현당을 떠나는 모습을 연출했고 대신들도 일어나 서로 수고했다며 인사를 나눴다. 김홍도는 시간이 어떻게 지나갔는지, 무엇을 그렸는지 생각이 제대로 나지 않을 정도로 얼떨떨했다. 옆에 있던 변상벽이 이 정도면 잘 그렸다며 격려하자 그제야 안도의 한숨이 흘러나왔다.

며칠이 지났다. 변상벽은 김홍도에게 좌의정 김상복 대감과 금위영 이윤성 대장이 수작례 병풍도 두 벌을 주문했다며 준비를 명했다. 나라에 경사나 잔치가 있으면 조정대신들은 그날의 기쁨을 간직하고 나라의 경사가 오래도록 지속되기를 기원하는 의미에서 행사 그림을 그린 화원에게 똑같은 그림 몇 벌을 주문했다. 이를 계병契屛이라 했다. 그림을 나누면서 병풍에 기록도 함께 남기는 것이 관례였다.

수작례 병풍을 성공적으로 그리면서 도화서뿐 아니라 조정대신들 사이에도 김홍도 이름 석 자가 알려졌다. 입소문을 타고 주문도 늘었다. 김홍도가 가장 많이 그린 그림은 기복과 축수의 의미가 담긴 신선도였지만 산수화와 화훼도를 주문하는 이들도 있었다. 김홍도는 수작례 병풍 그림을 그린 이듬해 도화서에서 최고 실력자들이 모인 1방 화원이 되었다. 1방 화원에게는 좀 더 넉넉한 녹봉을 받을 수 있는 품직이 제수되었는데 김홍도는 종6품 무반직인 부사과副司果를 받았다. 무반직 종6품에 준하는 녹봉을 받을 수 있는 품계였다.

김홍도의 첫 번째 궁중기록화

〈영조 기로연·수작연도〉(부분), 견본채색, 122.5×444.6cm, 보물 제1531호, 서울역사박물관

김홍도가 영조의 수작례 병풍도를 그렸다는 사실은 좌의정 김상복(金相福, 1714~1782)의 〈수작도기受爵圖記〉에서 확인된다.

김상복, 〈영조대왕경현당수작도기〉 중 김홍도 부분, 국립중앙박물관

"성상의 춘추 72세(만 71세)가 된 해 을유년(1765, 영조 41년) 10월 11일에 주상께서 경현당에 납시어 수작례를 받으셨다. …… 그런데 나라에 경사가 있으면 신하들이 병풍을 만들어 이날의 행사를 수시로 볼 수 있게 하는 것이 관례이기에, 신이 금위대장 이윤성과 상의하여 병풍을 만들어 나누어 가졌다. 그린 이는 화원 김홍도, 글씨 쓴 이는 사자관 홍성원이다."[9]

이 기록으로 볼 때 김홍도는 궁궐용으로 한 점, 김상복과 이윤성 소장용으로 두 점을 그렸음을 알 수 있다. 서울역사박물관 소장품이 세 점 중 어느 병풍인지는 확인되지 않지만, 같은 해 8월 18일의 '영조 을유 기로연' 행사도 함께 있는 걸로 봐서는 왕실 소장 병풍이었을 가능성이 높다.

10장

가난한 바닷가 마을을 그리며 이름을 짓다

1767년(영조 43년), 김홍도가 도화서에 들어온 지 어느덧 4년이 되었다. 수작례 병풍이 좋은 평가를 받고, 이듬해 1방 화원이 된 뒤로 몸은 어느 때보다 바빠졌다. 궁중기록화에 차출되는 일도 늘었고, 세화 주문도 몇 곱절 늘었다. 그 와중에 틈틈이 조정대신들의 사적인 주문을 받아 그림을 그렸다. 종6품의 녹봉이 결코 적다곤 할 수 없었으나 그것만으로는 아무리 아껴 모아도 한양에 집 한 칸 구하기 어려운 게 사실이었다. 모두가 퇴청한 도화서에서 때로는 밤을 세워가며 주문 그림을 그렸다. 그 결과 1방 화원이 되고 2년 만에 도화서에서 가까운 청계천 하량교(을지로 4가에 있던 다리) 부근에 3칸짜리 작은 초가집을 마련할 수 있었다. 집을 마련했을 때 김홍도의 나이 스물두 살이었다. 안산의 부모는 도화서에 들어갔다는 소식을 전했을 때보다 더 기뻐했다. 어머니는 벼르고 있었다는 듯 중신을 섰다. 집을 마련한 그해 김홍도는 안산의 중인 집안 규수와 혼인해 가정을 꾸렸고, 1년 뒤 딸이 태어났다.

혼례를 앞두고 김홍도는 안산으로 내려가 제일 먼저 스승 강세황에게 오랜만에 문후를 여쭈었다.

"그래, 도성 안에 집도 사고, 혼례도 올린다고?"

"스승님, 부끄럽습니다. 남들보다 자리 잡는 게 늦어 이제야 소식을 전합니다."

당시 스물두 살이면 혼례를 치르기에는 늦은 나이였다. 녹봉을 받기 시작한 이후로도 마땅한 거처가 없다는 핑계로 차일피일 미루다 지금에 이른 것이었다. 강세황은 그것이 김홍도의 강직한 성품에서 비롯된 일임을 알았기에 흐뭇한 미소로 제자를 바라보았다.

"사능이 가진 끈기를 내가 모르겠는가. 혼자 힘으로 입신하여 일가를 이룬 모습을 보니 이제 내가 자네를 마냥 하대할 수도 없으이."

김홍도는 스승의 달라진 말투에 몸 둘 바를 모르고 고개를 더욱 조아렸다. 그사이 강세황의 사정도 달라져 있었다. 김홍도는 붓을 꺾은 줄 알았던 스승의 사랑방에서 예전처럼 그윽한 묵향을 맡았다. 한양에 있는 임금과의 약조는 '작심삼년'이었다. 강세황은 안산에서 유유자적 지내다 최북, 유경종 등과 사로회四老會라는 모임을 만들어 그 핑계로 다시 붓을 잡았다.

'아무리 나라님이라도 스승님의 열정과 고집을 꺾진 못하는구나.'

강세황의 집을 나서는 김홍도의 마음이 들떴던 건 단지 혼례를 앞두고 있어서만은 아니었을 것이다.

단출하나마 가정을 꾸리면서 생활도 점점 안정을 찾아갔다. 가장으로서 식솔을 챙겨야 한다는 책임감이 어깨를 짓누를 때도 있었지만 딸아이의 재롱을 보고 있으면 하루 동안 쌓인 피로가 눈 녹듯 사라졌다. 그사이 김홍도의 이름자는 도성 안에 자자하게 퍼졌고, 도화서 안에서도 김홍도를 따르는 무리가 생겼다.

그러던 어느 날 반송방 북곡에서 슬픈 소식이 전해졌다. 1769년(영조 45년), 쓸쓸히 그림을 그리던 심사정이 세상을 떠난 것이다. 김홍도는 스승의 부고가 믿기지 않아 한참을 멍하니 서 있었다. 지난해 7촌 조카(재당질)인 심유진의 부탁으로 그림을 그릴 때만 해도 수십 일 동안 팔을 걷어붙이고 붓을 움직일 만큼 건강한 모습이었다.* 그런데 이렇게 갑작스레 세상을 떠나시다니! 그는 이인문과 함께 스승의 초가집에 가서 무릎을 꿇고 눈물을 흘렸다. 자신이 도화서 화원이 된 건 심사정의 가르침 덕분이었다. 김홍도는 그런 스승에게 살아생전 아무런 보답도 못했다는 자책에 가슴이 저리도록 아파 울고 또 울었다. 며칠 뒤 스승의 상여는 구슬픈 방울 소리를 울리며 스승의 증조부 묘소가 있는 파주 분수원으로 떠났다. 김홍도는 무악재 언덕을 넘어가는 스승을 향해 허리를 숙이며 언젠가는 스승이 말한 자신의 그림을 그리는 화원이 되겠다며 마음을 다잡았다.

김홍도의 개인적 시련은 스승을 잃은 데서 끝나지 않았다. 1771년(영조

---

* 이때 그린 그림이 촉잔도권으로, 길이 8미터에 달하는 심사정 일생의 역작이다.

47년) 딸아이를 낳은 이듬해부터 시름시름 앓던 아내가 그만 세상을 떠났다.* 들판에서는 노랗게 익은 곡식을 추수하기 바쁘고, 도화서에도 세밑을 대비한 세화 주문이 하나둘 들어오던 가을 무렵의 일이었다. 김홍도는 세 살 난 딸아이를 혼자 키울 수 없어 안산에 가서 부모님을 모시고 올라왔다. 그때부터 술과 거문고를 가까이하고 퉁소를 불며 상배喪配의 아픔을 달래는 시간이 많아졌다. 도화서 동료들은 그런 김홍도를 걱정 가득한 눈으로 바라보았다.

이듬해 김홍도는 일생의 스승과 사랑하는 아내를 차례로 잃은 아픔을 잊으려는 듯 쉬지 않고 그림을 그렸다. 낮에는 도화서 일을 하고, 저녁에는 주문 그림을 그리는 나날엔 변함이 없었지만 자주 그리던 신선도 외에도 산수화, 고사화로 화폭을 넓혀나갔다. 가끔 울적한 날에는 이인문과 1방의 선배 화원인 담졸당 김응환(金應煥, 1742~1789)을 불러 술잔을 기울였다. 김응환은 개성 김씨로, 김홍도보다 세 살 위였다. 아버지는 의관이었으나 처외조부 노태현이 도화서에서 생도를 가르치는 교수직에 있어 화원의 길로 들어섰다. 세월이 지나면서 조카인 김득신과 김양신도 화원이 되어 개성 김씨는 도화서에서 영향력 있는 세습가문이 되었다. 그러면 김홍도처럼 재능과 인품을 갖춘 이를 견제하거나 질시할 만한데, 김응환은 오히려 순전히 실력으로 지금의 자리에 오른 김홍도를 동생처럼 아꼈다.

---

* 김홍도 족보에는 부인의 성이나 가문에 대한 기록이 없다. 30대 중반에 혼자 살았다는 강세황의 기록으로 볼 때 일찍 상처한 것으로 추정된다.

인왕산에 진달래가 흐드러지게 핀 봄 어느 날 저녁, 세 사람은 김홍도의 집에서 술잔을 기울였다. 김홍도는 술대를 잡고 거문고를 뜯었다. 거문고 소리가 끝나자 김응환이 김홍도의 잔에 술을 따르며 문득 생각이 났다는 듯 물었다.

"아우님, 1방 화원이 된 지가 몇 년인데 왜 별호別號를 안 만드는가?"

김홍도는 벌게진 얼굴로 답했다.

"아직 화명畵名이 높은 것도 아니고, 굳이 만들 필요가 없어 안 만들고 있는 겁니다."

그러자 이인문이 나섰다.

"오늘 말이 나왔으니 형님께서 사능에게 좋은 별호를 만들어주시는 것도 좋을 것 같습니다. 하하."

"아니야, 내가 만드는 건 격에 맞지 않으니 사능이 자호(自號, 스스로 만든 호)를 만들면 좋을 것 같네."

"아니, 왜들 이러십니까. 저는 그냥 '사능'이라고 관서하면 됩니다."

"아우님, 자꾸 사양만 할 게 아니라 이렇게 흥취 있는 날 하나 만드는 것도 풍류일세. 오늘처럼 날 좋을 때 자호도 만들고 실컷 취해보시게. 하하."

김홍도는 술잔을 들이켜며 아무래도 김응환의 성화에서 벗어나지 못할 것 같아 곰곰이 생각했다. 그러나 딱히 떠오르는 게 없었다. 그때 이인문이 말했다.

"사능, 어렵게 생각하지 말고 살던 동네에서 갖고 올 생각을 해봐. 어느 학자는 밤나무골에서 태어나 자호를 율곡栗谷이라고 했다는 이야기를 들었어."

그의 말을 들은 김홍도가 용기를 내서 말했다.

"살던 마을 이름이 성포리야. '함성이 울리는 포구'라는 뜻으로 '성포聲浦'라고 불렀는데, 별호로 쓰기에는 요란한 것 같아. 성포리를 '성고聲串'라고도 불렀는데 이것도 마찬가지고……."

"하긴 별호는 운치가 있어야 하니 함성소리 성 자를 쓰는 건 격에 맞지 않지."

"참, 그런데 성포리 앞바다를 마을 사람들은 서호西湖라고도 불렀어."

김홍도가 문득 생각났다는 듯 무릎을 치며 말했다.

"사능, 서호가 좋겠다. 운치도 있고 뜻도 좋아서 자호로 삼기에는 제격이야."

이인문의 말에 김응환도 아주 좋다며 맞장구를 쳤다. 김홍도 역시 어린 시절 그림 공부를 하며 바라보던 앞바다의 별칭을 자호로 하는 게 의미 있는 일인 것 같았다. 세 사람은 계속 술잔을 비웠고, 김홍도는 호수처럼 잔잔한 성포리 앞바다 서호를 생각하며 다시 거문고를 뜯었다.

며칠 뒤 김응환이 김홍도에게 금강산을 그린 그림을 한 점 건넸다. 며칠 전 김홍도가 '서호'라는 자호를 만든 것을 축하할 겸, 중국풍 산수화와 고사도, 신선도만 그리지 말고 우리나라 산천도 그려보라는 의미에서 건넨 것이다.

"서호, 자네에게 주려고 겸재 영감의 금강산 그림을 방했네. 하하."

"형님, 고맙습니다. 언젠가 기회가 되면 금강산을 가보고 싶습니다."

김응환, 금강전도, 지본담채, 22.3×35.2cm, 개인

오른쪽 위에 "임진년(1772) 봄에 담졸당이 서호를 위해 금강전도를 모방해서 그렸다歲壬辰春 擔拙堂爲西湖 倣寫金剛全圖"라는 제발이 쓰여 있다. 김응환이 모본模本으로 삼은 금강전도는 겸재 정선의 그림으로 현재 고려대학교박물관에 소장되어 있다.

김홍도는 김응환에게 꾸뻑 절을 했고, 그는 김홍도를 격려했다. 두 사람은 계속 선후배로서 우정을 쌓았고, 16년 후인 1788년에는 정조의 명을 받아 함께 금강산으로 봉명사생奉命寫生을 떠나 금강산 화첩을 제작하게 된다. 김응환의 금강산 그림은 어쩌면 먼 미래의 일을 예고하는 것이었는지도 모른다.

11장

용안을 마주하다

김홍도는 눈을 감았다. 겨울인데도 등에서 땀이 흘렀고, 손에서 경련이 일 정도로 긴장이 멈추지 않았다. 김홍도 옆으로 변상벽을 비롯한 화원들이 줄지어 앉아 있었고, 하얀 기름종이가 펼쳐진 곳 너머에서는 도제조와 도감 당상이 감시하듯 화원들의 손끝에서 시선을 거두지 않았다. 영조와 왕세손이 건물 가장 깊숙한 곳 중앙에 자리하고 있었다.

1773년(영조 49년), 김홍도는 스물여덟 살이 되었다. 1월 7일, 영조는 자신의 80세 어진 2본과 세손의 초상을 그릴 준비를 하라는 명을 내렸다. 1713년에 숙종의 어진도사가 있었으니 숙종의 뜻을 이어간다는 의미에서 한 갑자(60년) 후인 올해에 그리기로 한 것이다. 다음 날인 1월 8일, 어진 제작을 위해 도감이 설치되었다는 소식이 도화서에 전해졌다. 화원들은 누가 어용화사로 선발될지 긴장과 기대 속에 소식을 기다렸다. 어용화사는 화원 최대의 영광이고 '수로지은(酬勞之恩, 공로에 대해 보답함)'으로 벼슬이 제수되는 특혜가 따랐다.

김홍도 역시 초조하게 결과를 기다렸으나 큰 기대를 할 수 있는 상황은 아니었다. 어용화사로 선택되려면 초상화를 잘 그려야 하는데 김홍도는 초상화를 그린 적이 없었다. 조정대신들이 초상화를 의뢰하더라도 경험 많은 변상벽이나 신한평(申漢枰, 1726~?)이 도맡곤 했다. 그렇다고 아예 기대를 접기에는 세습가문 화원들 틈에서 인정받고자 혼신의 힘을 다한 지난 세월이 아쉬웠다. 다음 날 하룻밤을 뜬눈으로 새우고 입궐한 김홍도에게 이인문이 달려왔다.

"사능, 축하한다, 축하해. 드디어 어용화사가 되었구나."

어진도사 도감에서 어진을 그릴 화원으로 변상벽, 김홍도, 신한평, 김후신, 김관신, 진응복 등 여섯 명을 결정한 것이다.[10] 이인문의 축하 인사에 김홍도는 처음에는 어안이 벙벙하다 나중에는 가슴이 울컥했다. 도화서에 들어온 지 9년 만에 당대 최고 화원 반열에 올랐다는 사실이 믿기지 않았다.

"고맙다, 문욱아. 너도 함께 발탁되었으면 좋았을 텐데……."

"아니야, 나는 초상을 못 그리기 때문에 기대도 안 했어. 그렇지만 너는 꼭 될 거라 기대했어. 하하."

"그렇게 말해주니 고맙다. 그런데 내가 이렇게 중차대한 일을 잘할 수 있을지 걱정이야."

"사능, 너를 믿어. 잘 그릴 수 있으니 뽑힌 거야. 평소에 그리던 대로 그리면 돼."

1방 화원이 된 시기나 모든 면에서 이인문은 김홍도를 따라가지 못했으나 한번도 질투나 시기하는 기색을 내비치지 않았다. 두 사람은 변함없이 우정을 나눴다. 김홍도는 자기 일처럼 기뻐하는 이인문이 진심으로 고마워 그의 손을 꼭 잡았다. 어릴 때부터 막연히 듣기만 했던 '어용화사'라는 영예로운 이름이 자기 것이 되는 순간이었다.

며칠 뒤 도감회의에서는 어진의 가장 중요한 부분인 용안(얼굴)과 전체 윤곽을 담당하는 주관화사로 변상벽을 임명했다. 변상벽이 당대 최고의 화원으로 제일 먼저 천거되었기 때문이다. 나머지 화원 중 한두 명이 용포를 그리고 색칠하는 동참화사가 되고, 나머지 서너 명은 주관화사를 도와 그림 제작에 필요한 각종 업무를 지원하는 수종화사가 되는 것이 관례였다. 그러나 변상벽은 이번에는 어진뿐 아니라 세손의 초상도 함께 그려야 하기 때문에 모두 동참화사로 참여한다며 이제부터 어진을 그리는 동안에는 몸과 마음을 깨끗이 하라고 했다.

주관화사의 지시가 있고 이튿날, 김홍도는 어용화사들과 함께 정3품 이하 당하관이 임금을 알현할 때 입는 공복公服인 소매가 좁고 무늬가 없는 검은색 흑단령을 입었다. 그다음에는 엎드려 그릴 때 그림이 상하지 않도록 각대 대신 검은색 끈띠를 두르고, 뒤가 높고 앞이 낮은 검은색 사모를 쓴 다음 목이 긴 검은색 신발을 신었다. 사모관대를 갖추고 나니 비로소 어용화사가 되었다는 사실이 실감 났다. 김홍도는 심호흡을 하고 마음을 가다듬으며 변상벽과 다른 어용화사들을 따라 경희궁의 자정전*으로 향했다. 길을 지나던 사람들은 어용화사 일행이 지나갈 수 있게 길을 비켜서며 허리를 숙였다.

경희궁에 도착한 어용화사 일행은 긴 창을 든 무관들을 따라 자정문 옆에 섰다. 변상벽이 김홍도와 화원들에게 평소 때처럼 그리면 된다며 다독일 때 도제조와 당상이 남여**를 타고 속속 도착했다. 김홍도와 화원들은 고개를 숙인 채 도제조와 당상을 따라 전으로 들어가 영조와 세손을 기다렸다. 임금의 거동 시 의례를 담당하는 좌통례가 낭랑한 목소리로 주상 전하와 세손이 납신다고 알리자 자정전 안에 있던 이들이 동시에 몸을 조아렸다. 영조가 용상에 앉고 세손이 그 아래에 있는 의자에 앉자 도제조가 고개를 숙이며 화원들이 입시했음을 고했다.

"전하, 분부대로 오늘부터 전하의 어용御容과 세손의 초상을 봉사할 화사들이 들었습니다."

영조는 화원들을 바라본 후 입을 열었다.

"그럼 나와 세손을 자세히 봐야 할 테니 가까이들 와서 시작해라."

"예, 전하."

어진과 세손 초상 작업은 초본을 그리는 일부터 시작했다. 초본의 첫 번

---

* 영조는 1762년(영조 38년) 윤5월 21일에 경희궁으로 거처를 옮긴 뒤로 1776년(영조 52년) 3월 5일 승하할 때까지 주로 이곳에서 제반 정무를 보았다.

** 藍輿, 의자와 비슷하고 뚜껑이 없는 작은 가마. 앞뒤에서 두 사람이 어깨에 멜 수 있도록 나무를 이었다.

째 과정은 한지에 기름을 먹여 반투명하게 만든 유지油紙에 유탄(버드나무 숯)으로 얼굴 윤곽의 초를 잡고, 그다음에 먹선으로 얼굴의 형태를 그리는 일이었다. 변상벽은 전날 김홍도와 김관신에게 세손의 초상 초본을 그리라고 지시한 뒤 얼굴을 바라보는 예법과 그리는 자세에 대해 미리 알려줬다. 엎드려 부복한 자세에서는 세손의 얼굴을 쳐다보기 힘드니 예를 갖춰 일어나 절을 한 후에 모습을 보고 앉아서 초를 그리는 방식이었다.[11]

변상벽의 조언을 떠올리며 김홍도는 조심스럽게 세손의 얼굴 윤곽을 그리기 시작했다. 초상을 그리는 것이었지만 세손의 얼굴을 자주 바라볼 수 없었기에 머릿속에 저장해둔 전체적인 풍모와 인상에 의존해야 했다. 영조와 세손이 자세를 잡고 화원들이 유탄을 손에 들자 자정전에서 유일하게 움직이는 것이라고는 바쁘게 흘깃거리는 화원들의 눈과 화폭 위를 가로지르는 손뿐이었다. 화원들이 움직일 때마다 좁은 소맷자락이 스치며 바스락 대는 소리가 들렸지만, 그 소리조차 무겁게 내려앉은 공기에 적막감을 더할 뿐이었다. 김홍도는 도화서에서 처음으로 궁중행사도를 그렸을 때보다 더 긴장했다.

이각(30분) 정도의 시간이 흘렀을까? 김홍도가 유탄으로 초를 잡는 과정을 끝내려고 할 때였다. 갑자기 주변이 소란스러워지더니 용상 양옆으로 병풍처럼 늘어서 있던 도제조와 당상이 자리에서 일어났다. 내시가 영조와 왕세손의 퇴실을 알린 것이다. 김홍도는 당황한 눈길로 좌우를 살폈다. 변상벽뿐 아니라 다른 화원들은 흐트러짐 없이 예를 갖추고 있었다.

'아뿔싸, 시간이 이렇게 지났구나!'

그림이 끝날 때까지 영조와 왕세손이 모습을 보여줄 거라 기대하지는 않았지만 긴장감을 누르고 초안을 완성하기엔 너무 짧은 시간이었다.

영조와 왕세손이 자리를 뜬 후 화원들은 그날 그린 부분을 서둘러 마무리했다. 왕조에서는 어진과 왕세손의 초상화도 신성하게 여겼기에 도화서로 옮겨 계속 그리는 건 허락되지 않았다. 화원들이 유탄과 붓을 내려놓자 내시들이 와서 그림틀을 가져갔다. 그림틀은 편전 옆 행각으로 옮긴 뒤 자물쇠를 채워 보관하게 될 것이다.

도제조, 당상에 이어 내시까지 그림틀을 들고 자리를 뜬 뒤에야 화원들도 자리에서 일어났다. 김홍도는 다리가 풀림과 동시에 아찔한 현기증을 느꼈다. 다른 화원들도 유난히 말이 없었다. 터덜터덜 전각을 나오자 차가운 하늘에서 유난히 강한 햇볕이 내리쬐어 김홍도는 자기도 모르게 눈을 감았다. 어용화사라는 직책에 따르는 무게감이 한꺼번에 김홍도를 짓눌렀다. 다른 화원들도 마찬가지인 것 같았다. 그때 무거운 침묵을 깨고 변상벽의 목소리가 들렸다.

"다들 고생 많았네. 내가 처음 어용화사로 전하의 용안을 뵀을 때는 선 하나 제대로 긋는 것은 고사하고 너무 떨어 붓을 떨어뜨리지나 않을까 전전긍긍했는데, 자네들은 그에 비해 잘한 거야. 앞으로 몇 차례 용안을 마주할 기회가 올 것이니 긴장들 풀고 정진하게."

어진과 왕세손의 초상화를 그리는 작업은 이제 시작일 뿐이었다. 변상벽의 말처럼 초본 작업 이후에도 2품 이상 관리와 승지 들의 의견을 수렴해 미진한 부분이 있으면 수정을 마칠 때까지 용안을 볼 기회가 있었다.

그 뒤에도 용신龍身을 비롯해 곤룡포와 흉배, 신발까지 차례로 그려야 하는 긴 작업이 남아 있었다. 10년 전에 이미 영조의 어진 제작에 참여한 변상벽이 격려하는 말을 듣고 화원들은 한결 가벼운 발걸음으로 도화서로 향했다.

그날 이후 어용화사들은 자경전을 드나들며 어진과 왕세손의 초상 초본을 완성해나갔다. 유탄으로 그린 초 위에 먹선을 올렸고, 그다음은 얼굴의 살색을 기름종이 뒷면에서 묵선에 맞춰 채색했다. 부드러운 음영을 표현하기 위한 방법이었다.

초안 작업에 들어간 지 수일이 지난 1월 16일, 도제조와 도감 당상은 화원들이 그린 본을 들고 입시했다. 영조는 자신과 세손의 초본을 한자리에 놓고 대신들에게 의견을 물었다. 어진 초본 여러 점 중에서는 변상벽의 초본이 결정되었고, 왕세손 초본은 닮은 초상이 없어 채택하지 않기로 했다. 왕세손의 초상은 세자의 초상인 예진이 아니었기에 다시 그리라는 명을 내리지 않았다. 세손을 부각시키지 않으려는 영조의 정치적 판단이기도 했다.

"이번엔 세손 저하의 초상은 그리지 않기로 했다네."

대신회의에서 내린 결정이 도화서에 전해졌고, 김홍도는 가슴이 덜컥 내려앉았다. 세손의 초상을 그린 화원 중 한 명으로서 며칠간의 노력이 물거품이 되었다는 허탈감과 왕과 대신들에게 자신의 실력을 인정받지 못했다는 부끄러움이 한꺼번에 몰려왔다. 그러나 개인적인 감상에 빠져 있을 틈이 없었다. 여전히 동참화사로서 김홍도가 해야 할 일이 있었다. 어진 초본의 최종본이 확정되자 내시는 화원들이 자정전 옆에 있는 행각에서 어진 채색 작업을 할 수 있도록 준비에 들어갔다. 주관화사 변상벽이 용안을 채색했고, 그다음은 동참화사들의 차례였다.

김홍도와 화원들은 먼저 익선관을 그렸다. 모라로 싼 모체*를 2단으로 턱이 지게 그리고 매미 날개 모양 소각小角 두 개가 위쪽을 향해 달리도록 그렸다. 정무를 볼 때 매미의 오덕(학문, 맑음, 염치, 검소, 신의)을 잊지 말라는 의미가 담긴 소각은, 문무백관의 관모인 사모의 각이 옆을 가리키는 것과 달리 위를 향해야 했다. 홍룡포의 가슴과 양 어깨에 있는 금색 오조룡과 문양에도 법식이 있었다. 용은 임금의 지존과 위엄을 상징하기 때문에 금방이라도 구름을 뚫고 나올 것처럼 용맹스럽게 그려야 했다. 용의 발톱도 왕은 다섯 개인 오조룡, 세자는 네 개인 사조룡, 세손은 세 개인 삼조룡으로 그리는 것이 법식이었다. 용의 머리와 몸체 중간에 있는 화염문과 달은 용을 가리지 않게 배치해야 했다. 허리에 매는 옥대 역시 왕을 상징하는 붉은색으로 그리고, 대의 장식 문양에는 용을 포함시켜야 했다. 법식을 따르자면 어느 한 부분 쉬운 곳이 없었고, 도제조와 당상은 수시로 드나들며 작업을 독려했다.

어진이 조금씩 형태를 갖춰나갈수록 김홍도는 왕세손의 초상이 채택되지 않아 실망했던 지난날의 마음이 참으로 사치스럽게 여겨졌다. 엄격한 법식에 따라 철두철미하게 어진을 그려나가는 동안 어용화사로서 자신을

---

* 모라帽羅는 익선관을 둘러싼 얇은 비단, 모체帽體는 익선관의 형체를 뜻하는 궁중 용어다.

채용신 · 조석진, 영조 어진, 110.5×61.8cm, 보물 제932호, 국립고궁박물관

주관화사 변상벽과 동참화사 김홍도가 그린 어진은 화재로 멸실하였다. 위의 어진은 1900년 조석진, 채용신 등이 1744년(영조 20년)에 제작한 원본을 범본으로 하여 옮겨 그린 것이다.

드러내려 했던 개인적 야망이 참으로 헛되었다는 것을 깨닫게 된 것이다. 동참화사 여러 명이 달려들었지만 채색에만 수일이 걸렸다. 마지막 채색을 마치고 완성된 어진이 내시들 손에 건네진 뒤, 김홍도는 마치 보름 넘게 자신의 발을 묶은 족쇄에서 풀려난 듯 홀가분한 마음으로 자리를 털고 일어섰다.

1월 22일, 영조는 경희궁 자정전 편전에서 왕세손과 조정대신들에게 완성된 어진을 보여줬다. 어진을 본 왕세손이 천세를 부르자 여러 신하도 일제히 따라 불렀다. 영조도 어진에 만족한다는 듯 웃음을 보이며 도제조 김양택과 당상들에게 말 한 필씩 상을 내렸다. 관례대로 변상벽은 주관화사로서 공로를 인정받아 지방수령직(현감)에, 동참화사들에게는 동반직(문반직)이나 서반직(무반직)의 변장직*에 임명하라는 교시가 내려졌다. 김후신은 전에 어진을 그린 김희성의 아들로 이미 찰방을 지냈으니 수령으로 승전하게 하라고 특별히 지시했다. 왕세손의 초본이 채택되지 않아 가슴을 졸이고 있던 화원들은 그 소식을 듣고서야 안도의 한숨을 내쉬었다. 김홍도는 새로 시작될 벼슬살이에 대한 희망과 기대에 부풀었다.

---

* 邊將職, 변경을 지키는 장수로, 첨사(僉使, 종3품)에서 만호(萬戶, 종4품)에 이르는 직위를 갖는다.

12장

첫 번째 벼슬과 치욕의 삼책불통

2월 4일, 김홍도는 스물여덟 나이에 사재감의 종6품 주부에 임명되었다. 사재감은 궁중의 어류, 육류, 소금, 땔나무를 관장하는 부서로 성포리 어량에서 진상하는 어물도 관리했다. 김홍도는 어릴 때 아버지가 어량에서 힘들게 일하던 모습이 생각나 울컥했다. 집에서는 가문의 경사라며 동네잔치를 준비했다. 어머니는 이제 새 식구를 들여야 한다며 채근했지만 김홍도는 아직 재혼할 생각이 없어 시큰둥했다.

이튿날 아침 관복을 입고 새로 관직을 제수받은 관원들과 함께 영조에게 사은숙배를 올렸다. 김홍도는 그때서야 자신이 도화서 화원이 아니라 문관 관직인 동반직 종6품 '나리'가 되었다는 게 실감 났다. 중인 무반 집안 출신인 자신이 문관 종6품이 되어 가슴에 백학 흉배를 달았다는 사실이 한없이 뿌듯했다. 마음속으로 미천하나마 열과 성을 다하여 성은에 보답하겠다고 다짐했다. 사은숙배를 마친 김홍도는 사재감으로 발걸음을 옮겼다.

사재감은 순화방(順化坊, 현재 종로구 통의동 일대)에 있었다. 김홍도는 총 일곱 명의 관원 중 다섯 번째 서열이었고 실무 담당자였다. 사재감은 진상품을 관장하는 부서이니만큼 소속된 노비의 숫자만 서른여섯 명에 달했다. 한동안 김홍도는 사재감 일을 배우느라 눈코 뜰 새 없이 바빴다. 그림만 그리던 손으로 진상품의 품질과 수량을 파악하고 기입했으며, 신선의 세계와 산수의 절경을 그리던 머리로 노비들을 단속하고 관리해야 했으니 그 어려움은 짐작하고도 남았다. 어용화사가 된 뒤로 여기저기서 그림 주문이 쇄도했지만 새로운 일을 배우는 데 정신이 없어 훗날로 미뤄야 했다. 한편 사재감에 든 이후로 듣는 '나리'라는 호칭은 영 어색하면서 어딘지 모르게 간지러웠다. 김홍도는 맞지 않는 옷을 입은 게 이런 기분이겠구나 싶으면서도 깊이 생각하지 않으려고 했다.

6월 13일, 안개가 자욱하게 낀 날이었다. 김홍도는 아침 일찍 수령강守令講을 치르기 위해 경희궁으로 향했다. 경희궁에는 김홍도 외에도 조상의 음덕이나 추천으로 종6품 관직에 제수된 관원들이 모여들었다. 당시 이조에서는 과거시험을 보지 않고 6품직에 제수되면 몇 달 후 수령강을 치르게 했다. 종6품은 고을 수령에 제수될 수 있는 품계였기 때문에 기본적인 학식이 있는지를 판단하기 위해서였다. 시험과목은 강講과 제술製述이었다. 강은 사서와 삼경 가운데 하나를 선택하여 보고 읽게 하되, 두 책을 모두 통독해야 했다. 제술은 두 책의 주요 대목에서 백성을 다스리는 방책을 서술하게 하는 시험이었다. 두 책을 모두 통독하지 못하면 파면하고, 한 책만 통독하면 한번 더 기회를 주는 제도였다. 제술 통과는 필수였다. 김홍도는 어진화사의 공으로 제수되었기 때문에 수령강이 면제된 줄 알고 있었지만 아니었다.

김홍도는 이 시험에서 삼책불통*이라는 최악의 성적을 받았다. 어용화사의 영광이 치욕의 나락으로 떨어지는 순간이었다. 시험을 주관하던 조정 대신들은 혀를 차며 실소를 터트렸다.

"환쟁이가 그럼 그렇지."

그림을 배우기 시작한 이후로 내내 마음 한편에 그늘을 드리웠던 그 단어가 귓가에 울리는 순간 김홍도는 얼굴을 들 수 없었다. 어용화사로서 쌓은 자존감이 바닥으로 떨어지는 느낌이었다. 수령강에서 면제된 줄 알았고 준비가 부족했던 탓이라고 그 자리에서 읍소라도 하고 싶었지만 입이 떨어지지 않았다. 설사 말을 한다 해도 대신들이 한낱 환쟁이의 변명 따위를 받아줄 리 만무했다. 이조에서는 곧바로 영조에게 삼책불통을 받은 김홍도를 사재감 주부직에서 태거(汰去, 파직)해야 한다고 보고했다. 영조는

---

* 三冊不通. 《경국대전》에 따르면 수령강은 사서와 오경 가운데 1책과 《대명률》과 《경국대전》에 대한 강講, 그리고 백성을 다스리는 방책에 대한 제술까지 총 세 번 시험을 치르는 것이며, 삼책불통은 이 세 시험에 모두 통과하지 못한 경우를 가리킨다.

파직을 윤허했고, 김홍도는 사재감으로 돌아와 침통한 마음으로 관복을 벗었다. 사재감 주부에 임명된 지 넉 달 만의 일이었다.

사재감을 나서는 김홍도는 태어나서 처음 느껴보는 수치심에 걸음을 제대로 옮길 수 없을 정도였다. 도저히 집으로 갈 수 없어 광통교 뒷골목의 허름한 주막에 가서 술을 마시기 시작했다.

'그래, 나는 환쟁이다. 환쟁이는 그림만 그리는 게 맞지.'

'벼슬을 바라고 시작한 일이 아니다! 마음대로 주고, 마음대로 뺏는 게 벼슬이라면 그게 무슨 의미란 말이냐!'

김홍도는 홀로 슬픔과 자조를 오가며 연거푸 잔을 비웠다. 자리에서 일어난 건 석양이 내릴 무렵이었다. 스승과 아내를 떠나보내고 나서도 이처럼 대취한 적은 없었다. 그는 비틀거리는 걸음으로 도화서에 가서 이인문을 찾았다.

"이보게, 여기 술 취한 환쟁이가 왔네. 이제 나는 나리도 뭣도 아닐세. 날 좀 데려가주게나."

"사능, 이 사람. 무슨 일이기에 대낮부터 술에 취한 건가? 나와 술이나 한 잔 더하며 얘기하세."

이인문은 그를 부축해 자신의 집으로 데리고 갔다. 그날 밤 김홍도는 자신의 처지가 너무 부끄럽고 비참하다며 친구와 함께 밤새 통음痛飮했다.

과하게 통음한 탓인지 다음 날에도, 그다음 날에도 김홍도는 자리에서 일어나지 못하고 방 안에서 끙끙 앓아누었다. 파직을 당했으니 사재감에

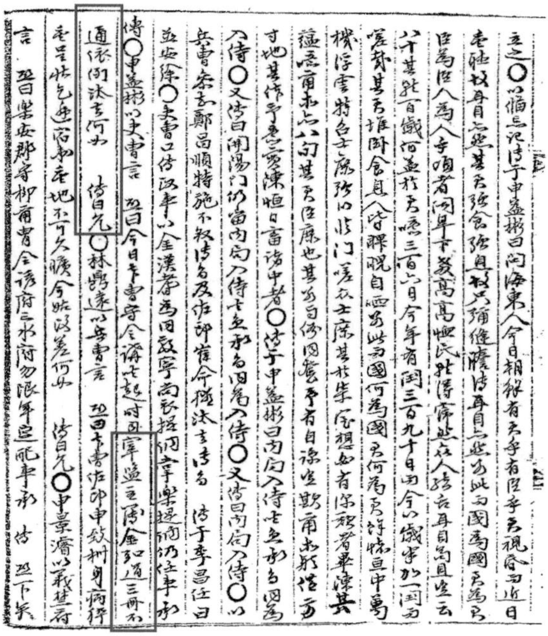

《승정원일기》, 1773년(영조 49년), 6월 13일, 규장각 한국학연구원
이조에서 사재감 김홍도의 파직을 청하는 부분과 윤허한다는 부분. "이조 관원이 보고하기를 금일 시행한 수령강에서 사재감 주부 김홍도가 삼책불통을 했으므로 태거(파직)할 것을 청했고, 임금께서는 윤허했다 今日本曹守令講坐起時 司宰監主簿金弘道 三册不通, 依例汰去 何如 傳曰 允."

갈 수도 없고, 그렇다고 아무렇지 않은 얼굴로 도화서 문을 두드릴 자신도 없었다. 차라리 어용화사에 임명되지 않았으면 지금쯤 허튼 생각 하지 않고 그림에만 몰두할 수 있었을 거라는 생각까지 들었다. 그림도, 벼슬도 사라지자 세상에 자신이 발 디딜 곳이 하나 없다는 걸 깨달은 듯 막막함과 외로움에 휩싸였다. 그렇게 끝도 없는 생각에 잠겨 있을 때 밖에서 이인문의 들뜬 목소리가 들렸다.

"이보게, 사능. 이럴 때가 아니야. 일어나게. 방금 이조에서 자네에게 연락이 왔어."

하늘이 김홍도의 억울함을 헤아렸는지 6월 15일, 영조는 어전회의에서 김홍도의 파직에 대해 논했다. 김홍도가 벼슬을 제수받은 것은 어용화사의 공에 대한 '수로지은'이라면서, 적당한 자리가 나면 다시 제수하라 하교했다. 그렇다고 수령강에서 면제된 것은 아니었다. 한번 더 기회를 주겠다는 뜻으로, 이는 특혜라기보다는 영조 즉위 때부터 행하던 관례였다. 이인문에게 소식을 들은 김홍도는 영조의 은전에 고개를 숙였다. 그리고 수령강 준비를 열심히 하겠다며 마음을 다잡았다.

7월 16일, 김홍도는 궁궐의 정원과 화초 등을 관리하고 각 도에서 진상한 과일 등을 관리하는 공조 소속 장원서掌苑署의 종6품 별제에 제수되었다. 그러나 별제는 녹이 나오지 않는 무록관無祿官이었다. 서얼이나 중인이 오는 자리였기 때문에 족보에 관직명을 올릴 수 있는 것으로 만족하라는 의미였다. 김홍도는 허탈했다. 수령강을 통과하지 못한 자신에게 다시 한번 기회를 준 것은 고마운 일이지만 종6품 벼슬인데 도화서에 처음 들어갔을 때처럼 녹봉이 없다니…….

'진상품 과일이나 빼돌리며 재주껏 먹고 살라는 말인가.'

양반의 나라에서 중인이 아무리 발버둥 쳐봤자 결국 얻을 수 있는 건 허울뿐인 삶인지도 모르겠다는 생각이 들었다. 관직에 다시 임명된 경사스러운 날, 김홍도는 유일한 친구인 이인문을 불러 술을 마시며 가슴속 응어리진 말들을 쏟아냈다. 그러나 입 밖으로 나온 말들을 모조리 그러모아도 자신이 느낀 허탈함의 반도 다 표현하지 못하는 것 같았다. 삼책불통은 어쩌면 김홍도가 '중인'이라는 신분의 한계를 처절하게 깨우친 계기였는지도 모른다.

장원서는 경복궁 옆 삼청동천(중학천) 상류 부근 숲이 우거진 곳에 있었다. 각종 과수나무와 화초 재배를 관장하는 과원색果園色, 배·밤·은행·석류·유자 등 생과일을 종묘에 올리고 생일이나 절일節日에 임금에게 진상하는 일을 하는 생과색生果色, 곶감·잣·호두·대추 등 건과에 관한 일을 맡은 건과색乾果色, 공납된 미곡의 사용을 담당하는 작미색作米色, 장원서의 일반적인 사무를 처리하는 장무색掌務色 등 다섯 개 부서가 있었다. 그뿐 아니라 장원서 내부 과수원 외에도 용산, 강화, 남양, 과천, 양주, 고양, 부평 등지에 과수원을 두고 있었다. 김홍도는 정신없이 바빴다. 낮에는 일을 익히고, 저녁에는 몇 달 후 있을 수령강 준비에 여념이 없었다. 그 와중에 생계를 위해 주문이 들어오는 그림을 그리거나, 주문이 없을 때는 마음 가는 대로 그린 그림을 광통교 서화사에 내다팔았다.

12월 18일, 신시(申時, 오후 3시), 경희궁 집경당에서 영조의 참석 아래 수령강 시험이 치러졌다. 김홍도는 각 부서의 종6품 별제, 주부, 도사 스물세 명과 함께 시험을 치렀다. 그동안 열심히 준비한 덕분에 '통'을 받았다. 합격했다는 기쁨보다는 과거의 모욕과 수치를 다시 당하지 않아도 된다는 안도의 마음이 더 컸다.

'양반들 틈에서 중인으로 살아가는 건 아슬아슬한 줄타기를 하는 것과 같구나.'

김홍도는 장원서를 향해 발길을 돌리며 그런 생각을 했다.

3부

삶을 그리다

13장

사람의 마음을 움직이는 그림

장원서에서 하루가 어떻게 가는지 모를 정도로 바쁘게 지내다보니 한 해가 훌쩍 흘러 김홍도의 나이 스물아홉이 되었다. 지난 일 년간 철마다 궁궐과 의정부의 여섯 아문(육조六曹)에 들여보낼 화분을 준비하고, 한양 근교의 외원(外苑, 도성 밖 과수원)에서 보내오는 과일을 종묘에 올리고, 궁중에서 치러지는 여러 생일잔치나 절일에 맞춰 들여보내는 일도 차질 없이 관리해야 했다.

장원서 일을 마치고 집에 돌아오면 주문받은 그림을 그렸다. 녹봉을 받지 못하는 처지이니 신선도를 그려달라면 그려줬고, 산수화를 그려달라면 그려줬다. 웬만해서는 주문을 거절하는 법이 없었고, 사례도 주는 대로 받았다. 그래야 네 식구가 살아갈 수 있었다. 무록관을 1년 정도 하면 녹을 고정적으로 받는 녹관 자리로 옮겨주는 관례가 있지만 그 관례는 양반 서얼에게 해당될 뿐 중인에게는 적용되지 않았다. 시간이 지날수록 붓놀림에 힘이 없어졌고, 좋은 그림이 나오지 않았다. 붓 대신 술잔을 드는 날이 잦았다.

어느 날, 김홍도는 퇴청 길에 주문받은 그림을 그릴 종이를 사기 위해 광통교 서화사로 걸음을 옮겼다. 광통교에는 짐 보따리를 들고 오가는 사람이 많았다. 당시 한양은 흥인문(동대문)에서 돈의문(서대문)으로 이어지는 동서의 길과, 종루(종각)에서 숭례문(남대문)으로 이어지는 남북의 길을 중심으로 인가와 시전이 형성되어 있었다. 그중에서 종루는 사방의 중심이었고, 부근에 약 800개의 가게가 있었다. 사람들이 구름처럼 모여든다 하여 운종가雲從街라고도 불렸다. 종루에서 숭례문 방향에 있는 광통교 부근도 매우 번잡했다.

오전 네 시에 종루에서 서른세 번 종이 울리면 도성 안에 있는 문이 열렸다. 그때부터 오후 일곱 시 스물여덟 번 종이 울려 문이 닫힐 때까지 한양 도성 안에서 가장 많은 사람이 건너다니는 광통교에는 수레 지나가는 소리와 사람들의 왁자지껄하는 소리가 끊이지 않았다. 사람이 많으니 가게가 늘었고, 가게가 느니 사람이 모였다. 김홍도는 잠시 광통교 난간에 몸을 기대고 다리를 오가는 인파를 바라봤다. 대부분 평민들이었다.

그는 사람들을 유심히 살폈다. 그날 따라 광통교를 오가는 사람들의 표정이 유독 그의 시선을 끌었다. 장돌뱅이로 보이는 이는 종루 상점과의 거래가 제법 만족스러웠는지 어깨에 한 짐을 싣고도 싱글벙글했고, 빈 지게를 짊어지고 가는 이는 좋은 값에 물건을 팔고 기분 좋게 낮술 한잔한 듯 불콰한 얼굴에 미소가 떠나지 않았다. 한 손에는 달달해 보이는 호박엿을 쥐고, 다른 손으로는 어미의 손가락을 꼭 붙든 아이는 세상을 다 가진 듯한 표정이었고, 아이의 어미는 뭐가 그리 급한지 엿가락에 정신 팔린 아이를 채근하면서도 오랜만의 시장 구경에 들뜬 것처럼 보였다. 조정대신과 관료의 근엄한 표정만 보다가 평범한 이들의 얼굴을 보니 인간적이고 행복해 보였다. 양반의 행복은 과거에 급제하고 벼슬의 품계가 올라가는 입신양명이지만, 벼슬과 태어날 때부터 거리가 먼 평민의 행복은 이처럼 다양하고 생생했다. 물론 이들에게도 부귀영화에 대한 헛된 욕심이나 시기, 질투가 없지 않을 것이나 하루하루 살아가는 데 만족할 수 있는 기술도 가지고 있었다. 오랫동안 이런 '사람 냄새'와 거리를 두고 살았다는 생각을 하며, 김홍도는 자기도 모르게 코로 깊숙이 숨을 들이마셨다.

그때 김홍도의 머릿속에 심사정이 생전에 스치듯 이야기한 적 있는 그림이 떠올랐다. 평범한 사람들이 살아가는 모습을 그린 그림, 속화(俗畵, 풍속화)였다. 심사정은 공재 윤두서(尹斗緖, 1668~1715)가 그린 속화를 본 적이 있다고 했다.

"스승님, 양반이 속화를 그리다니요?"

"공재뿐이 아니다. 관아재(조영석趙榮祏, 1686~1761) 같은 이는 사복시에서 경기도 점마별감을 할 때 제법 많은 속화를 그렸다는데, 후손들이 절대 세상에 내보내지 않는다고 한다. 양반 체면을 구긴다는 거지."

당시 양반들이 근본으로 삼던 학문은 중국의 성리학이었고, 문화에 대

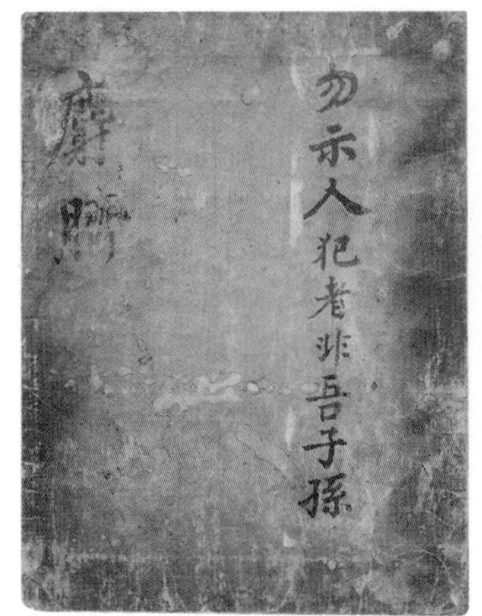

(좌) 조영석, 《사제첩麝臍帖》 표지, 개인

(우) 조영석, 목기 깎기, 지본담채, 28×20.7cm, 개인

관아재 조영석은 진사시에 입격해 천거를 받아 관직에 등용된 양반이었다. 경기도 점마별감, 사포서 별제, 연기현감 등 종6품 관직을 거치면서 여러 점의 풍속화를 그려 《사제첩》이라는 화첩을 남겼다. '사제麝臍'는 사향노루의 배꼽이라는 뜻으로 '남에게 보이면 죽음에 이른다'는 의미다. 양반으로서 풍속화를 그렸다는 사실이 세상에 알려지는 게 두려웠던 탓일까? 표지에 "남에게 보이지 말라. 이를 범한 자는 내 자손이 아니다勿示人 犯者 非吳子孫"라는 금기도 써놓았다.

한 관점도 중국을 존중하고 오랑캐를 배격한다는 존화양이尊華攘夷의 중화관에서 벗어나지 못하고 있었다. 합리적이고 실용적인 학문을 연구해 실학의 바탕을 닦은 성호 이익도 세상을 떠나기 얼마 전 강세황에게 부탁한 그림은 주자가 무이산 구곡계곡에 정사精舍를 짓고 제자들을 가르치는 내용의 무이구곡도武夷九曲圖였다. 이런 문화적 풍토에서 저잣거리의 삶을 그린 속화는 양반들 사이에서 온전한 그림으로 인정받지 못했다. 그러나 김홍도는 양반이 아니었다. 양반들이 '환쟁이'라 얕보는 도화서 출신 화원일 뿐이었다.

'비아냥이나 업신여김이 무슨 대수란 말인가. 어차피 중인 환쟁이로 사는 삶, 내가 그리고 싶은 그림이나 마음껏 그리자.'

김홍도는 도화서 화원이 되면 그리고 싶은 그림을 그릴 기회가 많지 않으니 자신의 그림을 그리려면 스스로 기회를 만들어야 한다던 심사정의 말이 무슨 뜻인지 비로소 이해할 수 있었다. 그러자 무록관직이라고 불평불만 속에 지낸 지난 1년이 부끄러워졌다. 유명 가문의 양반임에도 평생을 멸시와 천대 속에 살면서 그림을 그렸던 스승의 처지에 비하면 자신의 고민은 아무것도 아니었다. 김홍도는 긴 잠에서 깨어난 듯 자신을 돌아봤다.

'지금까지 나는 그리라는 그림만 그렸다. 임금이 좋아하는 그림, 세손이 좋아하는 그림, 조정대신들이 좋아하는 그림만 그리지 않았던가!'

스승은 김홍도에게 어떤 그림을 그리고 싶으냐고 물었다. 김홍도는 '사람의 마음과 통할 수 있는 그림을 그리고 싶다'고 답을 했었다. 그리고 지금도 그 마음에는 변함이 없다.

"사람의 마음과 통할 수 있는 그림……."

김홍도는 입 밖으로 나온 말을 되새기듯 깊은 생각에 잠겼다. 어쩌면 광통교에서 본 서민들의 모습 속에 자신이 찾는 그림이 있을지 모른다는 생각이 들었다. 갑자기 다리를 오가는 사람들의 표정과 그 표정 뒤의 삶이 궁금해졌다. 그러나 구체적으로 어떤 모습을 그려야 사람의 마음을 움직일 수 있을지는 여전히 오리무중이었다.

가을이 깊어갔다. 곱게 자란 국화를 대궐에 들여보내느라 정신없던 10월 14일, 김홍도에게 장원서를 떠나 사포서司圃署로 가라는 명이 내려왔다. 사포서는 왕실 소유의 원포(園圃, 과일이나 채소 따위를 심는 밭) 경작을 관장하는 관서였다. 이번에도 무록직인 종6품 별제였다. 사포서는 장원서와 그의 집에서 멀지 않은 중부 수진방(壽進坊, 현재 종로구 수송동, 청진동 부근)에 있었다. 제조 1인 아래 별제가 2인, 이속(吏屬, 관아에 속한 하급관리)으로는 종9품 서원(書員, 행정 실무를 담당한 하급 관리) 5인, 고직(庫直, 창고지기) 1인, 사령 5인이 있었다. 제조는 당상관으로 겸임이라 출근하지 않기 때문에 별제 두 명이 실무 책임자나 다름없었다. 다행히 사포서 일은 장원서와 크게 다르지 않았다. 12월 말에 별제 한 명이 다른 부서로 떠나 공석이 되었지만 겨울에는 거의 일이 없어 업무에 지장이 없었다. 김홍도는 가끔 들어오는 그림 주문에 응하면서 머리로는 속화만 생각했다. 그러나 생각에만 머물 뿐, 좀처럼 형상이 그려지지 않았다. 신선도나 산수화를 그릴 때는 앞서나가는 생각을 따라잡느라 붓을 움직이기 바빴는데 이상한 일이었다. 머릿속에 뿌연 안개가 들어찬 느낌이었다.

사포서 일을 시작하고 이듬해, 김홍도의 나이도 서른이 되었다. 시무식에 참석하기 위해 마당에 들어서는 순간 깜짝 놀랐다. 스승 강세황이 종6품 관복을 입고 그를 기다리고 있었다. 김홍도는 얼른 허리를 숙여 예를 갖췄다.

"아니, 스승님께서 여기까지 어쩐 일이십니까?"

강세황은 겸연쩍은 표정을 지으며 그의 손을 잡았다.

"나도 이제부터 여기서 근무하게 되었다. 허허."

영조는 작년 9월 11일, 강세황이 병으로 종9품 영릉 참봉직을 3개월 만에 사직했다는 사실을 알고 6품직에 제수하라고 하교했다. 그리고 얼마 후 사포서 별제 자리 하나가 공석이 되자 그 자리에 앉힌 것이다.

김홍도는 강세황이 62세의 나이에 험한 일, 궂은일을 하는 사포서 별제에 제수된 걸 어떻게 받아들여야 할지 몰라 망연자실한 표정으로 스승을 바라봤다.

"지난겨울에 주상 전하께서 나의 선조들을 기억해주시고 종6품의 벼슬을 내려주셨다. 나로서는 주상 전하의 은전에 보답하려면 직책을 잘 수행해야 하는데 나이는 많고 아는 것이 없어 걱정이 컸다. 그런데 네가 여기에 있다고 해서 다행이라 생각하며 왔다. 앞으로 네가 잘 도와주기 바란다."

"정성을 다해 스승님을 모시겠습니다. 아무 걱정 마십시오."

"사능아, 예전에는 너를 아이로만 보았는데 이제는 이렇게 같은 반열에 있게 되다니 지난 세월이 믿기지 않는구나. 허허."

"스승님, 같은 반열이라니 당치 않습니다. 말씀 거둬주십시오."

"알았다. 그래도 여기서는 사능이라 부르지 않고 김 별제라 부르겠다. 하하."

이때부터 김홍도는 강세황과 함께 근무했다. 나이 든 스승 몫의 일까지 거들어야 했지만, 스승과 함께 있으니 순수한 열정으로 가득했던 옛날로 돌아간 듯해서 좋았다. 사포서 이속들도 강세황이 지체 높은 가문의 자손으로 영조의 각별한 관심을 받고 있다는 사실을 알고 깍듯하게 대했다.

별제실에 둘만 있을 때면 강세황과 김홍도는 종종 그림 이야기를 했다. 주로 강세황이 말하고 김홍도가 듣는 쪽이었다. 강세황은 시서화 삼절로 알려졌지만, 화평畵評으로도 유명했다. 어느 날 김홍도는 강세황에게 그간 꽁꽁 싸매고 내놓고 있지 않던 고민을 털어놓았다.

"스승님, 스승님은 속화가 정녕 속된 그림이라 생각하십니까?"

제자가 던진 느닷없는 질문에 강세황은 김홍도의 눈을 깊이 들여다보았다. 김홍도가 무엇을 고민하는지 알고 있다는 눈빛이었다.

"사능아, 너는 사람의 삶이 속되다고 생각하느냐?"

"그렇지 않습니다. 소인 평범한 삶에서 발견할 수 있는 나름의 도와 이치가 있다고 생각합니다."

"그렇지. 소재가 다를 뿐 그림을 그리는 자의 정신은 매한가지다. 세상에 속된 그림과 속되지 않은 그림이 있는 게 아니라 속된 화가와 속되지 않은 화가가 있을 따름이다."

"스승님, 오늘 이런 말씀을 여쭙는 것은 소인 그리고 싶은 그림이 장삼 이사의 삶에 있다고 느꼈기 때문입니다. 그런데 그 그림을 그리겠다고 마음을 먹고 붓을 들면 머릿속이 안개가 낀 것처럼 뿌옇고, 가닥이 잡히지 않습니다. 평범한 삶이 무엇인지, 그 삶을 그려 찾을 수 있는 도와 이치가 무엇인지 생각만 복잡해집니다. 이 숙제를 어떻게 풀어가야 할지요?"

강세황은 이번에도 답이 아닌 질문을 던졌다.

"사능아, 진경이 뭐라고 생각하느냐?"

"우리나라 산수를 실제로 보고 그린 그림이 진경 아니옵니까?"

강세황이 김홍도의 답에 무릎을 탁 치며 다시 물었다.

"그렇지. 그렇다면 네가 그리고 싶은 진경은 어디에 있겠느냐?"

김홍도는 스승의 말에 무언가를 깨달은 듯 고개를 번쩍 들었다.

"스승님, 오늘은 퇴청하시는 길에 모시지 못하겠습니다. 가야 할 곳이 생각났습니다."

진경! 강세황은 사람들의 삶을 그리려면 사람들 삶 속으로 들어가야 한다고 말하고 있었다. 김홍도의 고민은 화폭 앞에서 해결될 문제가 아니었다. 절경을 보고 싶다면 절경을 찾아가야 하듯이 양반의 세상 속에서 살아가는 서민들의 삶을 그리고 싶다면 그들 삶을 찾아 떠나는 게 먼저였다.

14장

그림을 찾아 삶으로 들어가다

여름이 깊어가면서 무더위가 계속되었다. 김홍도는 과일과 각종 채소들을 차질 없이 수확하기 위해 동분서주했다. 유난히도 더운 어느 날, 사포서 일을 마친 그는 화구통을 메고 더위를 식힐 곳을 찾아 경복궁 옆을 흐르는 삼청동천을 따라 올라갔다. 화구통에는 좋은 소재가 보이면 바로 초본(밑그림)을 그릴 수 있도록 종이와 먹통, 그리고 가는 붓이 있었다. 붓 대신 버드나무 가지를 태워서 만든 유탄을 대나무에 끼워 사용하는 게 편했지만 값이 비쌌다. 스승과 선문답 같은 대화를 한 이후, 김홍도는 긴 여름 내내 화구통을 죽부인이라도 되는 것처럼 들고 자신만의 '진경'을 찾아 헤맸다.

삼청동천은 백악산에서 내려오는 물줄기로 북창교, 소격교, 장원서 앞다리를 지나 건춘문을 따라 흘러내려왔다. 당시 한양에서는 백악산에서 양쪽으로 흐르는 삼청동천과 백운동천, 인왕산 아래 옥류동천, 낙산 서쪽 쌍계동천, 남산 아래 청학동천을 한양 5대 계곡으로 꼽았다. 그중 계곡이 가장 깊고 수려한 삼청동천이 으뜸이라 여름에는 더위를 식히려는 사람들로 붐볐다. 아니나 다를까 소문대로 골짜기에는 더위를 식히려는 놀이꾼 선비, 책을 들고 온 글 선비도 있었고, 한쪽에는 기생인 듯한 아낙네들도 너럭바위에 터를 잡고 앉아 수다를 떨고 있었다.

김홍도는 북쪽 골짜기를 향해 휘적휘적 걸음을 옮겼다. 올라갈수록 맑은 물이 콸콸 흘렀고 소나무 숲 사이로 서늘한 바람이 불었다. 그는 북창교 위에 가로누워 있는 너럭바위에 걸터앉았다. 쥘부채를 펼쳐 땀을 식히려는데 계곡 사이로 보이는 절벽바위 아래에서 빨래 방망이 두드리는 소리와 아낙네들의 말소리가 들렸다. 구석진 곳인데다 절벽 바위 아래에 물이 모인 못이 있었고 못 언저리에는 펑퍼짐한 바위가 있어 빨래하기에 더없이 좋은 자리였다. 한편에서는 빨래를 마치고 어린아이의 칭얼거림을 받아주며 머리를 다듬는 아낙도 보였다. 고단한 삶 속에서 빨래터에 모여 수다를 떠는 것이야말로 가난한 아낙들에겐 삶의 유일한 낙이 아닐까? 그러면서도 손은 바쁘게 해야 할 일을 하고 있었다. 김홍도는 이 모습을 그림으로 남겨야겠다고 생각했다.

계곡 사이를 유심히 살피던 그는 숨을 죽이고 화구통을 열어 종이와 붓을 꺼낸 다음 그림 그릴 자세를 잡았다. 그리고 열심히 방망이를 두드리는 아낙들의 모습을 그리기 시작했다. 그때 조금 멀리 떨어진 바위 위에서 쥘

부채로 얼굴을 가린 젊은 선비가 아낙들을 훔쳐보는 모습이 보였다. 우거진 숲속에 있는 바위 위라 쉽게 눈에 띄지 않는 자리였다. 백주 대낮에 여인네들이 다리를 허옇게 드러내고 있어 바위 위로 올라간 것이리라. 김홍도는 피식 웃음을 흘리며 바위와 선비를 빨래하는 여인들 위로 끌어당겼다. 그래야 그림이 재미있을 것 같았다.

어느 정도 초본이 완성되자 그는 조용히 화구통을 챙겨 계곡 아래로 내려왔다. 아직도 아래 계곡에는 땀을 식히며 책을 읽는 선비들 모습이 보였다. 그러나 양반들의 책 읽는 그림을 그리고 싶은 생각은 없었다. 김홍도는 근처에 보이는 바위 위에 걸터앉았다. 쏴— 쏴— 소나무 숲을 헤치는 바람소리를 들으며 구름 한 점 없이 맑은 여름 하늘을 바라보았다. 여인들을 훔쳐보던 젊은 선비의 표정이 떠올라 자신도 모르게 피식 웃음이 나왔다. 그는 누군가의 흉을 보며 방망이를 두드리던 아낙들의 표정이 눈에서 사라지기 전에 그림을 마무리해야겠다고 생각하며 집을 향해 바쁜 걸음으로 발길을 옮겼다.

김홍도의 어머니는 틈만 있으면 새 식구 이야기를 꺼냈다. 아들이 있어야 대를 이을 거 아니냐며 채근했지만 그는 한쪽 귀로 듣고 흘렸다. 양반 앞에서 머리를 조아려야 하는 중인의 굴레를 자기 자식에게까지 물려주고 싶지 않았다. 아들을 얻는 것보다는 그림에 전념하는 게 더 가치 있는 일이라 생각했다.

얼마 전 빨래터 그림을 생각하면 가슴이 뛰었다. 그런 사람냄새 나는 광

김홍도, 빨래터, 《단원풍속도첩》, 지본담채, 27×22.7cm, 보물 제527호, 국립중앙박물관

경을 다시 만나고 싶어 사포서 일이 끝나면 화구통을 들고 육조거리와 광통교 부근을 다녔지만 그릴 만한 풍경이 쉽게 보이지 않았다. 그는 큰길보다는 골목 안 구석구석을 들여다봐야겠다고 생각했다. 동네 깊숙이 들어가야 더 많은 삶의 모습을 볼 수 있을 것 같았다.

이날도 그는 화구통을 들고 삼청동으로 향했다. 개천 오른편 동네에는 양반뿐 아니라 무반 중인도 많이 살고 있었고, 작년 장원서에서 근무할 때 다니던 길이라 눈에 익은 곳이었다. 정 그릴거리가 없으면 삼청동 언덕에 있는 운룡정 활터에 가봐야겠다고 생각하며 계속 발걸음을 옮겼다. 그때 장원서 부근 우물터에 재미있는 광경이 보였다. 부근에 있는 수어청이나 북이영* 소속인 듯 체구가 영락없는 무반인 사내가 웃통을 풀어 젖힌 채 물 푸는 동네 아낙들에게 물 한 바가지 달라며 실랑이를 벌이고 있었다.

나이 든 아낙은 남녀가 유별한데 왜 여기 와서 물을 달라고 하냐며 지청구를 퍼부었다. 얼굴이 우락부락한 사내도 지지 않았다. 지나가다 목이 말라서 물 한 바가지 얻어 마시려는 건데 무슨 말이 그리 많냐며 막무가내로 우물가로 왔다. 결국 나이 든 아낙은 물동이를 머리에 이고 자리를 비켰지만 계속 구시렁댔다. 그러자 얼굴이 곱상한 아낙이 빨리 보내야겠다는 듯 물을 퍼서 그에게 건넸다. 저고리 아래로 젖가슴이 살짝 나온 걸로 봐서 갓 태어난 아이가 있거나 젖을 먹이는 아이가 있는 아낙이었다. 그 옆에도 젊은 아낙이 있었는데 그녀는 지청구를 주고받는 게 재미있다는 듯 빙그

* 수어청守禦廳은 조선 후기 5군영 가운데 하나, 북이영北二營은 어영청 소속 경희궁 경호부대였다.

김홍도, 우물가, 《단원풍속도첩》, 지본담채, 27×22.7cm, 보물 제527호, 국립중앙박물관

레 미소를 띠며 두레박을 우물에 내려 계속 물을 퍼 올렸다.

김홍도는 그 광경을 바라보며 머릿속에 담았다. 골목인데다 잠깐 사이의 일이라 화구통을 열고 그릴 상황이 아니었다. 나이 든 아낙은 자신이 있어야 무례한 남정네가 젊은 아낙들에게 농지거리를 하지 않을 거라 생각하는지 계속 지켜보며 빨리 마시고 가라고 채근했다. 남정네는 여자 말을 듣는 둥 마는 둥 물을 한참 동안 벌컥벌컥 마신 후에야 두레박을 아낙에게 건넸다. 그 찰나에 힐끗 아낙의 봉긋한 가슴을 바라보는 걸 잊지 않았다. 남정네가 발길을 돌리자 나이 든 아낙은 사내의 등을 향해 엉큼하고 무례한 놈이라며 욕설을 퍼부었다. 두레박을 건네받은 아낙은 얼굴이 벌게졌고 김홍도는 혹시라도 자신에게 불똥이 튈까 서둘러 자리를 피했다.

집으로 돌아온 그는 우물가에서 본 광경과 표정을 종이 위에 옮겼다. 지난번 빨래터 못지않게 재미있는 속화가 나온 것 같아 흡족했다.

'이것이 진경이다!'

스승이 '진경산수는 그곳을 가보지 못한 사람들도 그 속에 있는 것처럼 느낄 수 있어야 한다'고 했듯이 김홍도는 속화에도 살아 있는 사람들의 삶이 생생하게 담겨야 한다고 생각했다. 그는 사람들의 표정 하나까지 허투루 그리지 않았다. 그림을 보는 사람들이 마치 그림 속의 빨래터와 우물터에 들어앉은 것 같은 착각에 빠지길 바랐다. 그림을 보며 생동하는 수다와 사람냄새를 느끼길 바랐다. 그것이 김홍도 자신이 생각하는 진경이고, 속화였다.

5월 26일, 강세황은 상의원尙衣院 주부主簿에 제수되었다. 상의원 주부는 사포서 별제와 같은 종6품이었지만 임금을 가까이서 보필하는 자리였기 때문에 격이 달랐다. 임금의 어의御衣와 의복을 비롯해 일용품을 공급하는 일을 관장하는 관서여서 임금이 편안하게 들러 함께 술을 마실 때도 있었다. 그럴 때 임금이 어제(御製, 임금이 지은 글)를 내리면 차운(次韻, 남의 시운을 빌려 시를 씀)하거나 화답할 능력이 있어야 했고, 가끔은 임금의 성덕을 칭송하는 시도 지어 올려야 하는 자리였다. 강세황의 승승장구를 알리는 출발점이었다. 김홍도는 스승이 이제야 가문과 학식에 어울리는 곳에 제수받았다고 생각했다.

15장

중인을 위한 그림을 그리다

1776년(영조 52년, 정조 즉위년), 김홍도는 서른한 살이 되었다. 김홍도의 어머니는 틈만 있으면 새 식구 이야기를 꺼냈지만 그는 무록관 처지에 무슨 새장가를 가느냐며 다시 도화서에 가면 생각해보겠다고 미뤘다. 그렇게 새해가 며칠 지나고 어느 날 저녁, 이인문이 찾아왔다. 중인 갓을 쓴 나이가 지긋한 사람과 그의 몸종으로 보이는 소년도 함께였다.

"사능, 그동안 잘 지내셨는가?"

"문욱이, 오랜만일세. 기별도 없이 웬일인가. 어서 오시게."

"사능, 인사하시게. 수표교에서 큰 포목전을 하고 계신 엄 행수이시네."

행수는 자신의 상단을 가지고 가게를 여러 개 거느린 이로, 재력가라는 뜻이기도 했다.

"별제 나리, 소인 수표교 근처에서 상을 펼치고 포목을 파는 장사치입니다. 이렇게 어용화사 나리를 뵙게 되어 광영이옵니다."

"행수께서 이 누추한 곳까지 찾아주셔서 부끄럽습니다. 어서 안으로 드시지요."

김홍도가 두 사람을 큰 방과 윗방 사이에 있는 마루로 안내했다. 집이 작아 사랑채가 없었다. 엄 행수는 소년이 들고 있던 보따리를 받아 마루로 올라왔다.

"별제 나리 드시라고 가지고 온 술과 안줏거리입니다. 그리고 자당(慈堂, 남의 어머니를 높여 부르는 말) 어르신께서 손녀를 아낀다고 하셔서 비단하고 포목도 조금 갖고 왔습니다. 작은 정성이오니 물리치지 말고 받아주시면 고맙겠습니다."

김홍도가 이인문을 일별하자 그는 빙그레 웃었다.

"엄 행수께서 자네를 한번 만나고 싶다고 해서 함께 온 건데 이리 귀한 걸 갖고 오실 줄은 몰랐네. 엄 행수 마음 쓰심이 아름다우십니다. 하하."

"힘들게 갖고 오셨으니 감사히 잘 받겠습니다. 그럼 술상을 봐오라 이르겠습니다."

김홍도는 부엌이 붙어 있는 윗방으로 가서 어머니에게 엄 행수가 갖고 온 보따리를 건네며 주안상을 부탁했다. 그가 다시 마루로 오자 엄 행수가 자신을 소개했다. 영월 엄씨이고 3대에 걸쳐 역관을 한 집안이라고 했다. 그런데 자신은 돈을 벌고 싶어 역관들이 중국에서 들여오는 비단을 파는 포목전을 한다며 혹 중국에 필요한 책이나 그림이 있으면 얼마든지 구해

줄 수 있다고 했다. 그때 김홍도의 어머니가 술상을 내왔다.

"여기 음식들이 엄 행수께서 수표교 근처에 있는 디미방에 특별히 부탁해서 갖고 오셨다는 음식입니까?"

"부끄럽습니다. 빈손으로 올 수 없어 가게 근처에 음식을 잘한다고 소문난 디미방에 부탁해서 몇 가지를 준비했습니다. 입에 맞으실지 모르겠습니다."

"엄 행수께서 이렇게 자상하게 신경을 써주시니 몸 둘 바를 모르겠습니다. 잘 먹겠습니다."

"술은 요즘 술맛 좋다고 소문이 자자한 경기도 용인에서 만든 부의주浮蟻酒입니다. 용인 보라리에 있는 깊은 우물물로 만들었고, 쌀알이 동동 떠오른다고 해서 동동주라고도 부르는데 맛이 달짝지근하고, 식사 때 반주로 마시면 소화도 잘된다고 해서 준비했습니다. 제가 별제 나리께 한잔 올리겠습니다."

김홍도가 잔을 받자 그다음에는 이인문이 잔을 받았다. 그리고 김홍도가 엄 행수의 잔을 채웠다.

"엄 행수 덕분에 좋은 술과 음식을 먹습니다. 앞으로 좋은 인연으로 이어가면 좋겠습니다."

말을 마친 이인문이 술잔을 비우자 김홍도와 엄 행수도 따라서 술잔을 비웠다. 엄 행수가 디미방에서 주문해온 음식도 푸짐했다. 전류와 편육이 맛도 있고 모양도 좋았다.

"사능, 맛이 어떤가? 이 정도면 궐에서 하사한 음식에 비해 손색이 없지 않은가?"

"문욱이, 나도 지금 그렇게 생각하는 중이었네. 수라간 상궁 솜씨 못지 않네."

"하하하. 역시 금상전하를 가까이서 모시는 분들이라 수라간 음식 맛을 아시는군요. 맞습니다. 그 디미방이 바로 수라 상궁 집안 조카가 하는 집입니다. 옛날 같으면 궐로 들어갔을 텐데 이제는 세상이 바뀌어 상궁보다 돈이 좋다고 디미방을 차렸습니다."

김홍도는 고개를 끄덕였다. 자신도 나이가 들고 식구가 늘어나다 보니 돈 걱정 없이 사는 게 중요하다는 생각을 하던 차였다.

"사능, 자네도 짐작은 했겠지만 엄 행수께서 병풍 그림을 부탁하고 싶다고 하시네. 바쁘겠지만 시간을 낼 수 있겠는가?"

"예, 별제 나리. 외람된 말씀이지만 폐백(사례)은 신경 쓰지 마시고 여덟 폭 병풍으로 부탁드립니다. 제가 돈을 좀 만지다보니 집에 온갖 진귀한 물건들이 어느 정도는 있습니다. 그런데 그림만은 좋은 걸 갖추지 못했습니다. 역관들이 중국의 아무개 거다 해서 들여놓았는데, 이게 알고 보니 모두 진짜가 아니었습니다. 그래서 이렇게 찾아왔습니다."

김홍도는 이인문을 쳐다봤다.

"사능, 엄 행수는 꼭 어용화사 그림을 갖고 싶다 하시네. 하하."

김홍도는 이인문이 말은 이렇게 하지만 자신을 위해 마음 써준 자리라는 것을 잘 알았다.

"별제 나리, 제가 말이 행수지만 장사라는 게 참으로 더럽고 아니꼬운

꼴도 참아야 하는 일입니다. 비단 한 필 사면서 공중에 비추어 보고, 냄새도 맡아보고, 베를 살 때는 혀로 핥아보는 사람까지 있습니다. 그래도 보고도 못 본 척해야 하고, 아예 안 보는 게 편할 때도 있습니다. 오죽하면 '장사치'라고 하고, 장사꾼의 변은 개도 안 먹는다고 하겠습니까? 그래서 매일 저녁 술을 마시지 않으면 속이 내려가지 않는데, 집에 떡하니 어용화사님께서 그린 병풍이 있으면 제가 얼마나 뿌듯하겠습니까. 꼭 부탁드립니다."

"제가 형제처럼 생각하는 벗이 모시고 온 엄 행수께서 이렇게 부탁하시는데 어떻게 거절할 수 있겠습니까. 없는 재주지만 시간을 내보겠습니다. 그런데 특별히 원하시는 그림이 있으신지요?"

상대의 의중을 알아야 그리기가 편하고 주문하는 사람도 원하는 그림을 받는 게 좋을 것 같아 물었다.

"아이고 별제 나리, 제 바람까지 생각해주시니 고맙습니다. 감히 제가 어용화사께 갖고 싶은 그림을 말씀드려도 되겠습니까?"

"예, 행수 어르신. 편하게 말씀하십시오. 그래야 저도 합니다."

"실은 제가 집에 들여놓고 싶은 그림은 대궐에 들이셨을 때 칭찬이 자자했다고 소문난 신선 그림입니다. 그 그림을 여덟 폭 병풍에 그려주시면 손님을 맞을 때 위신이 제대로 설 것 같습니다."

여덟 폭 병풍에 그리는 신선도라면 '군선도(郡仙圖, 여러 신선이 무리지어 있는 그림)'를 말하는 것이었다. 군선도에는 몇 가지 종류가 있었지만 그걸 엄 행수에게 굳이 설명할 필요는 없을 것 같았다. 엄 행수가 원하는 그림은 축수축복祝壽祝福의 의미가 담긴 신선도를 말하는 것일 터였다.

"무슨 말씀이신지 알겠습니다. 그런데 여덟 폭 병풍을 그리려면 시간이 좀 필요한데 다음 달까지 그려도 괜찮으시겠는지요?"

도화서에서처럼 하루 종일 그림만 그리면 며칠이면 되지만 지금은 사포서 일을 마친 뒤 집에 와서야 그릴 수 있어 빨리 완성할 수 있는 형편이 아니었다.

"아이고, 별제 나리. 아무 때나 그려주셔도 감지덕지인데 다음 달까지 해주신다니 불감청고소원입니다. 나리, 정말 고맙습니다. 가보로 물려줄 수 있는 좋은 그림을 그려주십시오."

"엄 행수께서 가보로 물려주시겠다니 저도 없는 재주지만 정성을 다하겠습니다."

김홍도는 엄 행수가 거상답지 않게 겸손하다고 생각했다. 같은 중인이라는 동질감 때문인지 조정대신들의 명으로 그림을 그릴 때와는 다른 느낌이었다. 좋은 그림을 그려야겠다는 생각이 절로 들었다. 김홍도의 대답에 엄 행수는 다시 한번 머리를 조아리며 그의 손을 잡았다. 옆에 있던 이인문도 두 사람의 모습이 흐뭇했던지 밝은 미소를 지었다. 세 사람은 밤이 늦도록 술잔을 주거니 받거니 하며 이야기를 나눴다.

이튿날, 김홍도는 병풍 그림을 그릴 긴 두루마리 종이를 준비하며 어떤 군선도를 그릴지 생각했다. 대궐에 들여보내는 군선도 병풍에는 몇 가지 종류가 있었다. 하나는 곤륜산 꼭대기에 살고 있는 서왕모가 3천 년에 한번 열매를 맺는다는 복숭아가 열린 것을 기념하여 연 연회 장면을 그리는 '반도연회도'다. 또 하나는 서왕모의 초대를 받은 주나라 목왕과 여러 신선이 길을 떠나는 장면을 그리는 '반도회도', 그리고 가는 길을 푸른 파도가 출렁이는 바다 위로 설정해서 그리는 '파상군선도'다.

김홍도는 세 군선도 중 무엇이 좋을까 생각하다 머릿속에서 엄 행수 집 거실에 걸릴 군선도 병풍을 상상했다. '반도연회도'는 혹시라도 어느 양반이 엄 행수 집에 왔다가 화려한 잔치 그림을 보고 '중인이 감히' 하면서 소문을 내면 엄 행수나 자신에게 좋지 않을 것 같았다. 그리고 대궐처럼 큰 곳에는 파도가 출렁이는 '파상군선도'가 어울리지만, 대궐에 비해 규모가 작은 집에서 파도가 출렁이면 오히려 정신이 어지러울 수도 있을 것 같았다. 그는 엄 행수 집에는 여러 신선이 서왕모의 초대를 받아 길을 가는 장면을 그린 '반도회도'가 어울린다고 결론을 내렸다. 그리고 이번에는 대궐에 들여보내던 엄숙한 군선도와는 다른 느낌으로 그리면 좋겠다는 생각도 했다.

김홍도는 며칠 동안 등장인물과 그림의 구도를 생각하다 붓을 들었다. 맨 처음 그린 인물은 술이 없는 호로병을 들고 아쉬워하는 이철괴, 그다음엔 신선의 동자를 한 명 등장시켜 두 팔을 벌리고 '족제비 놀이(꼬리따기)'를 하는 광경을 그렸다. 어릴 때 동네 동무들과 족제비 놀이를 할 때 맨 앞줄의 아이가 두 팔을 벌리며 족제비를 방어하는 모습을 흉내 내서 그렸다. 그는 계속해서 동자와 족제비가 장난하는 광경을 좀 더 실감나게 표현하기 위해 문창과 여동빈의 시선을 아래로 향하게 했고 신선들 틈에서 장난을 아슬아슬하게 바라보는 또 한 명의 동자를 그려 넣었다.

노자는 외뿔소를 타고, 노자 앞에는 산과 물을 옅게 그려 산 넘고 물 건너 서왕모가 초청한 연회에 가고 있음을 알게 했다. 장과로는 흰 당나귀를 거꾸로 탄 모습으로 그렸다. 그리고 장과로 위에는 박쥐 한 마리도 그려 넣었다. 중국에서는 장과로가 전생에 박쥐였다는 이야기가 전해오고, 박쥐는 장수를 뜻하기도 해 그림뿐 아니라 도자기에도 종종 등장한다. 왼쪽에는 여자 신선 남채화와 화선고를 배치했고, 그 앞에는 소라고둥을 불며 길을 인도하는 동자를 그렸다.

김홍도는 이 정도면 대궐에 들어가던 엄숙한 군선도와 확실히 다른 그림처럼 보일 거라 생각하며 마무리 작업에 들어갔다. 인물의 윤곽은 굵은 먹 선으로 빠르고 활달하게 묘사하면서 표정을 살리기 위해 얼굴과 손은 가는 필선으로 섬세하게 그렸다. 채색은 가능하면 생략하는 대신 호로병이 눈에 띌 수 있도록 짙은 붉은색을 입혔다. 족제비 놀이를 하는 동자의 옷, 장과로의 말안장, 그리고 마지막으로 남채화의 허리춤에 있는 영지도 옅은 붉은색으로 마무리했다. 어느덧 2월이 시작되었고 입춘이었다.

김홍도는 그림 끝부분인 왼쪽 아래에 '병신 춘사 사능丙申 春寫 士能'*이라고 관서한 후 '김홍도 인'과 '사능' 도장을 찍었다. 대궐에 들여보낼 때는 이름을 밝히는 관서를 하지 않고 도장도 찍지 않는 게 관례였지만 주문 그

* 병신년 봄에 사능이 그리다.

림일 때는 이름도 밝히면서 도장도 함께 찍었다.

이튿날 저녁 김홍도는 이인문을 만나 군선도를 건넸다. 이인문은 그림이 아주 잘되었다는 칭찬과 함께 역시 어용화사는 다르다며 그를 추켜세웠다. 이인문이 김홍도의 집을 찾은 건 그림을 보내고 이틀 후였다. 엄 행수가 군선도를 아주 마음에 들어했다며 그가 보낸 사례를 건네는데 서른 냥이나 되었다. 작은 초가집 한 채 값이라 김홍도는 깜짝 놀랐다.

"문욱, 이건 너무 많네. 아무래도 자네와 좀 나누어 쓰라는 뜻인 것 같아."

"엄 행수가 내게도 사례를 했으니 이건 모두 사능 몫일세. 곳간에서 인심 난다고 요즘 장사가 아주 잘된다니 그냥 받아두어."

김홍도, 〈군선도〉, 지본담채, 132.8×575.8cm, 국보 제139호, 삼성미술관 리움

이 작품에 등장하는 인물은 총 열아홉 명인데, 미술사학자들 사이에 의견의 일치를 보는 신선과 인물은 외뿔소를 타고 있는 노자, 흰 당나귀를 거꾸로 탄 장과로, 벗겨진 머리로 딱따기를 든 조국구, 술대를 둘러멘 한상자, 붓을 들고 흰 종이 위에 글씨를 쓰는 문창 등 다섯 명이다. 나머지 인물에 대해서는 연구자에 따라 다르게 파악하지만, 미술사학자 오주석은 맨 오른쪽에 붉은 호로병을 바라보는 인물은 이철괴, 맨 머리에 도복을 입고 있는 인물은 여동빈, 그 옆에서 복숭아(선도仙挑)를 들고 있는 인물은 동방삭, 허리에 영지靈芝를 매달고 나물바구니를 메고 있는 여인은 남채화, 그 옆에 꽃바구니와 복숭아를 메고 있는 여인은 하선고로 추정했다.

"그래도 이건 너무 부담되니 그림을 몇 점 더 그려야 할 것 같아."

"그건 나중에 형편 봐서 하게나. 엄 행수가 병풍이 다 되면 잔치를 열 테니 자네도 함께 불러달라더군."

"그래? 그럼 그때 한두 점을 더 그려 선물로 가져가겠네. 아무튼 이번에 자네가 좋은 사람을 소개해줘서 내가 당분간은 편하게 지낼 수 있게 됐어. 도화서에 들어갈 때부터 문욱 자네 덕을 많이 보는데, 정작 나는 자네에게 해준 게 없구먼."

"사능, 그게 무슨 소린가. 나는 자네 덕분에 게으름 피우지 않고 여기까지 온 거야."

"그렇게 생각해줘 고맙네. 그렇지만 언젠가는 나도 번듯하게 도움을 줄 날이 오면 좋겠어."

"됐네, 됐어. 그런 말은 그만하고 오늘은 기쁜 날이니 나가서 술이나 사시게."

"그래, 오늘은 좋은 기방엘 가서 실컷 마셔볼까?"

"어이쿠, 동무 덕분에 분 냄새라는 걸 맡아보겠구먼. 하하."

김홍도는 이인문과 함께 일어섰다. 두 사람은 그날 밤이 늦도록 술을 마셨다. 생애 첫 여흥이었다. 가야금 소리가 술을 불렀고, 술이 가야금 소리를 따라 입으로 들어갔다. 밤은 그렇게 깊어갔다.

2월 9일, 김홍도에게 청천벽력 같은 소식이 날아들었다. 경상도(경상좌도) 울산의 감목관監牧官으로 제수되었다는 소식이었다.[12] 감목관은 각 도에 있는 목장에서 말을 기르고 지키는 일을 하는 종6품 무관 외직이었다. 사포서 별제와 같은 품계였고, 무록직이 아니라 녹을 받는 자리지만 울산은 한양에서 천 리나 떨어진 외진 곳이었다. 김홍도는 유배를 떠나는 것 같아 낙담이 컸다. 사포서 별제 자리에 꼭 앉혀야 할 양반이나 지체 높은 양반의 서얼이 있어 힘없는 자신이 울산으로 가게 된 것이라고 생각했다. 그렇다고 어디 하소연할 데도 없었다. 스승 강세황은 조정에 나온 지 얼마 안 되어 감히 청탁을 할 위치에 있지 않았다.

집안도 발칵 뒤집어졌다. 어머니와 아버지는 이게 무슨 날벼락이냐며 한숨을 쉬면서 사포서에서 일을 잘못해 문책당하는 건 아닌지 조심스레 물었다. 어느덧 아홉 살이 된 딸도 눈치가 있어 무슨 일인가 하고 아버지를 바라봤다.

“그래, 얼마나 가 있는 것이냐? 그리 오래 가 있는 건 아니겠지?”

“어머니, 소자도 모릅니다. 수로지은으로 하사받은 임기가 보통 30개월이니 장원서와 사포서에서 일한 걸 계산하면 1년만 있으면 되지만 감목관 임기부터 다시 따진다면 30개월을 다 채워야 할지도 모르겠습니다.”

어머니는 김홍도의 말에 집안의 대는 언제 잇느냐며 눈물을 흘렸다. 그나마 다행이라면 엄 행수가 보낸 사례 덕분에 자신이 없는 동안에도 부모님의 생계 걱정은 안 해도 된다는 것이었다. 며칠 뒤, 영조와 왕세손에게 사은을 마친 그는 강세황과 이인문에게 차례로 작별인사를 하고 한양을 떠났다.

3월 5일, 울산을 향해 내려가던 김홍도는 영조의 승하 소식을 접했다. 21대 왕으로 53년 동안 조선을 다스렸던 영조가 82세를 일기로 승하한 것이다. 김홍도의 눈에서 눈물이 쏟아졌다. 영조의 어용화사에 임명되어 도화서 화원으로 이를 수 있는 가장 높은 자리에 올랐지만 한동안은 무록직에 배치되었다는 불만과 한양에서 천 리나 떨어진 변방의 감목관으로 제수된 데에 대한 섭섭함이 가득했다. 그러나 가까이서 용안을 바라보며 어진을 그렸던 임금이 천수를 다해 이제 더는 그 용안을 볼 수 없게 되었다는 생각이 들자 원망 대신 영조의 부드러운 목소리만 떠올랐다. 그는 엎드려 곡을 하며 슬픔을 쏟아냈다.

왕세손 이산은 영조가 승하한 지 6일 만인 3월 10일, 경희궁 숭정문에서 즉위식을 거행했다. 영원히 계속될 것 같던 영조의 시대가 끝나고 마침내 정조의 시대가 시작된 것이다.

16장

말 한 마리만도 못한 삶

김홍도가 울산 감목관아에 도착한 건 3월 중순이었다. 감목관아는 울산 읍치에서 10리(약 4킬로미터) 떨어진 남옥리에 있었다. 주변이 산으로 둘러싸인 곳이었다. 목장은 관아에서 남쪽으로 20리 떨어진 방어진*에 있었다. 삼면이 바다로 둘러싸인 곳이라 말의 도주나 주변의 농작지 피해를 막을 수 있는 위치였다. 바다를 접하지 않은 북쪽에는 말의 도주뿐 아니라 호랑이나 표범 같은 맹수의 습격을 방지하기 위해 길이 5킬로미터, 폭 2미터, 높이 2미터에 달하는 성벽을 쌓았다. 남목마성南牧馬城이었다. 목장 안에는 별도의 목책을 둘러 두 지역으로 나눴는데, 한 지역에서 말을 기르는

* '방어가 많이 잡히는 곳'이라는 뜻에서 '방어진'이라 불렀다.

울산부 지도 중 울산목장(방어진) 부분, 지승지도, 규장각 한국학연구원
조선시대 목장은 말이 도망가기 어려운 섬이나 삼면이 바다로 둘러싸인 곳에 있었다. 그러나 섬에 있던 말들이 주변의 논과 밭에 피해를 주는 일이 잦아지자 조선 후기에는 제주도를 제외한 섬의 목장을 폐쇄하고 육지로 옮겼다.

동안 다른 한곳에서 목초가 자랄 시간을 충분히 준 뒤 번갈아가며 말을 방목하기 위해서였다.

방어진 목장의 둘레는 50리였고, 말이 360여 필 있었다. 넓은 대지에 대규모로 말을 기르는 만큼 관리하는 인력도 많았다. 말을 키우고 관리하는 목자牧子가 100여 인, 말을 먹일 곡초와 마구간, 우물을 관리하는 목부牧夫가 80여 인, 말의 상태를 검열하는 하급관리가 20인, 심부름하는 통인이

11인, 사령이 10인 있었고, 목장 안에 들어오는 호랑이나 표범 같은 맹수를 지키는 사냥꾼이 20인, 함께 사냥하는 창군이 15인, 호랑이가 나타나면 심종군(尋踪軍, 호랑이 추격조)이 오기를 기다렸다가 목장 안의 군정과 포수를 동원하여 지휘하는 산행장과 병방군관이 있었다.

김홍도는 업무를 파악하기 위해 수리(首吏, 수석 아전)인 이방과 하리 몇 명을 데리고 감목관아에서 남쪽으로 20리 떨어진 목장 안을 순시했다. 그때 점마청(點馬廳, 조정으로 보낼 말을 점검하던 부서) 부근에서 목부 두 명이 말을 묶어놓고 편자를 박고 있었다. 한 명은 말이 날뛰지 못하게 네 발을 모두 묶은 매듭을 긴 막대에 꿰어 힘을 주고 있었고, 또 한 명은 능숙한 솜씨로 편자를 박고 있었다. 말은 아프다는 듯 계속 히힝거리며 몸을 움직였지만, 땅에 눕힌 채 네 발이 묶인 터라 막대에 힘을 주고 있는 사람을 당해내지 못했다. 김홍도가 그 광경을 유심히 바라보자 옆에 있던 이방이 설명했다.

"나리, 저렇게 발굽 바닥에 편자를 제때 갈아줘야 합니다. 편자를 제때 갈아주지 않으면 눈이 많이 오는 겨울에는 미끄러져 다치는 놈도 생겨서 말입죠."

"이런 편자갈이는 얼마나 자주 하는가?"

"예, 나리. 입춘이 지나고 나면 거의 매일 합니다요. 그리고 편자는 말의 크기에 따라서 편자의 무게나 두께를 잘 조정해야 말이 튼튼해집니다요. 여기서는 편자 박는 놈을 장제사裝蹄師라고 부르는데, 저렇게 나이가 늙수그레하고 경험이 많을수록 어떤 편자를 박아야 할지 잘 압니다요."

김홍도, 편자박기, 《단원풍속도첩》, 지본담채, 27×22.7cm, 보물 제527호, 국립중앙박물관

목장에서는 말도 '놈'이고 목자도 '놈'이었다.

"그럼 편자도 목장에서 만드는가?"

"예, 나리. 저 옆으로 가면 대장간이 있습니다요. 거기도 가보시겠는지요?"

"가보세."

김홍도는 발걸음을 옮기며 목자들이 사는 모습이 점점 더 궁금해졌다. 이방의 보고에 따르면 목자들이 해야 할 일은 무척 많았다. 말의 유망(流亡, 유실)을 줄이기 위해 여섯 명씩 조를 지어 산에 올라가 열흘씩 번을 서고 교대했다. 도망가거나 관리 소홀로 죽은 말이 많으면 각 구역의 목자들이 말의 등급에 따라 포(布, 베)로 말값을 대납했기 때문이다. 상급은 16필(약 30냥), 중급은 12필(25냥), 하급은 8필(15냥)이었는데* 죽거나 도망간 말이 많을 경우에는 목자들에게 엄청난 부담이었다. 그래서 방어진 목장 입구에는 매년 봄가을 말의 번식과 무병을 기도하는 마단馬壇이 있었고, 목장 안에도 마신馬神에게 향을 피우고 제를 올리는 당사堂祀가 있었다. 목장 인근 사찰과 암자에도 축원당이 세 곳이나 있었다.

그런데도 목자들이 목장을 떠나지 못하는 이유는 신분 때문이었다. 이들은 신분은 양인이었지만 노비와 같은 천역에 종사했기 때문에 양인과 천인의 중간인 '신량역천身良役賤' 계층이었다. 16세에서 60세까지 목자일을 하며, 이 신분은 대를 이어 자손 세 명에게 세습되었다. 거주지 이전

* 당시 무명 한 필(16m×32cm)은 품질에 따라 상평통보 두세 냥의 가치가 있었다. 상평통보 한 냥으로 쌀 20킬로그램을 살 수 있었다.

이 허락되지 않았기 때문에 목자의 아들이 운명을 피하려면 도망을 가는 길밖에 없었다.

뜨거운 열기로 가득한 대장간은 3인 1조로 일을 하고 있었다. 대장장이가 화로에서 집게로 편자를 꺼내 붙잡으면 목자 두 명이 번갈아 메질을 했다. 화로 옆에는 꼬마 아이가 훗날 자신도 아버지의 뒤를 이어 대장장이가 되리라는 걸 안다는 듯 일하는 모습을 유심히 바라보고 있었다. 대장장이 옆에는 숫돌에 낫을 가는 소년이 있었다. 곡초를 자르는 낫이었다. 목자들은 말이 눈과 비를 피하는 임시 가옥 열네 곳에도 곡초를 쌓아두어야 했다. 그리고 마구간을 청소하고 바닥에 깔 건초 등을 따로 유지 · 관리하는 일도 했는데, 이런 일은 주로 목자의 아들들이 했다. 그밖에도 말이 물을 마실 음수지 서른 곳을 수리하고 파야 했다. 튼튼하게 자라라고 말죽에 콩을 넣어야 했기 때문에 상당한 양의 콩을 준비하는 일도 소년들의 몫이었다. 김홍도는 안쓰러운 눈길로 꼬마 아이와 소년을 바라봤다.

어느덧 점심때가 되었다. 감목관아로 돌아가 점심을 먹기에는 이미 늦었다고 판단한 이방이 물었다.

"나리, 나오신 길에 바닷가에 가서 전복과 대구탕을 드시겠는지요?"

"이곳에 그런 데가 있는가?"

김홍도는 어린 시절 성포리에서 먹던 대구탕이 생각나서 물었다.

"예, 나리. 여기서 동쪽으로 가시면 어풍대라는 바닷가가 있는데 목장에서 둔전(屯田, 군량을 확보하기 위해 농사짓는 토지)을 경작하는 어부들이 전복도 잡고 대구도 건져 올립니다요. 그리고 기암들이 절벽을 이루어 경치도

김홍도, 대장간, 《단원풍속도첩》, 지본담채, 27×22.7cm, 보물 제527호, 국립중앙박물관

조선시대에는 대장장이를 야장冶匠, 철장鐵匠이라고 불렀다. 대장간에는 풀무와 화로가 기본적인 설비이고, 그밖에 모루, 메, 망치, 집게 등의 연장이 있었다. 작업 과정을 살펴보면 풀무로 화로의 불을 피워 쇠를 달군 뒤 메질과 담금질을 한다.

볼만 합죠. 헤헤."

김홍도는 오랜만에 싱싱한 전복과 대구탕을 먹고 싶어 어풍대를 향해 발길을 옮겼다.

어풍대는 목장 안의 일산포에 있었다. 작은 언덕이 바다에 닿아 있어서 시야가 확 트였고 김홍도와 일행이 앉기에 충분했다. 언덕 아래로 마을이 보였다.

"신임 감목관 나리 납셨다."

이방이 소리를 지르자 마을의 어촌계장이 급한 걸음으로 올라와 머리를 조아렸다.

"목관 나리께서 이렇게 누추한 곳까지 어인 행차시옵니까?"

"나리께서 목장을 둘러보시다가 요기하실 때가 되어 여기로 모셨으니 전복죽과 대구탕을 준비해서 올리도록 해라."

"아, 예. 곧 준비하겠습니다. 그런데 기다리실 곳이 적당치 않아 면구스럽습니다."

"괜찮네. 내가 어릴 때 바닷가에서 자라 한번 들러봤으니 편안하게 일들 보게."

"예, 나리. 그럼 빨리 준비해서 올리겠습니다."

어촌계장이 물러가자 김홍도는 바다를 보러 해안으로 내려갔다. 동해는 서해와 달리 모래사장이 짧고 파도가 거셌다. 해안에서 그리 멀지않은 바위섬 위에서는 어부 두 명이 줄을 이용해서 대구를 잡고 있었고 그 옆에서는 물속으로 자맥질을 하는 이도 두 명이나 있었다.

김홍도, 해암타어海巖打魚(부분), 지본담채, 100.6×34.8cm, 국립중앙박물관

"저렇게 자맥질을 하는 어부들은 무엇을 잡는 것인가?"

김홍도의 물음에 이방이 대답했다.

"나리, 저놈은 물속에 들어가서 전복과 소라를 잡는 중입니다요."

목장 안에서 둔전을 경작하는 백성들 대부분은 방어진 앞바다에서 고기를 잡고 전복을 채취하는 어부들이었다.

"저 옆에 사람이 잔뜩 들고 있는 건 미역인가?"

"예, 나리. 여기 일산포부터 용소내까지 일곱 포浦에서 미역이 많이 나는데, 울산 미역은 야들야들하고 약해서 쉽게 꺾어진답니다. 그래서 저렇게 잔뜩 따서 올라온 것입죠. 울산 미역은 다른 데 미역보다 맛이 좋아서 값을 더 받습니다요."

어부들은 수산물을 포획한 만큼 세금을 내야 했다. 그래서 어세를 피하기 위해 울산에서 조금 떨어진 바다에 몰래 그물을 치고 잡은 고기를 숨겼다. 감목관아의 아전, 점마별감 등 여러 관원에게 상납해야 할 물량도 많았고, 착취도 심했다. 가난하고 신분이 미천한 어부들의 삶은 괴로움과 억울함으로 가득했지만 어디 하소연할 곳도 없었다. 김홍도가 씁쓸한 표정으로 주위를 둘러볼 때, 바위섬 위에서 줄낚시로 큰 대구를 잡은 어부가 반사적으로 고기를 숨기는 게 보였다. 어부들이 관리의 얼굴 보기를 두려워하는 건 당연했다. 김홍도는 그 모습에 그저 눈을 감을 뿐이었다.

어부들의 삶은 고달프고 핍진했다. 전복과 고기를 진상하고, 어세를 내고, 착취를 당하는 걸로 끝이 아니었다. 목장의 온갖 잡일도 거들어야 했다. 심지어는 정해진 순서에 따라 아침마다 호랑이나 표범이 출입했는지를 감목관아에 보고하기 위해 발자국을 쫓는 일도 했다. 김홍도는 어부들의 표정에 왜 포기와 체념이 가득한지 알 것 같았다. 이들에 비하면 성포리 바닷가 평민들의 삶은 양반이었다.

김홍도가 감목관아로 돌아온 건 저녁 어스름이었다. 그는 저녁상에 올라온 전복과 생선을 보며 나지막이 한숨을 내쉬었다. 내아로 가서 자리에 누웠지만 잠이 오지 않았다. 한양에도 천민들이 있었지만 그들의 삶을 곁에서 지켜본 적이 없었기에 충격이 컸다.

그는 이튿날부터 생각에 빠졌다. 머릿속에는 온통 목장과 바닷가에서 본 백성들의 표정뿐이었다. 그들도 이 땅의 사람인 건 매한가지였지만 이제까지 알던 세상과는 또 다른 세상에 살고 있었다. 김홍도의 눈앞에 대장간의 풍경과 말의 네 다리를 붙들어매고 편자를 박는 목자들의 모습, 어풍대에서 자맥질을 하며 미역을 따는 어부들의 모습이 다시 한번 또렷이 펼쳐졌다. 조선 땅 한구석에서 신분이 낮다는 이유만으로 슬프고 서러운 삶을 살고 있는 이들의 모습을 그림으로 남기는 것이 그림 그리는 재주가 있는 화사의 진정한 책무인지도 모른다는 생각이 들었다.

'그래, 그림을 그리자. 양반들의 세상에서 이들이 어떻게 살아가는지 그림으로 보여주자.'

김홍도는 틈이 날 때마다 화구통을 들고 목장과 어촌을 다녔다. 아전들은 어용화사의 솜씨를 구경하겠다며 그의 뒤를 따랐다. 전에 봤던 대장간과 말편자 박는 모습도 그리고 어풍대에 가서 자맥질하며 미역을 건져 올리는 모습과 낚시줄로 고기를 낚아 올리는 광경도 그렸다. 어풍대를 가다가 들른 밭에서 힘들게 쟁기질하는 모습도 그렸다. 아전들은 그가 풍경을 그리지 않고 속화를 그리는 것에 놀랐지만 김홍도는 개의치 않았다.

그즈음 목장 뒷산인 마골산과 무룡산 일대에 호랑이가 나타났는데 동쪽 마을에서는 소들이 잡아먹혔다는 보고가 들어왔다. 호랑이가 목장의 말을 습격하는 건 시간문제였다. 김홍도는 울산 읍치에 있는 좌병영에 사람을 보내 호랑이를 전문적으로 포획하는 심종군을 오게 했다. 이틀 뒤 호랑이 사냥을 전문으로 하는 착호갑사捉虎甲士가 활로 무장한 심종군 스무 명과 함께 도착했다. 목궁과 쇠뇌로 무장한 착호갑사는 목장에서 근무하는 사냥꾼 인솔자인 산행장을 불러 호랑이가 나타난 위치를 묻고, 목장 안에 있던 사냥꾼 스무 명과 창군 열다섯 명을 거느리고 마골산으로 향했다.

김홍도는 본능적으로 이번이 아니면 호랑이를 실제로 볼 기회가 다시없을 거라는 생각이 들어 착호갑사에게 자신도 함께 가겠다고 했다. 착호갑사는 위험하다고 말렸지만 자신이 어용화사이며 호랑이 사냥하는 광경을

▶ 김홍도 외, 송하맹호도, 견본담채, 90.4×43.8cm, 삼성미술관 리움

이 작품을 "호랑이 그림의 백미"라고 평가한 이원복 전 국립중앙박물관 학예연구실장은 "화본이나 상상에 의존해 그린 그림이 결코 아니고, 김홍도가 여러 차례 호랑이의 행동거지를 직접 관찰한 후 그린 그림일 가능성이 높다"고 판단했다. 대부분 미술사학자들은 그림 오른쪽 위에 쓰여 있는 '표암화송豹菴畵松' 중 '표암' 부분이 원래 글씨를 지운 후 누군가 다시 쓴 흔적이 있다며, 소나무는 강세황이 그린 것이 아니라 소나무 그림을 잘 그려 고송古松이라는 호가 붙었던 김홍도의 벗 이인문이 그린 것으로 추정하고 있다.

豹菴畫松
士能

그려서 조정에 보낼 거라는 김홍도의 말에 더 이상 토를 달지 못했다. 마골산에 도착한 심종군은 호랑이 발자국과 배설물을 따라 추적을 시작했다. 사냥꾼들이 호랑이를 유인하기 위해 일부러 풀을 헤치는 소리를 내며 큰 소리로 떠들었다. 창군은 창날을 움켜잡고 산언덕을 올랐고, 심종군은 총부리를 여기저기 겨눴다. 얼마 후 숲속에서 호랑이 한 마리가 으르렁 소리를 내며 모습을 드러냈다. 사냥꾼들은 서둘러서 김홍도를 나무 위로 피신시켰다.

호랑이 눈에서 섬광 같은 강렬한 불빛이 뿜어져 나왔고, 으르렁거리는 입은 위협적이면서 위엄이 있었다. 심종군이 호랑이를 향해 방아쇠를 당겼다. 가슴에서 붉은 피가 솟구치자 호랑이는 큰 소리로 울부짖으며 발버둥쳤다. 바로 그때 창군들이 기회를 놓치지 않으려는 듯 긴 창으로 호랑이를 찌르기 시작했다. 호랑이의 비명소리가 산으로 울려 퍼지다가 메아리가 되어 되돌아왔다. 호랑이는 더 이상 움직이지 않았다. 사냥꾼들은 승리의 함성을 질렀다. 각 군현에서는 해마다 호피(虎皮, 호랑이 가죽)와 표피(豹皮, 표범 가죽) 석 장씩을 진상해야 했기 때문에 호랑이 사냥은 마을의 경사이기도 했다. 호랑이를 잡은 착호갑사와 산행장은 두둑한 상을 받을 터였다.[13]

포수들이 호랑이의 앞발과 뒷발을 나무에 묶어서 산을 내려오자 목자들이 놀란 표정으로 호랑이를 바라봤다. 감목관아에 도착하자 김홍도는 착호갑사와 산행장을 치하하고 호랑이를 마당에 내려놓게 했다. 그리고 종이와 붓을 꺼내 호랑이를 자세하게 묘사했다. 호랑이의 얼굴뿐 아니라 몸

통과 꼬리의 터럭 하나라도 놓치지 않으려는 듯한 집요함에 마당에 모여든 사람들까지 숨을 죽이며 감목관의 붓끝에서 시선을 떼지 못했다.

김홍도는 목장 안 마을을 지날 때마다 집 안에서 하나같이 베 짜는 소리가 들리는 걸 의아하게 여겼다. 한 집, 두 집이 아니라 어느 집이나 베를 짜고 있었고, 아침부터 저녁이 될 때까지 소리가 끊이지 않았다. 그는 이방에게 물었다.

"베 짜는 소리가 온 마을에서 들리는데 무슨 연유가 있는가?"

"예, 나리. 그건 지난 입춘 점마 보고 때 유실된 말이 많아 목자들의 집에서 아낙들이 말값을 대납하기 위해 베를 짜는 소리입니다요. 예, 그 소리입죠."

"도대체 말이 얼마나 유실되었기에 그러는가?"

"작년에 전임 감목관 나리께서 떠나실 때 말의 수를 이전과 비슷하게 맞추셨는데, 올해 입춘 때 점마를 해보니 실제 말의 숫자가 백 마리 넘게 차이가 났습니다요. 그래서……."

"아무리 그렇다 해도 해마다 망아지가 태어날 텐데 백 마리나 차이가 날 수 있는가?"

"지난겨울이 유난히 추워 죽은 말이 많았고, 새로 태어난 망아지도 많지 않아서 다음 달 나리께 보고할 때까지 채워야 할 말의 숫자가 좀 많습니다요. 그래서 밤낮없이 베를 짜는 겁니다."

이방의 설명을 들은 김홍도가 한숨을 내쉬자 이방이 안절부절못하면서 말을 이었다.

“나리, 처음에는 당혹스러우신 게 당연합죠. 나리뿐 아니라 전임 목관들께서도 처음에는 노발대발하셨습죠. 그러나 나리께서도 계셔보시면 아시겠지만, 말의 숫자를 맞추는 게 정말 어렵습니다요. 그래서 도망가는 놈들도 생기고, 또 말을 몰래 훔쳐 가지고 나가 팔거나 도살해서 고기를 판 돈으로 베를 사다 대납하는 놈들도 있습니다. 솔직히 말씀드리면 저희들도 힘들고 저놈들도 힘든 게 목장 일입니다요…….”

‘말 한 마리의 가치만도 못한 것이 이들의 삶이란 말인가?’

김홍도는 목장 마을의 끝없는 고단함에 마음이 숙연해졌다.

“내 무례인 줄은 알지만 삼베 짜는 모습을 봐도 되겠는가?”

목자들의 일터는 목장에 국한되지 않았다. 삼베 짜는 여인들의 모습 또한 목장의 일상이고 나날이라면 그것도 기록으로 남겨야 한다고 생각했다.

“아이고 나리, 사는 게 말이 아닙니다요. 보지 않는 게 마음이 편하실 겁니다.”

“나도 곤궁한 삶을 모르는 바 아니네. 그저 관리된 자로 그 곤궁함을 아는 것이 도리일 것 같아 청하는 것이니 보일 만한 집을 알아봐주게.”

이방은 성가신 표정을 감추지 못했지만 일단 굽신거리며 알겠다고 말했다.

이튿날 이방과 김홍도는 다시 목자들의 마을을 찾았다. 목자들의 집은 숲속에 띄엄띄엄 있었다. 밭을 일구면서 씨앗을 뿌릴 준비를 하는 집도 있었고, 말 먹일 콩죽을 쑤느라 콩 냄새가 코를 찌르는 집도 있었다. 산 아래

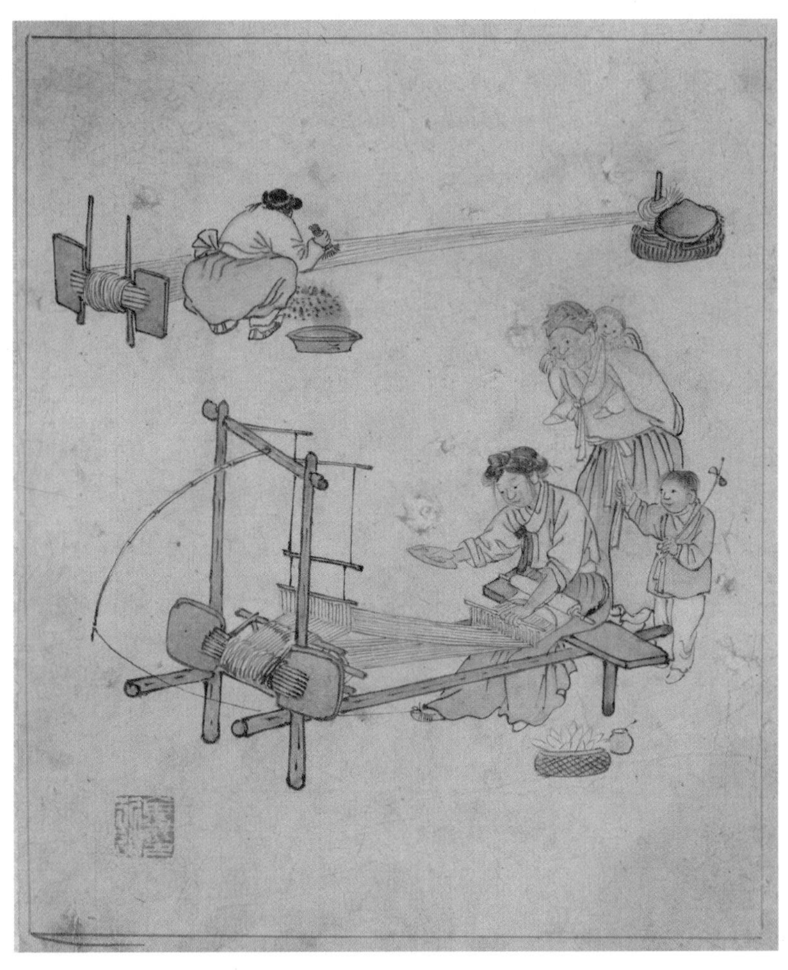

김홍도, 길쌈, 《단원풍속도첩》, 지본담채, 27×22.7cm, 보물 제527호, 국립중앙박물관
북 속에 씨줄로 사용하는 실꾸리를 넣은 다음 씨줄을 주고 오른쪽 발에 신고 있는 끌신(베틀신)을 당겨가며 옷감을 짰다. 말 한 마리 값을 대납하기 위해서는 베가 최소 5~8필 필요했고, 한 필 짜는 데 보통 사나흘이 걸렸다.

서는 한 손에 도끼를 들고 땔감으로 사용할 나무를 자르는 목자도 보였다. 앞서가던 이방이 삼베 짜는 소리가 나는 집 앞에 걸음을 멈추더니 사립문을 열고 기척을 하자 젖먹이로 보이는 아이를 업은 할머니가 나왔다. 이방이 신임 감목관 나리가 삼베 짜는 걸 직접 보기 위해 걸음하셨다고 하자 할머니는 고개를 주억거리며 삼베 짜는 방으로 김홍도를 안내했다. 그때 손에 바람개비를 든 어린아이가 할머니를 따라 방으로 왔다.

방에는 할머니의 며느리로 보이는 여인이 베틀에 앉아 오른손에는 바디집을 잡고 왼손에는 배 모양으로 생긴 북을 들고 있었다. 아무리 감목관이라도 남녀가 유별할 때라 할머니는 며느리 뒤에 서 있었고, 여인은 김홍도를 쳐다보지도 않았다. 자칫 눈을 팔면 북을 쑤셔 올이 나가기 때문이기도 했다. 또 다른 여인은 방구석에서 무명실에 풀칠을 하여 말리면서 도투마리에 감는 베매기 작업을 하고 있었다. 김홍도는 화구통을 열고 빠른 손길로 두 여인이 작업하는 모습을 그린 다음 방에서 나왔다.

목자와 어부의 삶은 보면 볼수록 마음이 착잡했다. 진상과 상납과 착취 속에 살아가는 그들 삶에는 아무런 희망이 없어 보였다. 자신이 아무리 눈을 부릅뜬다고 해도 이방과 아전 들의 농단을 막을 수 없었다. 그렇다고 이들과 타협할 수도 없는 일이었다. 김홍도는 틈만 나면 바닷가에 나가 먼 바다를 바라봤다. 아무리 생각해도 감목관은 자신이 감당할 수 있는 직책이 아니었다. 그렇다고 한양으로 돌아갈 수 있는 뾰족한 방법이 있는 것도 아니었다. 그는 자신이 이곳에 있는 30개월 동안 이들을 위해 할 수 있는 일은 애달픈 삶을 그림으로 남기는 것뿐이라고 생각하며 화구통을 들고 목장을 누볐다.

그렇게 하루하루 지나 5월 초, 영조의 장례를 준비하는 혼전도감*에서 보낸 파발이 감목관아에 도착했다. "주상 전하께서 전 어용화사 김홍도를 대행대왕(영조)의 구의화보불화원**으로 명하셨으니 즉시 대령하라"는 내용이었다.[14]

조선시대 왕의 국장은 승하하고 발인까지 5개월에 걸쳐 진행되었다. 정조가 장례 절차에 사용할 구의화, 보불화에 정성을 다하기 위해 영조의 어진을 그렸던 김홍도, 신한평, 김후신 등을 부르기로 한 것이다. 어명을 받은 김홍도는 궁궐을 향해 세 번 절을 올린 후 말에 올라 한양을 향해 고삐를 당겼다. 소나무 숲을 지나온 바람이 그의 가슴을 흔들었다.

---

* 魂殿都監, 혼전을 관리하기 위한 특별 기구. 혼전이란 왕이나 왕비가 사망 한 후 종묘에 입향하기 전에 신위를 모시는 곳을 말한다.

** 柩衣畫黼黻畫員, 구의화는 국장 때 관을 싸는 보자기인 구의柩衣에 그리는 그림, 보불화는 장례 행렬 때 들고 가는 국왕을 상징하는 세 가지 문양인 보불黼黻을 그리는 그림이다.

17장

도화서로 돌아오다

김홍도는 도화서로 들어서는 순간 만감이 교차했다. 영조의 어진을 그린 공로로 사재감 주부에 제수되어 도화서를 떠난 게 벌써 3년 전이었다. 그동안 김홍도의 삶에도 부침이 많았다. 남들은 중인 환쟁이가 '나리' 소리를 들어가며 관직에 나섰으니 출세했다고 하겠지만 김홍도로서는 양반도 아니고 그렇다고 완전한 중인의 삶도 아닌 자신의 모호한 위치를 깨닫는 시간이었다. 그래도 도화서를 떠나 자신이 진정 그리고 싶은 그림을 찾은 것은 큰 수확이고 보람이었다.

도화서는 국장도감의 의궤에 그릴 그림과 발인 행렬을 그리는 반차도 준비로 바쁘게 움직이고 있었다. 김홍도가 들어서자 이인문이 반갑게 그를 맞았다.

"이 주부, 이게 얼마 만인가!"

이인문은 여전히 1방 화원으로 도화서에 소속돼 있었지만 종6품의 주부를 제수받아 '이 주부'로 불렸다.

"감목관 나리 아니신가. 그렇지 않아도 보불을 그릴 화원으로 부름을 받았다 해서 언제 오나 이제나 저제나 기다리고 있었지."

"소식을 듣자마자 말을 달렸네만, 천 리 길을 오느라 이제야 도착했네. 일을 마치면 지난 회포를 풀어야지."

도화서는 큰 의례를 앞두고 분주했다. 두 사람은 다음을 기약하며 각자 바쁜 걸음을 재촉했다.

김홍도는 함께 보불을 그릴 화원으로 임명된 신한평, 김후신을 만나 혼전도감 당상인 예조판서 정상순을 찾아갔다. 구의화보불화원의 임무는 국장 때 구의(柩衣, 관을 싸는 보자기)와 발인할 때 메고 가는 대여(大輿, 국장 시 사용하는 큰 상여) 지붕, 그리고 장례 행렬 때 들고 가는 보불*을 그리는 일이었다. 정상순은 이번 보불은 경자년(1720년, 숙종 46년)과 갑진년(1724년, 경종 4년)에 이미 행한 전례를 따르기로 했으니 한 치의 착오도 없이 정성을 다해 준비할 것을 신신당부했다.

"우리 대행대왕께서는 위풍이 당당하시고 마음씨는 너그러우시며, 덕이 겉으로 빛을 발하시어 지난 시절에 없던 태평성대를 이루셨다. 하늘이

---

* 黼黻, 국왕을 상징하는 세 가지 문양으로 보삽(자루 없는 도끼 문양), 불삽(왕을 상징하는 '아亞'자 문양), 화삽(꽃 문양)이 그것이다.

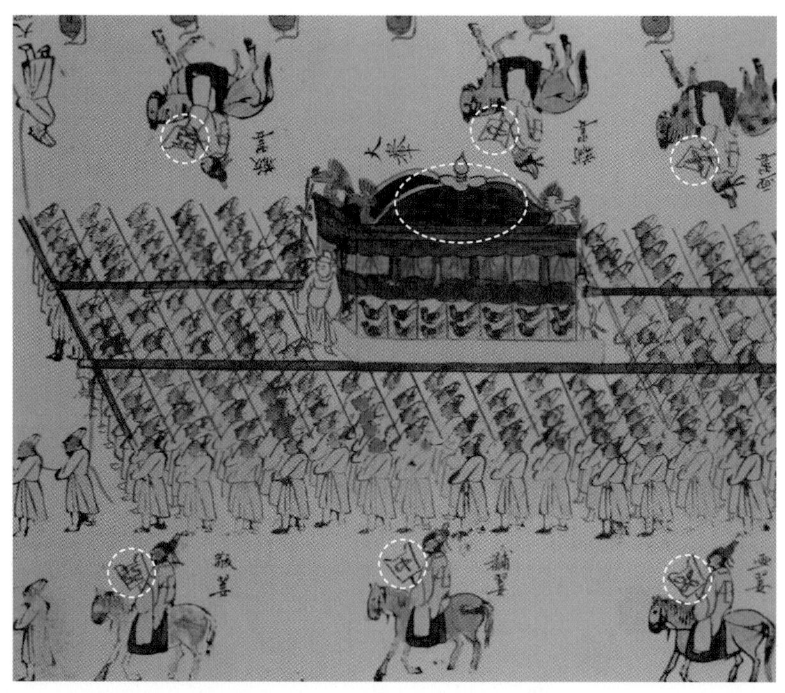

《영조국장도감의궤》, 상권 반차도 중 보불 부분도, 규장각 한국학연구원
김홍도, 신한평, 김후신은 반차도에 보이는 대여 지붕과 발인 행렬이 들고 있는 깃발, 그리고 관 위를 덮는 구의에 보불화를 그렸다. 이 반차도는 당시 도화서 2방과 3방 화원들이 그렸다.

끝내 많은 나이를 주지 않아 붕어하셨지만 대행대왕의 훌륭한 덕과 지극한 선은 세상이 다하도록 잊을 수 없을 것이다. 따라서 글씨와 보불의 문장도 찬란하게 빛을 발해야 대행대왕의 명성이 영원히 금석金石에 남아 이 나라 수천 리가 모두 그 은택과 빛 속에서 살 수 있을 것이다."

"예, 대감. 명심 또 명심하겠습니다."

화원과 사자관 들은 허리 숙여 절을 한 후 자리에서 물러났다. 도화서로 돌아온 화원들은 숙종과 경종 국장 때 그렸던 보불화 사본을 꺼냈다. 간단한 그림이었지만 진홍 공단에 분가루로 그리는 게 까다로웠다. 보불화원은 그 외에도 발인할 때 사용하는 대여 지붕에 '아亞'자 문양의 불삽과 장례행렬 때 들고 가는 보불화도 두 점씩 모두 여섯 점과 몇 가지 그림을 더 그려야 했지만 발인하는 7월 말까지는 날짜가 많이 남아 있었다.

김홍도는 신한평, 김후신 등과 맡을 일을 분장한 뒤 도화서를 나와 강세황의 집을 찾았다. 그동안 강세황은 상의원 주부에서 사헌부 감찰을 거쳐 종5품직인 한성판관이 되었다. 그리고 올 2월에는 63세의 나이에 문무기구과*에 급제하여 정5품인 사직으로 승차했다. 그러나 경사를 맞은 스승의 집을 찾아가는 김홍도의 발걸음은 무거웠다. 지난해 스승의 둘째 아들 완이 서른여섯 살의 젊은 나이로 세상을 떠났다는 소식을 접한 터였다. 상명지통(喪明之痛, 아들을 잃은 슬픔)의 아픔에서 헤어나지 못하고 있는 스승에게 늦게나마 조의를 표한 뒤 집으로 돌아왔다.

보불을 그리는 작업이 마무리되던 7월 중순, 김홍도와 함께 보불화를 그리던 신한평이 신세타령을 했다. 당시 신한평은 전라도 완도 옆의 신지도라는 섬에서 만호(萬戶, 수군의 종4품직)로 있었다. 영조의 어진을 그린 '수

* 文武耆耈科, 60~70세 이상의 노인에게만 응시 자격을 주었던 과거 시험 중 하나로, 1776년(영조 52년) 2월에 실시되었다. 문과에서는 강세황, 무과에서는 김상무金相戊가 뽑혔다.

로지은'이 제수될 때 문반인 동반직은 종6품, 무반인 변장직은 종4품을 제수받는 것이 관례였는데 신한평은 변장직을 제수받았던 것이다. 신한평은 말이 좋아 종4품직이지 무관 출신이 아닌 그가 신지도에서 할 수 있는 일은 없으며, 언제 도화서로 돌아올 수 있을지 모르겠다고 투덜거렸다. 김홍도는 동병상련을 느끼며 그에게 물었다.

"만호 나리, 무슨 수가 없을까요?"

"김 감목, 자네는 울산목장에 간 지 불과 두 달밖에 안 된다고 했지?"

"예, 만호 나리. 한양에서 거의 30개월을 채웠는데 올 3월에 울산 감목관으로 가라고 해서 갔습니다. 그런데 감목관 직무는 그림만 그리던 제가 감당할 수 있는 일이 아니라 어찌해야 좋을지 답답하기만 합니다."

"그거 참, 만호의 임기는 가족 없이 혼자 가 있을 때는 30개월이지만 나처럼 가족과 함께 내려간 경우는 얼마나 더 있게 될지 알 수가 없다는구먼. 동반직은 서로 벼슬을 하려고 난리인데 무반직, 그것도 남쪽 끝에 있는 섬에는 아무도 안 가려고 한다네. 내 나이 올해 쉰인데, 언제까지 바닷바람을 맞으며 살아야 할지 참……."

당시 신한평은 딸 하나와 아들 둘이 있었는데 큰아들이 신윤복(申潤福, 1758~?)이었다. 가족을 한양에 놔두고 갈 수가 없어 함께 내려간 것이다. 김홍도가 침묵을 지키자 그가 다시 물었다.

"무슨 좋은 방안이 없을까?"

"제가 무슨 수가 있겠습니까?"

신한평은 한숨을 내쉬면서 잠시 생각에 잠겼다. 그러다 김홍도를 바라

신한평, 자모육아, 지본담채, 23.5×31cm, 간송미술문화재단

고령 신씨 중인 족보에 따르면 신한평에게는 아들 둘과 딸 하나가 있었는데, 이것이 그림 속 등장인물의 구성과 일치하기에 많은 미술사학자가 이 그림을 가족도라고 판단한다. 오른쪽에서 울고 있는 아이가 신윤복이고, 그 아래가 남동생 윤수, 그 옆은 누이라고 본다. 이구환(李九煥, 1731~1784)은 《청구화사青丘畵史》에 "혜원은 20대에 동가숙서가식 떠돌았으며, 방외인으로 살았고, 여항인(중인, 서얼, 서리, 평민층)과 가까웠다"고 기록했다. 신윤복이 도화서 화원이 아니라 방외화사의 삶을 살았다는 뜻이다. 이에 대해 간송미술관의 최완수 한국민족미술연구소장도 "신한평이 75세까지 활동했기 때문에 '부자父子가 같은 부서에서 근무할 수 없다'는 상피相避 관행에 따라 신윤복은 도화서에 출사하지 않았을 것"이라고 했다. '미인도' 왼쪽 아래 도장을 통해 신윤복의 본명이 '신가권申可權'임을 밝혀낸 이원복 전 국립중앙박물관 학예연구실장도 각종 의궤에서 신윤복, 신가권의 이름이 보이지 않는다는 점을 들어 혜원이 도화서 화원으로 활동하지 않았을 가능성을 높게 본다.

보며 제안을 했다.

"이보게 김 감목, 우리 둘이 이번 혼전도감 당상인 예조판서 정상순 대감을 찾아가서 사정을 이야기하고 다시 도화서로 돌아오게 해달라고 부탁을 하면 어떨까? 이번 일이 '수로지은'에 해당되는 건 아니지만 그래도 보불화원의 공이 있으니 살펴주실 수도 있을 것 같은데."

"예, 만호 나리. 저도 같은 생각입니다."

의기투합한 두 화원은 예조판서가 왔을 때 기회를 잡아 읍소를 했다. 정상순은 일단 보불 그리는 작업을 잘 마치라고 다독였다. 그리고 두 화원은 영조의 발인이 끝난 후 다시 도화서 1방 화원으로 돌아왔다. 그날 저녁 김홍도는 이인문을 만나 울산목장에서 있었던 일들을 이야기하며 대취하도록 술을 마셨다. 한양에 올라왔지만 목장에서 비참한 삶을 살아가는 목자와 어부 들을 생각하면 마음이 쓰렸고, 한편으로 벼슬이란 중인 환쟁이에게는 어울리지 않는 옷이라는 생각에 허탈한 밤이었다.

18장

일생의 제자와 벗을 만나다

1777년(정조 1년) 김홍도 나이 서른둘, 딸아이는 어느덧 열 살이 되었다. 어머니는 이렇게 속절없이 나이만 먹다가 대가 끊어질까 걱정이라며 한숨을 쉬었지만 그는 대꾸도 하지 않았다. 정조가 즉위한 지 1년이 다 되었지만, 도화서에는 큰 변화가 없었다. 지난해 국장이 끝난 뒤 궐에서 필요한 세화를 그리는 일 정도였다. 김홍도는 날이 풀리면 속화로 그릴 만한 광경을 찾아 나설 생각을 하며 매일 도화서를 오갔다. 1월이 다 지나가던 어느 날, 이인문이 퇴청하던 김홍도를 불러 세웠다.

"사능, 내가 부탁할 일이 하나 있어."

"문욱이가 나한테 부탁할 일이 있다니, 그동안 진 신세를 조금이라도 갚을 수 있을 것 같아 다행이네. 하하."

"좀 어려운 부탁이라 조심스러워."

"내가 자네에게 신세진 걸 생각하면 무슨 부탁을 못 들어주겠나. 괜찮으니까 편히 말해보게."

"다름이 아니라 내 처가의 외가 쪽에 사내 조카가 한 명 있어. 그런데 이 아이가 화원이 되고 싶다며 그림을 배우겠다는 거야. 그래서 《개자원화전》을 빌려줬는데 가끔 갖고 오는 걸 보면 재주는 있는 것 같아. 어릴 때부터 글씨 공부를 해서 필재도 있고. 그렇지만 도화서 생도방에 들어갈 실력은 아니라 가끔 옆에다 놓고 가르쳐야 하는데, 내가 가까운 계촌은 아니지만 그래도 처가 쪽 인척이잖나. 아무래도 우리 집에 드나들다 보면 이런 저런 소리가 처가 쪽으로 전해질 수 있으니 자네가 좀 가르쳐줄 수 있을까 해서."

그동안 이인문에게 진 신세를 생각하면 가벼운 부탁이었다.

"누구의 청이라고! 당연히 들어줘야지. 다만 내가 누굴 가르쳐본 적이 없어서 말이야. 표암 선생과 현재 선생에게 배운 대로 하면 되겠지?"

"고맙네 사능. 친척인 나보다 어용화사가 가르치면 그 아이도 게으름 피우지 못하고 열심히 할 거야."

"그동안 자네에게 신세만 졌는데, 이렇게라도 보답을 할 수 있어 다행일세. 그런데 조카 이름이 뭔가?"

"밀양 박가로 유성이라고 해. 나이는 열다섯 살인데 아직 관례는 올리지 않았네."

"알았네. 아무 때고 집으로 데리고 오게."

"사능 집에서 가까운 준수방(현 종로구 통인동)에 사니 내일 가도록 하겠네."

"그렇게 하게."

이인문이 돌아간 뒤, 김홍도는 박유성이라는 소년을 궁금해하며 자신의 어린 시절을 떠올렸다. 아버지를 조르고 졸라 강세황의 집으로 찾아가 머리를 조아리던 것이 언제였던가. 그는 지나간 세월이 까마득하다는 생각이 들었다.

다음 날 저녁, 이인문이 박유성을 데리고 김홍도의 집으로 왔다.

"유성아, 이분이 어용화사이자 작년 국장 때 보불을 그린 김홍도 나리시다. 인사 올려라."

"나리, 소인 밀양 박가이고 이름은 밧줄 유에 구축할 성이옵니다."

"올해 열다섯 살이라고?"

"예, 나리."

이인문은 박유성을 남겨두고 집에서 해야 할 일이 있다며 먼저 일어섰다. 둘이서 편하게 얘기하라는 뜻이었다. 김홍도는 친구를 배웅한 후 다시 박유성에게 물었다.

"이 주부 말로는 집안이 역관집인데 왜 환쟁이가 되려고 하느냐?"

"소인의 증조부님(박세량)께서는 왜학(倭學, 일본어) 역관으로 첨정(僉正, 종4품직)까지 오르셨고, 작은 증조부님(박세장)도 역관이셨습니다. 그런데 계미년(1703년, 숙종 29년)에 대마도 도주 의진義眞이 죽어 증조부를 당하관으로 보내어 죽은 이를 조문하고 가족들을 위로하게 했으나 대마도 70여 리를 못 미쳐 배가 파선하여 일행이 몰살되었습니다.[15] 증조부께서 황망하게 세상을 떠나자 집안 어른들이 더 이상 바닷길을 건너는 왜학 역관에 나가는 걸 금하셔서, 증조부 이후로는 집안에서 역관이 나오지를 못했습니다. 조부께서는 한학(漢學, 중국어) 역관이 되시려고 했지만, 나이 다섯 살 때부터 한학을 공부하는 세습 역관들의 실력이 워낙 출중해 역과 시험에 입격하지 못하셨고, 부친도 마찬가지셨습니다. 그래서 부친께서 제게 사자관 준비를 하라 명하시기에 글씨 공부를 하고 있었는데, 우연히 계촌으로 외숙부되시는 주부 나리의 산수화를 보고 따라 그려봤습니다. 그러고 나서 주부 나리께 보여드렸더니 《개화원화전》을 빌려주셔서 공부하다가 오늘 나리를 찾아뵙게 된 겁니다."

조리 있게 말하는 박유성에게서 총기가 느껴졌다. 그리고 이인문이 재주가 있다고 말했을 정도면 화결부터 가르칠 필요는 없을 것 같았다. 어릴 때부터 사자관 준비를 했으면 글씨 공부도 따로 하지 않아도 될 터였다. 김홍도는 강세황과 심사정이 자신에게 물었던 것과 같은 질문을 던졌다.

"그렇구나. 그런데 나에게서 그림 공부를 해도 도화서 화원이 된다는 보장이 없다. 도화서 화원이 못 되면 방외화사로 떠돌면서 온갖 사람에게 환쟁이라는 손가락질이나 받게 될 거다. 도화서 화원이 된다고 해도 환쟁이 소리를 듣는 건 다를 바 없다. 그런 수모를 견딜 자신이 있느냐?"

"예, 나리. 가르침을 주시면 열심히 배우겠습니다."

"그래, 알았다. 이왕에 마음먹은 일이니 열심히 해보아라."

“예, 나리. 이렇게 받아주셔서 정말 고맙습니다. 열과 성을 다하겠습니다.”

“그럼 당분간은 이렇게 하자. 《개자원화전》은 공부를 했다니, 내가 그림을 그릴 때 옆에서 잘 보아라. 그리고 내가 그린 그림을 집에 가지고 가서 몇 번씩 임모臨摹를 해보아라. 그런 다음에 가지고 오면 새 그림을 그려주겠다. 만약 내가 집에 없으면 놓고 갔다가 다음 날 다시 오고, 시간이 날 때마다 《개자원화전》을 쉬지 말고 공부해라. 그리고 앞으로는 스승님이라 부르고.”

“예, 나리. 아니 스승님. 고맙습니다.”

김홍도는 박유성을 바라봤다. 자신의 첫 번째 제자였다.[16] 오늘의 만남이 훗날 자신의 임종을 지켜주는 인연으로까지 계속되리라는 것을 김홍도는 상상조차 하지 못했을 것이다.

봄이 되자 도화서는 한가했다. 화원들이 삼삼오오 모여 이야기를 나누던 중 신한평이 김홍도에게 물었다.

“김 감목, 자네 혹시 관상감*에 있는 담졸 강희언을 아는가?”

“그림을 잘 그린다는 소문은 들었지만 아직 만난 적은 없습니다.”

“그렇구먼. 담졸이 자네보다 일고여덟 살 많은데, 나와 계촌 사이인 신응순의 사위일세. 어렸을 때 조부가 겸재 영감의 근처에 살고 있던 인연으

---

* 觀象監. 천문과 지리를 비롯해 달력, 날씨, 시간 등을 맡아보는 관청.

로 그의 집을 들락거리며 진경산수를 배웠다네. 그런데 집안에 관상감 출신이 많아 담졸도 운과雲科를 거쳐 관상감에서 근무하다 교수까지 역임했네. 다행히 관상감에서 생도들을 잘 가르친 공으로 순천 감목관을 지낸 뒤 한양으로 올라와 조지서* 별제, 의령고** 주부를 지냈네. 그리고 다시 관상감으로 갔는데 마땅한 자리가 없어 요즘 우리처럼 한가하게 지내면서 그림으로 소일하기에 내가 안을 하나 냈네."

"어떤 안을 말씀이신지요?"

김홍도는 강희언(姜熙彦, 1738년~?)의 명성을 익히 알던 터라 신한평의 말에 귀가 솔깃했다.

"담졸이 외가 쪽으로 인맥이 넓다보니 그림 주문이 꽤 많이 들어온다네. 그런데 화원이 아니다보니 아무래도 손이 빠르지 못해 허덕이는 모양이야. 자네와 나는 어용화사라는 이름 덕택에 주문받은 그림으로 그럭저럭 살지만 1방 화원 중 생활이 어려운 이들도 제법 있지 않은가. 그래서 내가 나잇값도 할 겸해서 이들에게 주문 그림을 그릴 기회를 주고자 하네. 마침 담졸의 집이 넓으니 거기서 다 함께 그림을 그리면 좋을 것 같아 제안했더니 흔쾌히 수락하더군. 자네도 함께하는 게 어떻겠나?"

김홍도는 신한평의 제안이 다른 화원들뿐 아니라 자신에게도 도움이 되는 일이라고 생각했다. 그러면서 이제 막 그림을 배우기 시작한 제자 생각도 났다. 강희언의 집에 박유성을 대동하면 화원들과 안면도 트고 그림도

---

* 造紙署, 종이를 만드는 부서.

** 義盈庫, 궁중에 기름, 꿀, 후추 등을 공급하는 일을 맡아 하던 관아.

빠르게 배울 수 있을 것 같았다.

"만호 나리, 요즘 저의 집에 이 주부의 계촌되는 소년이 그림을 배우러 오는데 데리고 가도 되겠는지요?"

"아, 김 감목에게도 제자가 있었구먼. 하하. 주부와 계촌이 되는 소년이라니 편하게 데리고 오게. 그놈 누군지 몰라도 선생을 여럿 만나게 되었으니 복이 터졌구먼. 도화서 화원 자리는 떼어놓은 당상일세. 하하."

신한평은 그림에 재주가 있는 자신의 아들 윤복이가 생각났다. 부모 자식은 함께 일할 수 없다는 상피법만 아니라면 마음껏 재능을 펼칠 수 있는 아이였다.

강희언의 집은 그가 근무하는 관상감과 천문을 관측하는 관측대가 있는 북촌(계동) 길 건너의 중부동(종로구 서린동과 관철동 부근)에 있었다. 1738년생이니 김홍도보다 일곱 살 위로 서른아홉이었다. 스물한 살인 1759년부터 관상감에서 입춘부터 대한까지의 24절기를 계산하고, 임금의 능 행차 길일과 시간을 정하는 삼력관三曆官 생활을 오래해 성격이 차분했다. 강희언의 집으로 모인 화원들은 신한평, 김홍도, 이인문, 김응환 외에도 김응환과 계촌 사인인 한종일, 화원인 김득신, 김석신과 이종현(훗날 '책가도'를 잘 그린 이형록李亨祿의 조부)도 있었다. 모두 1방 화원들로 당대 최고의 화원이었고, 한종일과 이종현은 이인문과 같은 종6품 주부였다. 김홍도의 제자 박유성은 그런 당대의 화원들 옆에서 그림을 배웠다.

한양은 좁았고 소문은 빨랐다. 강희언의 집에는 그림을 주문하려는 사

람들의 발길이 이어졌다. 양반들은 도화서에 줄을 대서 점잖게 부탁하기 때문에 오는 이들은 대부분 광통교 부근에서 장사로 돈을 번 중인들이었다. 중인 거상들은 아무리 돈을 벌어도 신분은 바꿀 수 없었기에 집을 크게 짓고 집 안을 화려하게 장식했다. 김홍도를 비롯한 화원들은 그들이 주문하는 그림을 그려줬고, 그림값을 받은 날이면 강희언의 집에서는 술잔치가 벌어졌다.

◂ 강희언, 사인휘호士人揮豪, 《사인삼경도첩》, 지본담채, 26×21cm, 개인

강희언은 자신의 집에 정자를 만들어 당호堂號를 담졸헌이라고 했다. 이곳에 모여 그림을 그리는 화원들의 모습을 그린 작품이 사인휘호도이다. 훗날 강세황은 이 그림을 보고 "이런 모습을 대하니 먹을 찍어 붓을 휘두르고 싶은 생각이 난다"는 제발을 썼다.[17] 오른쪽의 소년이 당시 열다섯 살이던 박유성, 그 옆에서 점잖은 모습으로 그림을 그리는 이가 김홍도로 추정된다. 건너편에서 붓 두 자루를 잡고 있는 화원은 나이로 보아 신한평이나 김응환, 웃통을 벗은 이는 참석 화원 중 나이가 가장 어린 한종일일 가능성이 있다. 맨 위쪽에 앉아서 그림 그리는 광경을 바라보는 인물은 집 주인인 강희언이 자화상을 그린 것으로 추정된다.

•

김홍도의 곁을 지킨 제자

당대의 그림 수장가였던 석농 김광국(金光國, 1727~1797년)은 7대에 걸쳐 의관을 지낸 중인 집안 출신으로 스물한 살에 의과에 합격하여 수의首醫까지 오른 중인이었다. 우황을 비롯한 중국 의약품을 중국을 오가는 의관과 역관을 통해 들여와 부를 축적한 것으로 추정된다. 그렇게 쌓은 재력을 바탕으로 고려 공민왕부터 안견, 김홍도, 신위까지 400년 동안의 그림뿐 아니라 중국과 일본, 유럽의 그림도 수집했다. 김광국은 자신의 수집품을 《석농화원》이라는 화첩으로 꾸미면서 그림을 소장하게 된 내력이나 화평을 함께 기록했다.

김광국은 《석농화원》에서 소년 박유성(朴維城, 1763?~1808?)이 김홍도의 집에서 그림을 배우는 모습을 기록했다. 그동안 박유성이 김홍도와 가깝게 지냈다는 기록만 있을 뿐 정확한 출생연도는 밝혀지지 않았다. 그래서 김홍도와 가까운 친구였을 거라고 추정했지만 《석농화원》에 '김홍도가 33세 때(1778년) 박유성은 소년이었다'는 내용이 있다.

무술년(1778년) 여름에 나는 정충엽과 함께 사능 김홍도를 찾아갔다. 당시 사능은 한창 만성화류도(滿城花柳圖, 성 가득한 꽃과 버드나무 그림)의 초본을 그리고 있었는데, 그 곁에 말끔하고 똘똘한 소년이 소매에 손을 넣고 서서 정신을 집중하여 응시하고 있기에 마음속으로 이상하게 생각하였다. 나중에 어떤 사람이 화첩 하나를 보여주었는데, 그중에 야압유영도野鴨游泳圖가 있었다. 처음에는 사능이 장난삼아 그린 그림인 줄 알았으나, 자세히 보니 서묵瑞墨이라는 관지款識가 있었다. 누구인지 물어보니 바로 덕재 박유성으로 예전에 만났던 말끔하고 똘똘한 소년이었다. (내가 수집한) 고목군조도(古木群鳥圖, 고목에 깃든 새)는 그가 그린 그림으로 매우 재기才氣가 있었다.[18]

조선시대에 '소년'은 15~16세를 뜻하기 때문에 박유성의 출생연도는 1762~1763년경으로 추정하는 것이 타당할 것이다. 위 글을 통해 그동안 미술사학계에서 의문을 갖고 있던 김홍도와 박유성 그림의 친연성의 연원이 밝혀졌다. 이 자리를 빌려 《석농화원》을 발굴, 번역한 유홍준, 김채식 교수님께 깊은 감사를 드린다.

19장

조선왕조 사백 년의 새로운 경지

김홍도는 신선도나 중국 화풍의 산수도를 그리면서도 머릿속에서는 속화에 대한 생각이 떠나지 않았다. 4월 어느 날, 화구통을 들고 강희언의 집으로 향할 때 삼일유가三日遊街 행렬이 지나가는 소리가 요란하게 들렸다. 4월 19일 창덕궁 인정전에서 있었던 문과 전시에 합격한 33명 급제자 중 한 명의 행렬이었다. 임금이 창덕궁 근정전에서 급제자를 한 명씩 호명한 뒤 합격증서인 홍패를 주면서 종이꽃으로 만든 33송이(무과 합격자는 28송이) 어사화를 머리 뒤에 꽂고 명주실로 잡아매어 입에 물게 하는 의식을 치르고 나면 이튿날 문과 급제자들은 무과 급제자들과 함께 공자를 모신 문묘文廟에 참배하고 사흘 동안 친척, 선배, 친지 등을 방문하는 삼일유가를 했다. 이때 급제자들은 임금에게 받은 합격증서인 홍패를 붉은 보자기에 싸서 앞세웠다. 그 뒤로 피리 둘, 대금, 해금, 장구, 북으로 구성된 삼현육각의 세악수*가 연주하며 흥을 돋웠고, 북잡이 둘은 북을 서른세 번 두드렸다. 광대와 무동은 황초립을 쓰고 종이꽃(채화綵花)과 공작 깃털(공작우孔雀羽)을 꽂고서 춤을 추며 재주를 부렸고, 그 뒤에 어사화를 꽂은 급제자가 말을 타고 갔다.

김홍도는 풍악 소리를 따라 북촌의 골목으로 발길을 옮겼다. 양반들이 많이 사는 지역이었다. 유가 행렬은 언덕을 오르다가 커다란 기와집 앞에서 멈췄다. 급제자가 말에서 내리자 대문 앞에 나온 친지들이 등을 두드리며 축하 인사를 건넸다. 대문 앞으로는 유가 행렬을 구경하는 사람들이 모여들었다. 세악수 일행은 급제자가 집으로 들어섰을 때 축하 연주를 하기 위해 미리 대문 안으로 들어가 자리를 잡았다. 얼굴에 환한 웃음을 띤 장원급제자가 친지들을 따라 대문을 넘자 흥겨운 여민락만與民樂慢 가락이 울려 퍼졌다.

김홍도는 대문 한편에 앉아 화구통에서 종이와 붓을 꺼냈다. 그는 빠른 필치로 삼현육각으로 구성된 악사들을 그렸다. 저마다 다른 옷과 모자도 세밀하게 그렸다. 세악수는 군영 소속인 경우가 대부분이었지만 급하게 준비할 때는 장악원 악사들을 부르기도 했다. 그래서 북을 치는 악사는 전립에 색이 바랜 전복(군복)을 입었고, 장구를 치는 이와 향피리를 부는 이는 갓에 도포, 세피리를 부는 이는 전립에 군청색 전복, 몸을 돌려 대금을

* 세악수細樂手는 조선후기 군영 소속의 군악대를 말하며, 대체로 피리, 젓대, 해금, 장구, 북으로 구성된 삼현육각三絃六角으로 편성되었다.

김홍도, 무동, 《단원풍속도첩》, 지본담채, 27×22.7cm, 보물 제527호, 국립중앙박물관

부는 이는 갓에 도포, 등만 보이는 해금 켜는 이는 전립에 군청색 전복을 입은 모습으로 그렸다. 이제 군청색 옷을 걸치고 여민락만의 가락을 따라 신명나게 춤을 추는 무동을 그릴 차례였다. 그러나 쉬지 않고 움직이는 무동을 그리는 일은 쉽지 않았다.

그는 무동의 춤사위 중 가장 역동적인 부분을 그리기로 했다. 그래서 왼쪽 다리를 땅에 디딘 채 오른쪽 다리를 들고 왼손을 등 뒤로 휘저을 때를 포착했다. 옷이 펄럭이는 부분은 나중에 그리기로 하고, 다시 한번 세악수와 무동의 표정을 눈 속에 담았다. 세피리를 부느라 양쪽 볼에 힘을 잔뜩 준 악공의 모습이 인상적이라 몇 번이나 그를 바라보았다. 구경 온 사람들은 세악사의 연주와 무동의 춤사위에 정신이 팔려 김홍도의 그림에는 관심을 두지 않았다. 그는 땀을 닦으며 자리에서 일어났다. 그리고 강희언의 집으로 가지 않고 하량교 집을 향해 발길을 옮겼다. 조금 전에 본 표정이 눈앞에서 사라지기 전에 서둘러 붓질을 하고 싶었지만 도화서 화원들에게 속화를 그리는 걸 알리고 싶지는 않았다. 그 전에 자신이 그리는 그림이 단순한 붓장난이 아니라는 걸 확인받아야 했다.

단옷날이 되었다. 모처럼의 휴일이었다. 김홍도는 그동안 그린 속화를 갈무리해 화구통을 들고 집을 나섰다. 강세황에게 인사를 하면서 스승이 내준 숙제를 이만큼 했노라 보이기로 마음먹었다. 강세황은 지난해 기구과에 급제한 후 병조의 정3품 품직인 첨지로 승차했다.

김홍도가 남산 아래 강세황의 집에 도착할 무렵 산기슭 쪽에서 함성이 들렸다. 그는 무슨 일인가 하고 소리 나는 곳으로 발길을 돌렸다. 언덕 아래 평지에 만든 모래밭에서 씨름판이 열리고 있었다. 단옷날에는 백악산 신무문(神武門, 경복궁 북문) 뒤와 남산 아래, 사대문 밖에서는 마포와 송파에서 씨름대회가 열렸다. 씨름에 출전하는 이들은 유생을 포함한 양반과 노비에 이르기까지 신분 차이 없이 확대되고 있었다. 씨름대회에서 최후의 승자가 결정되면 풍류를 좋아하는 돈 많은 양반이 장사에게 부채와 돈 주머니를 하사하는 것이 관례였다.

씨름하는 장면을 보는 건 처음이었다. 가까이서 보고 싶었지만 구경꾼이 많아 언덕에 자리를 잡았다. 남산 기슭은 딸깍발이 양반들이 많이 사는 동네였다. 오랫동안 벼슬 구경을 못해 짚신 살 돈도 없어 맑은 날에도 나막신을 끌고 다닌다 해서 '딸깍발이'라 불리는 몰락한 양반들이었다. 구경꾼들 중에는 날씨가 더워 갓을 벗고 부채질을 하는 나이 든 양반도 있고, 아슬아슬해서 못 보겠다는 듯 쥘부채로 얼굴을 반쯤 가리고 조마조마한 표정으로 바라보는 젊은 선비도 있었다. 아예 신발을 벗고 다음 순서를 기다리는 이도 있었고, 엿판을 목에 매고 씨름판 둘레를 도는 엿장수 아이도 있었다. 이들은 평소에 배오개장터(현재 광장시장)와 그 부근을 다니며 엿을 팔던 무리였을 것이다.

김홍도는 구경꾼들의 응원 소리를 자세히 듣기 위해 귀를 쫑긋했다. 구경꾼들은 자신이 응원하는 씨름꾼에게 '외구(外句, 바깥걸이)', '내구(內句, 안걸이)', '윤기(輪起, 둘러 매치기)' 따위를 외치다가 상대를 쓰러트리면 와 하는 함성을 질렀다. 김홍도는 화구통을 열고 종이를 꺼낸 다음 빠른 필치로 씨름꾼과 구경꾼을 그리기 시작했다. 씨름판 위의 씨름꾼 둘은 서로 오른손으로 상대방의 허리를 잡았는데, 한 사람이 오른쪽 다리로 상대의 왼쪽 다리를 걸어 넘어뜨리려 했다. 그러자 구경꾼들은 '외구'를 소리쳤다. 또 한 사람은 오른손에 힘을 잔뜩 주고 상대편의 왼쪽 다리를 들어 올렸다. 그러자 구경꾼들은 '윤기'를 외쳤다. 왼쪽 다리가 들린 사람은 넘어가지 않으려고 안간힘을 썼고 상대편은 계속해서 굵은 팔뚝에 힘을 주다가 어여차 하는 외마디 소리를 질렀다. 결국 왼쪽 다리가 들린 사람이 쓰러졌고, 구경꾼들은 함성을 지르며 박수를 쳤다. 넘어졌던 사람이 일어나 모래밭을 나가자 기다리던 다음 상대가 씨름판 위로 올라갔다. 초본이 어느 정도 마무리되자 김홍도는 화구통을 갈무리하고 자리에서 일어났다.

강세황은 둘째 아들을 잃은 슬픔에서 벗어나는 중인지 조금은 평온해 보였다. 김홍도는 요즘 도화서 1방 화원들과 강희언의 집에서 주문 그림을 그린다는 근황을 전하며 울산과 한양에서 그린 속화 몇 점과 조금 전에 그린 씨름판 그림 초고를 꺼내 강세황 앞에 놓았다.

"스승님, 울산목장의 목자와 어부, 그리고 한양에 올라와서 그린 속화입니다."

강세황은 김홍도가 속화를 그렸다는 말에 한편으로 놀라면서 사포서에 있을 때 김홍도와 나눈 대화를 떠올리며 호기심 어린 눈으로 그림을 바라보았다. 김홍도는 여느 때와 달리 스승의 표정을 살피는 데 집중했다. 이 길이 맞는 길일까? 스승이 말한 평범한 이들의 '진경'을 제대로 포착한 것

일까? 어쩌면 스승의 말을 너무 곧이곧대로 해석한 건 아닐까? 하는 별의별 생각이 오갔다. 김홍도는 초조하게 스승의 한마디를 기다렸다. 한참 동안 그림을 보던 강세황이 드디어 입을 열었다.

"사능아, 놀랍구나. 이것은 옛적에 없던 솜씨다. 너는 어릴 적부터 그림 공부를 할 때 인물, 산수, 신선까지 못하는 것이 없었다. 특히 신선과 화조를 잘 그려 그것만으로도 도화서 화원이 될 실력이 충분했다. 그런데 이 속화를 보니 너의 재주가 인물의 표정과 풍속을 묘사하는 데는 더더욱 뛰어나구나. 그 형태를 곡진하게 그려서 어느 한 부분 어색한 데가 없으니, 사람들이 너의 절묘한 재주에 놀라 손뼉 치며 신기하다고 감탄할 것이다."[19]

옛적에 없던 솜씨라니, 김홍도는 스승의 칭찬에 얼굴이 벌게졌다.

"스승님, 그래도 속화인데 세상의 웃음거리가 되지 않을까요?"

"아니다. 너의 속화는 이제까지 내가 본 속화와는 다르다. 네가 화구통을 들고 들어올 때 이상하다 생각했는데, 저잣거리 사람들이 사는 모습을 그대로 그려야겠다는 깨달음이 있었기에 이런 독창적인 그림이 나온 것이다. 너의 천부적인 소질과 오묘한 터득 덕분이겠지. 내가 볼 때 이 그림은 왕조 사백 년 동안 이룩한 것 중에서도 새로운 경지다. 정말 장하다. 무릇 그림을 그리는 화사는 모두 종이나 비단에 그려진 것을 보고 배우고 익히기 때문에 어느 정도 공력이 쌓이면 비슷하게 그릴 수 있다. 그러나 스

◀ 김홍도, 씨름, 《단원풍속도첩》, 지본담채, 27×22.7cm, 보물 제527호, 국립중앙박물관

스로 터득하여 독창적인 경지에 이르는 건 쉬운 일이 아니다. 옛날 중국의 제나라 어느 화가가 '닭이나 개를 그리기는 어렵고 볼 수 없는 귀신을 그리기는 쉽다'고 했다. 눈으로 볼 수 있는 것은 아무렇게나 그려서는 사람의 눈을 속일 수 없다는 말인데, 너의 그림은 목장의 생활, 바닷가의 생활, 그리고 씨름판의 풍광을 그대로 옮겨놓은 것과 같구나. 천부적 소질이 아니고야 어떻게 이런 그림을 그릴 수 있겠느냐. 참으로 절묘한 재주다."[20]

김홍도는 스승의 칭찬에 가슴이 뿌듯하고 벅차올랐다.

"모두 스승님 덕분입니다. 사포서에서 저만의 진경을 찾으라 하신 스승님 말씀에 깨달음을 얻었기에 그림을 그릴 용기를 얻을 수 있었습니다."

"아니다. 나는 길을 가르쳐줬을 뿐인데, 네가 열과 성을 가지고 그 길을 간 것이다. 네가 화구통을 들고 또 어디를 가서 무엇을 그릴지 벌써 궁금해지는구나. 시간이 날 때마다 열심히 다니면서 그려보아라."

"예, 스승님. 계속 열심히 그려보겠습니다."

김홍도는 큰절을 하고 집으로 돌아왔다. 그리고 방 안에 들어가 저녁도 거른 채 초본을 보며 씨름판에서 본 모습과 표정을 섬세하게 마무리했다.

스승 강세황의 인정을 받은 뒤 김홍도는 자신의 속화를 세상에 내보이고 싶은 마음이 간절해졌다. 그래서 광통교 서화사를 찾아 그림을 맡겨보기로 했다. 서화사 주인은 그림을 많이 팔아본 사람이라 그의 평가 또한 믿을 만했다. 김홍도는 무엇보다 속화의 주인공인 서민들이 자신의 그림을 좋아해주기를 바랐다. 그는 그동안 그렸던 속화와 새로 그린 것 몇 점을 들고 서화사를 찾았다.

"나리, 어서 오십시오. 요즘 1방 나리들께서 중부동에 모이신다는 소문은 들었습니다요. 마침 좋은 종이가 들어왔는데 보시겠는지요?"

"오늘은 종이를 사러 온 게 아닙니다. 그동안 붓장난 삼아 속화를 몇 장 그려봤소."

주인은 신선도가 아니라 속화라는 말에 깜짝 놀랐으나 그림을 펼치고는 얼굴에 퍼지는 미소를 감추지 못했다. 그는 환한 표정으로 종이를 내려놓고 말했다.

"나리! 어떻게 이렇게 재미있는 그림을 그릴 생각을 하셨습니까? 역시 나리는 신필입니다. 이렇게 재미있는 그림은 처음 봅니다. 하하."

"그렇소?"

"예, 나리. 사람들 표정이 워낙 생생하고 재미있어서 씨름판, 빨래터, 우물가가 종이 위로 옮겨온 것 같습니다요. 양반네들이야 이런 그림을 속화라면서 쳐다보지도 않겠지만, 중인이나 평민 들은 손뼉을 치며 손이 주머니로 갈 겁니다. 이런 그림이라면 하루에도 몇 장은 팔 자신이 있습니다요. 많이 좀 그려다주시죠."

김홍도는 중인이나 평민 들이 박수를 칠 그림이라는 칭찬에 흐뭇했다. 그때 서화사 주인이 김홍도를 바라보며 문득 좋은 생각이 떠올랐다는 듯 손뼉을 쳤다.

"나리, 제가 재미있는 그림이 나올 만한 곳을 한곳 알려드릴까요?"

"그런 데가 있소?"

"예, 나리. 혹시 전기수傳奇叟 이야기 들어보셨습니까?"

당시 한양에서는 한문소설 외에 한글소설이 창작되면서 책을 읽어주고 돈을 받는 전기수가 인기 있었다. 책값이 비싸고 한글을 모르는 평민들이 많기에 생긴 직업이었다.

"그런 사람이 있다는 이야기는 얼핏 들었소만, 책 읽는 건 들어본 적이 없소."

"그동안 나랏일도 하시고 그림 그리느라 바쁘셔서 그러실 줄 알았습니다. 아무튼 전기수가 광통교와 청계천 부근을 다니며 언문으로 된 소설책을 읽어주는데 소설 속 주인공인 듯 그럴듯하게 책을 읽어 사람이 구름떼처럼 몰려든답니다. 그런데 전기수는 중요한 대목에 가서는 갑자기 대사를 멈추고 뜸을 잔뜩 들이는데 이걸 요전법(邀錢法, 돈을 요구하는 수법)이라고 합니다. 이야기를 듣던 사람들이 다음 대목을 빨리 읽으라고 돈을 던져주면 다시 읽는답니다."

김홍도는 그 모습도 재미있겠다는 생각이 들어 되물었다.

"그거 참 별난 직업이오. 그럼 전기수는 청계천변에 가면 만날 수 있소?"

"예, 나리. 그런데 읽는 날짜와 장소가 있습니다요. 매월 1일은 광통교 부근, 2일은 소광통교 부근, 3일은 배오개, 4일은 교동(경운동), 5일은 대사동(인사동), 6일은 종루 앞에서 읽고, 7일부터는 장소를 거꾸로 돌아가서 읽는답니다.[21] 그러다 여기저기 불려도 다니는데, 남초가게(남초전南草廛, 담배가게)를 하는 제 동무가 이야기를 좋아해 자기네 가게로도 종종 들인다고 하니 혹 구경하시려면 제가 말을 넣어보겠습니다요."

김홍도는 광통교 부근의 남초가게들이 성업 중인 모습을 본 적이 있다.* 가게 앞마다 사내아이들이 고함을 지르며 담배를 팔고 있었다. 그러나 가게 안은 본 적이 없어 호기심이 생겼다.

"말을 넣을 정도로 친하다면 구경을 가고 싶으니 날을 잡아주시오."

"알겠습니다, 나리. 내일 한번 들르시면 날짜를 알려드리겠습니다."

서화사 주인은 속화를 계속 받고 싶은 욕심에 연신 머리를 조아렸다. 김홍도는 속화값으로 종이를 두둑이 받아 집을 향해 발걸음을 옮겼다.

며칠 뒤, 김홍도는 화구통을 들고 서화사 주인을 따라 광통교 옆에 있는 남초가게로 걸음을 옮겼다. 가게 앞에서는 어린 소년이 자리를 깔고 앉아 담뱃잎을 잘게 썬 연초를 쌓아놓고 진안초鎭安草를 사라며 고함을 지르고 있었다. 당시에는 마이산 아래 진안에서 나는 담배연초가 부드러우면서도 맛이 온화해 향기는 좋지만 단맛이 나는 평안도산이나 맛은 깊지만 향이 평범한 강원도산에 비해 인기가 좋았다. 김홍도는 서화사 주인을 따라 가게에 딸린 방으로 들어갔다.

웃통을 벗어젖히고 긴 작두로 담뱃잎을 썰고 있는 일꾼의 왼쪽 어깨가 눈에 들어왔다. 사람들이 담배를 바로 피울 수 있도록 왼쪽 어깨로는 담뱃잎을 누른 채 오른손으로 작두를 열심히 움직여 담뱃잎을 최대한 잘게 써는 사람이었다. 오랫동안 담뱃잎을 눌렀기에 어깨가 뒤틀린 것일까? 가난

---

* 16세기 말~17세기 초 조선에 유입된 담배는 처음에는 그 중독성 때문에 요초(妖草, 요망한 풀)라 불렸으나 이후 빠르게 전파되었다. 특히 정조의 담배 사랑은 유별나 책문策問의 시제로 남령초(담배)를 내걸 정도였다.

의 질곡이 무섭다는 생각이 들었다. 서화사 주인은 웃통을 벗고 연초 잎을 가지런히 정리하고 있는 가게 주인에게 며칠 전 이야기한 어용화사님을 모시고 왔다며 인사를 나누게 했다. 가게 주인 건너편에서 이야기책을 읽고 있던 전기수와 방 위편에서 연초를 잘게 썰고 있던 일꾼은 미동도 하지 않았다. 주인집 아들은 담배 궤짝에 기대어 있다가 일어서서 인사를 했다.

김홍도가 화구통에서 종이와 붓을 꺼내자, 가게 주인이 전기수가 읽고 있는 이야기책은 《윤지경전尹知敬傳》으로, 중종 임금 때 장원급제한 윤지경이라는 선비가 억지로 임금의 부마가 되었지만 옛사랑을 못 잊어하는 내용이라며 재미있으니 들어보라고 했다. 김홍도는 전기수의 낭독 소리에 귀를 기울였다.

"이런 사정을 까맣게 모르는 연화와 지경은 기쁜 혼례날을 맞이하게 되었다. 그런데 폐백이 막 들어오는 순간, 사신이 와서 지경을 궁宮으로 들라는 것이 아닌가! 허겁지겁 궁으로 달려간 지경은 부마가 되라는 청천벽력과 같은 명을 듣게 되었다. 지경은 임금의 명을 거절했다. '최씨 집안 여인과 혼례를 치르지만 않았다면 영광스럽게 전하의 명을 받겠사옵니다. 하나 저는 이미 혼인하였는데, 어찌 그 명을 받겠습니까?' 지명이 단칼에 거절하니, 임금은 화가 끝까지 났다."

여기까지 읽은 전기수는 쥘부채를 흔들며 더위를 식혔다. 이야기를 듣던 남초가게 주인은 "옳거니, 남자가 그 정도 줏대는 있어야지. 암. 그럼,

김홍도, 담배 썰기, 《단원풍속도첩》, 지본담채, 27×22.7cm, 보물 제527호, 국립중앙박물관

그럼" 하고 맞장구를 치며 전기수에게 다음 대목을 빨리 읽으라고 재촉했다. 김홍도도 이야기가 재미있었다. 전기수는 잠시 쉬었다 다음 대목을 읽기 시작했다.

"'내 그대를 아껴 부마로 정하였거늘, 어찌 핑계를 대며 거절한단 말이냐?' 임금이 화를 내자 옆에 있던 희안군도 지경이 연성옹주와 혼인하도록 거들었다. 그러자 지경이 대답하였다. '희안군께서 이 혼인을 전하께 말씀드린 것이지요? 희안군은 전하의 총명함을 가리지 마십시오. 전하, 소인배들의 말만 들으시니, 참으로 눈이 어두우십니다.' 임금은 더욱더 노하여 윤지경을 옥에 가두고, 그 아비 윤현 또한 옥에 가두었다."[22]

전기수가 여기까지 읽자 주인은 "임금님도 너무 하시네" 하며 거들었다. 김홍도는 계속 이야기를 듣다가는 끝이 없을 것 같아 남초가게 안 풍경을 그리는 데 집중했다. 먼저 빠른 필치로 연초 잎을 잔뜩 쌓아놓고 어깨를 들어 올려 작두질을 하는 사내와 그 뒤에 있는 담배 궤짝을 그렸다. 김홍도는 가게 주인에게 인사를 하고 서화사 주인과 함께 밖으로 나왔다. 그는 전기수가 평민들에게 새로운 재미를 안겨주고 있다는 생각을 하며 고개를 끄덕였다.

'전기수의 이야기처럼 내 그림도 재미있는 볼거리가 되면 좋겠구나.'

김홍도가 속화를 그린다는 소문이 광통교를 중심으로 퍼져나갔다. 강희언의 집에 모이는 1방 화원들도 그 소문을 듣고 속화를 구경하자며 성화를 했다. 김홍도는 시간 날 때 붓장난으로 그린 거라며 웃어넘기려다 결국 그동안 그린 속화의 초본을 보며 새로 한 벌 그려서 강희언의 집에 들고 갔다. 집주인인 강희언은 이런 자리에는 술이 있어야 한다며 주안상을 준비했다. 술잔을 주거니 받거니 하며 서로 한 장씩 돌려보다가 이인문이 먼저 말문을 열었다.

"이야, 사능. 어떻게 이렇게 재미있는 그림을 그릴 생각을 했지?"

"문욱이, 그냥 시간 날 때 붓장난으로 그려본 거라니까."

"광통교에서 소문이 왜 자자하나 했는데, 그림을 보니 이해가 되네. 중인이나 평민 들이 자기 모습을 그림 속에서 보게 될 줄 상상이나 했겠나? 정말 대단하네!"

이인문의 말에 그림을 한참 들여다보던 김응환이 맞장구를 쳤다.

"이 주부 말이 맞네. 내 일찍이 공재(윤두서)나 관아재(조영석) 같은 양반들이 중인이나 평민의 삶을 그림으로 남겼다는 소문을 듣긴 했지만 세상에 내놓지 않아 보지는 못했네. 그렇지만 사대부였던 두 양반이 평민들의 삶을 얼마나 이해했겠나. 그런데 김 감목의 속화는 평민들의 표정과 행동이 모두 살아 있는 듯, 손에 잡힐 듯해. 겉으로 보이는 모습만 그린 게 아니라 삶의 깊은 모습까지 그렸으니 참으로 놀랍네."

신한평도 거들었다.

"세상이 바뀌면 화풍도 바뀌어야 하는 것이 마땅하지. 사능의 이 그림은 양반의 세상만 있는 게 아니라 중인과 평민의 세상도 있다는 것을 알려주는 걸작이라고 생각하네. 그동안 우리 화원들이 왜 진작 이런 그림을 그릴 생각을 못했는지를 돌이켜보게 되네. 이런 그림은 그냥 사라지기에는 아까워. 빨래터 그림처럼 배경이나 풍경을 넣어 병풍을 만드는 것이 어떻겠나? 종이 한 장으로 남길 그림이 아니야."

김홍도는 선배 화사와 벗들의 칭찬에 얼굴이 벌게졌지만 신한평의 말을 듣고 보니 병풍에 그리는 것도 좋을 것 같았다.

"그저 붓장난 삼아 그렸던 속화를 만호 나리께서 이리 말씀해주시니 고맙습니다. 한번 잘 생각해보겠습니다."

이번에는 김응환이 맞장구를 쳤다.

"만호 말씀이 맞네. 이제 이런 속화도 세상에 널리 알려져야 하네. 양반 아래서 숨을 못 쉬고 사는 평민들이 그림을 보고 위로받지 않겠나. 그래서 요즘 중인 시인들도 여항(閭巷, 평민들이 사는 골목)의 이야기를 시로 쓴다네. 이제 우리 화원도 평민이 사는 모습을 그려 세상에 알릴 때가 되었네."

김응환의 말에 모두들 고개를 끄덕였다. 김홍도의 머릿속은 속화를 어떻게 병풍에 그릴지에 대한 생각으로 가득찼다.

"김 감목, 미안하지만 이 그림 몇 장 얻을 수 있겠나? 요즘 큰아들 놈이 집에서 붓장난을 하는데 좀 보여주고 싶네."

신한평이 아들 윤복이 생각난 것이다. 당시 신윤복은 막 약관의 나이에 들었을 때로, 상피법으로 도화서에 들지 못하고 밖으로 나도는 것이 늘 마음에 걸리던 차였다. 김홍도의 그림을 보자 이런 속화도 있다는 걸 보여주고픈 생각이 들었다.

김득신, 야장단련, 지본담채, 22.4×27cm, 간송미술문화재단

김득신은 김홍도 그림에 배경을 그렸다. 당대의 수장가 김광국은 《석농화원》에서 "김득신은 김응환의 조카로 일찍이 김홍도를 따라 어울리며 그의 화법을 모두 터득하였는데, 이따금 김홍도를 넘어서는 뜻마저 있었다"고 기록했다. 177쪽 김홍도의 대장간 그림과 비교해볼 것.

"예, 만호 나리. 필요하면 다 가져가시죠."

그때 김응환이 끼어들었다.

"김 감목, 잠깐만. 나도 몇 장 나눠주면 안 될까? 내 조카에게도 좀 보여주고 싶네."

김응환의 조카는 도화서 2방 화원인 김득신(金得臣, 1754~1822)이었다. 도화서 생도로 있다가 화원이 되어 1772년부터 궁중행사 그림을 그렸다. 김홍도는 먼저 말을 꺼낸 신한평을 바라봤다. 신한평은 빙그레 웃으며 고개를 끄덕였다.

김홍도는 광통교 서화사의 성화에 이전보다 더 자주 속화를 그렸다. 늘 같은 그림을 그려주니 가짜 그림이 나돈다는 소문이 나돌기도 했다. 그러나 김홍도는 비슷한 그림이라도 많이 퍼져나가면 그만큼 평민들의 삶이 알려지니 좋은 일이라 생각했다. 그 뒤로도 화구통을 들고 다니며 좋은 장면이 있으면 자리를 가리지 않고 앉아 그림을 그리는 나날이 계속되었다.

그러던 어느 날, 호기심 많은 강희언이 김홍도에게 속화를 빌려가더니 빨래터와 활쏘기 장면을 비슷하게 그린 그림을 가지고 왔다.

"김 감목, 내가 자네 속화와 비슷한 풍경을 보고 배경을 넣어 붓장난을 해봤네. 어떤가? 하하."

김홍도는 같은 것 같으면서도 다르게 그린 그림을 보고 자신도 모르게 슬며시 웃음이 나왔다.

"하하. 담졸께서 그리신 그림이 훨씬 더 운치가 있습니다. 그런데 여기

김홍도, 활쏘기, 《단원풍속도첩》, 지본담채, 27×22.7cm, 보물 제527호, 국립중앙박물관

는 양반들이 활을 쓰는 걸 봐서는 삼청동이 아닌 것 같은데 어디에서 이런 광경을 보셨는지요?"

"김 감목, 내가 전에 세검정 부근에 있는 조지서 별제로 있을 때 근처 탕춘대에서 양반들이 풍류를 즐기며 활을 쏘는 모습을 지켜보곤 했다네. 세검정 위쪽 냇가에는 아낙들의 빨래터가 있었지. 그래서 김 감목의 속화

강희언, 사인사예士人射藝, 《사인삼경도첩》, 지본담채, 26×21cm, 개인

와 병풍 그림을 보고 얼마 전에 다녀와 흉내를 내본 거니 너무 탓하지 마시게."

"별 말씀을 다하십니다. 담졸께서는 겸재 어르신께 그림을 배우며 실력을 닦으신 데다 저희 화원들처럼 격식에 매달리지 않고 자유롭게 붓 가는 대로 그리시기에 신선하고 좋습니다."

김홍도의 말은 허언이 아니었다. 강희언은 먹의 농담 차이를 이용하여 입체감을 표현했고 사실적인 원근법을 강조하는 등 개성 있는 화풍을 가지고 있었다. 김홍도는 그런 강희언의 화법에 눈여겨볼 부분이 있다고 생각하며 가끔 그가 그리는 그림을 흥미롭게 감상하곤 했다.

20
장

그림에는 신분이 없다

여름이 깊어가던 어느 날. 강희언과 함께 겸재 정선 밑에서 그림을 공부하던 미산 마성린(馬聖麟, 1727~1798)이 찾아왔다. 강희언의 집에서 1방 화원들이 모여 그림을 그린다는 소문을 듣고 온 것이다. 마성린은 중인으로 대대로 호조와 내수사의 아전을 해오던 집안에 태어나 그 역시 호조에서 경리 업무 등을 하던 세습 아전이었다. 열여덟 살 때부터 인왕산 아래 옥인동에 살던 겸재 정선의 집을 드나들며 10년 동안 진경산수를 배웠다. 그러나 스승의 대필*을 하는 경우가 늘자 서서히 발길을 끊었다. 그 뒤로 중

* 마성린은 《안화당사집》이란 자신의 문집에서 "겸재의 제자로 10년 있었는데 하도 대필을 많이 시켜 힘들어서 그만두었다"는 기록을 남겼다. 겸재 정선은 83세(1759년, 영조 35년)까지 장수했고, 말년까지 그림 주문이 넘쳐 모두 감당할 수 없자 일부 주문을 그의 화법을 공부한 마성린에게 대필시킨 것이다. 조선시대에 이런 대필은 대원군 석파 이하응이 가장 많이 한 것으로 알려졌다. 이하응은 자신의 화풍을 계승한 김응원(金應元, 1855~1921), 나수연(羅壽淵, 1861~1926) 등에게 대필을 시키고 낙관만 찍었다고 알려져 있다.

윤도행, 시한재청유도是閒齋淸遊圖, 지본담채, 33.5×49.8cm, 개인

당시 중인들의 풍류를 보여주는 화원 윤도행의 그림이다. 1778년 9월 14일 마성린을 비롯한 중인들이 대표적 여항 시인 김순간金順侃의 집 시한재是閑齋에 모여 국화꽃을 구경하며 시를 짓던 중 거문고를 타는 이휘선과 가객 김시경, 화원 윤도행이 찾아와 밤새도록 촛불을 밝혀놓고 시와 노래, 글씨와 그림을 즐기는 광경을 그린 그림이다.

인 문인들과 더불어 인왕산의 명승지인 갓바위, 필운대, 적취대 등을 찾아다니며 시를 짓고 풍류를 즐겼다.

마성린은 43세 때 경아전에서 물러난 후 그동안 모은 재력을 바탕으로 필운대 아래 북동에 안화당安和堂이라는 초당을 지었다. 마성린이 안화당에 정원을 만들어 꽃과 시와 술, 거문고를 벗하며 풍류를 즐긴다는 소문이 나자 인왕산과 필운동 일대에 살던 중인과 서얼 문인, 가객, 화사 들이 모여 거문고를 뜯고 피리를 불거나, 시를 짓고 글씨를 썼다.

강희언의 집을 드나들며 그림 감상을 하던 마성린은 나이가 열여덟 살이나 적은 김홍도, 이인문과 어울려 그림을 논하고, 그림에 화제도 썼다. 김홍도는 마성린의 점잖은 인품과 풍류를 아는 호탕한 성격을 좋아했다. 마성린도 어용화사임에도 겸손하고 세상 때가 묻지 않은 김홍도의 맑은 성품에 호감을 느꼈다. 저녁이면 마성린의 안화당에 가서 술잔을 기울이는 날이 잦아졌다. 김홍도는 한동안 잊고 지내던 거문고를 뜯었다. 두 사람은 호형호제하는 사이가 되었고, 마성린은 김홍도에게 중인 문인과 지식인 들을 소개했다.

가을이 되자 붉은 단풍이 인왕산과 백악산 자락에 가득했다. 마성린은 김홍도에게 당대의 서화수집가인 김광국과 인삼 무역으로 큰돈을 벌어 서화 수집에 열심인 역관 이민식(李敏埴, 1754~?)을 소개했다. 이민식의 부친 이인승도 역관 출신으로 이인문과 삼종간(三從間, 팔촌)이었고, 김홍도에게 겸재의 금강전도 모사본을 그려준 김응환과는 사돈지간이었다. 이런 인연으로 김홍도는 이민식을 몇 차례 만났고, 그가 허영심 있는 사람이 아니라 진심으로 그림을 사랑하는 수집가라는 것을 알고 있었다. 그때부터 김홍도는 아홉 살 연하인 이민식과 호형호제했다. 김홍도는 이민식을 부를 때 그의 자字인 '용눌用訥'을 썼다.

어느 날 이민식이 김홍도에게 서원아집도*를 갖고 싶다며 부탁했다. 당

---

* 西園雅集圖, 북송 때 왕의 부마인 왕선王詵이 자기 집 정원에 명사들을 초대해 베푼 아회를 그리는 그림.

시 사회적 지위 향상을 꿈꾸는 중인 문인이나 지식인, 상인은 좋은 그림이나 글씨를 수집해 사회 지배층인 양반 사대부들의 문화권에 진입하려고 했다. 신분은 바뀌지 않을지언정 시서화를 통해서라도 양반과 대등해지고 싶다는 욕망에서였을 것이다. 그러나 이민식이 부탁한 서원아집도는 심사정의 집에서 그려본 게 마지막이었다. 그때 만든 초본은 갖고 있지만 군선도처럼 자주 그린 그림이 아니라 생각할 시간과 여유가 필요했다. 김홍도는 이민식에게 이런 사정을 이야기하며 궐에 들여보낼 세화 작업이 마무리되는 내년 봄에 그려주겠다고 했다.

1778년(정조 2년), 김홍도의 나이 서른셋이 되었다. 해가 지났어도 도화서 일을 마치면 강희언의 집에 가서 1방 화원들과 주문 들어온 그림을 나눠 그리는 일상은 변하지 않았다. 세화를 그리느라 주문도 한참 밀린 터라 이민식의 청은 그만 까마득히 잊고 있었다. 그러다 계절이 바뀌었고, 어느 봄날 이민식이 폭이 석 자(80센티미터)에 가까운 종이 가운데에 강세황의 글씨를 받아서 갖고 왔다. 김홍도가 서원아집도를 그려주겠다고 답하자마자 이민식은 강세황에게 가서 자초지종을 고하며 송나라 이공린이 그린 서원아집도에 미불이 쓴 찬(贊, 화제)인 '서원아집도기'를 미리 써달라고 부탁한 터였다. 김홍도는 그 열성에 감복하면서도 아무리 중국을 드나드는 역관이라 하더라도 중국의 그림과 문화만을 좇는 이민식이 조금은 안타까웠다.

김홍도는 이민식의 청을 받고도 한참 일에 착수하지 못했다. 그가 이민식에게 받은 종이를 다시 펼친 것은 늦은 봄이었다. 그는 서원아집도를 그릴 준비를 하며 제자 박유성을 옆에 앉혔다. 박유성은 그해 가을 생도방

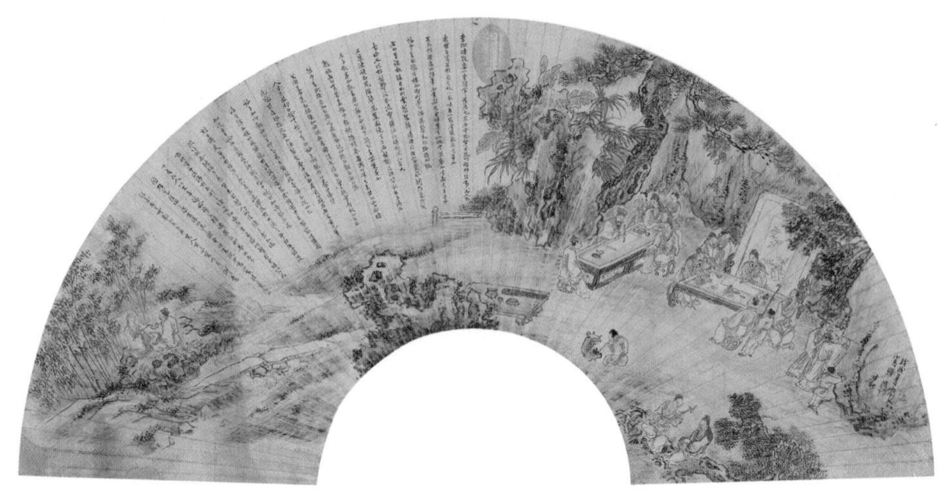

김홍도, 서원아집도(선면), 지본담채, 27.6×80.3cm, 국립중앙박물관
강세황이 쓴 제발은 이공린의 서원아집도에 미불이 쓴 '서원아집도기'를 다시 쓴 것이다. 내용은 다음과 같다. "인간 세상에 청광(淸曠, 맑고 밝음)의 즐거움이 이보다 나은 것은 없다. 아아, 명리名利의 마당에 휩쓸려 물러갈 줄 모르는 자는 어찌 쉽게 이것을 얻을 수 있겠는가."

입실을 목표로 스승의 신선도와 시의도를 열심히 따라 그리던 차였다. 서원아집도 역시 도화서 화원이면 꼭 그려야 하는 그림이었기에 지켜보라고 한 것이다.

김홍도는 전에 심사정의 집에서 그렸던 초본을 펼쳤다. 그러나 초본에 얽매이지 않고 새롭게 재구성했다. 먼저 글을 쓰는 소동파, 귀거래도歸去來圖를 그리는 이공린을 그렸다. 그다음에는 석벽에 글을 쓰는 미불을 그리고, 그것을 구경하는 왕중옥과 벼루를 들고 있는 동자를 그렸다. 종이 오른쪽 아래에는 비파를 연주하는 진벽허를, 구부러진 나무 아래에는 음악을 듣는 진소유를 그렸다. 강세황의 글씨 아래에는 괴석이 있는 정원을 그리고 맨 왼쪽에는 대나무 숲에서 설법하는 원통대사와 이를 듣는 유거제를 그렸다.[23]

꼬박 사흘에 거쳐 그림을 그리고 나니, 마무리하는 날에 여름비가 내렸다. 김홍도는 그림 오른쪽 미불이 글씨를 쓰고 있는 큰 바위 한구석에 "무술(戊戌, 1778년) 여름, 비 오는 날 그린 그림으로 용눌(이민식)에게 준다戊戌夏 雨中寫贈 用訥"라고 쓰고 인장을 찍었다.

서원아집도에 착수하는 게 늦어진 이유는 마음속에서 내키지 않았던 것도 있지만 그해 봄에 스승으로부터 흥미로운 작업을 의뢰받았기 때문이었다. 4월 20일, 강세황은 병조첨지에서 병조참판과 병조판서를 보좌하는 병조참의로 승차했다. 강세황은 인편을 통해 서찰을 보냈다. 지인이 김홍도가 속화를 그린다는 이야기를 듣고 자신에게 부탁했다며 8폭 병풍에 담을 속화를 그려서 보내주면 강세황 자신이 제발을 쓰겠다는 내용이었다. 김홍도는 스승의 지인이 남인일 것 같다고 생각했다. 당시 남인들은 중국을 통해 들어오는 서양문물과 서학(천주학)을 접하면서 실사구시實事求是 정신에 입각한 실용적 학문(훗날 실학)에 눈을 뜨고 있었다. 존화양이의 중화관에서 벗어나 합리적이고 실증적인 시야로 평민들의 삶에 관심을 기울였고, 그중 천주학을 접한 이들은 평민이나 노비도 동등한 인격체로 대했다.

한두 점 속화 주문을 받는 경우는 있었어도 이처럼 병풍으로, 그것도 양반이 주문한 경우는 없는 데다 스승이 제발을 쓰겠다고 나서니 김홍도는

김홍도, 매염파행(賣鹽婆行, 어물장수), 〈행려풍속도병〉, 8폭병풍, 국립중앙박물관

강세황은 그림 위에 "방게, 새우, 소금을 광주리와 항아리에 가득히 넣어서 갯가에서 새벽에 출발한다. 갈매기는 놀라서 날아가는구나. 그림을 펼치니 비린내가 코를 찌르는 듯하다"라고 썼다.

김홍도, 노변야로(路邊冶鑪, 길가의 대장간), 〈행려풍속도병〉, 8폭병풍, 국립중앙박물관

강세황은 "논에 갈매기가 날고 높은 버드나무에는 시원한 바람이 부는구나. 풀무간(대장간)에서는 쇠를 두드리고 나그네는 주막에서 밥을 사먹는다. 시골 주막거리의 쓸쓸한 풍경이 한적한 맛을 느끼게 한다"라는 감상을 적었다.[24]

하루라도 빨리 주문받은 그림을 그리고 싶어 몸이 달았다. 그래서 이튿날부터 바로 화폭 구상에 들어갔다. 그때 그의 머리를 스치고 지나간 것은 어린 시절 고향의 풍경이었다. 성포리에서 어머니가 동네 아주머니들과 노들나루로 방게를 팔러 길을 떠나는 모습이 떠올랐다. 그 장면은 바닷가 배경부터 행상 행렬까지 눈을 감고도 그릴 수 있을 정도로 그에게 익숙했다.

김홍도는 강희언의 집에서 병풍 그림을 그리기 시작했다. 성포리 앞바다에서 어머니와 마을 아주머니들이 방게와 새우젓 단지를 머리에 이고 길을 떠나는 광경이었다. 노들나루는 노적봉 자락을 끼고 북쪽으로 가기 때문에 산자락의 바위 언덕을 슬쩍 끼워넣었다. 생동감을 더하기 위해 바다 위를 날아가는 갈매기 떼까지 그리고 붓을 내려놓았다. 그리고 조금 쉬었다가 아낙네들의 표정과 바구니, 갈매기를 자세하게 그린 다음 바위와 치마를 짙은 색으로 마무리했다. 그가 붓을 닦자 유심히 지켜보던 신한평이 말을 걸었다.

"김 감목, 여기가 고향 바닷가인가?"

"예, 나리. 한양에서 70리 떨어진 안산 성포리입니다. 방게가 유명한지라 바닷가에 물이 빠지면 마을 아낙들이 펄을 헤집으며 망태기 가득 게를 담지요. 그러고는 다음 날 아침 일찍 커다란 바구니를 머리에 이고 노들나루를 향해 떠납니다. 방게 외에도 새우젓이나 오징어젓, 그리고 부근에 있는 소금 밭(염전)에서 구해온 소금을 담은 작은 항아리를 이고 가는 아낙들도 있고요."

"음. 역시 고향에서 많이 본 광경이라 아주 자연스럽게 되었네. 좋은 병풍 그림이 될 것 같네."

김홍도는 다음 그림으로 작년 가을에 그렸던 주막을 떠올렸다. 먼저 논을 배경으로 마당과 버드나무를 그렸다. 앞부분이 심심한 것 같아 울산목장에서 본 대장간 광경을 넣고, 버드나무 아래에는 밥을 먹고 휴식을 취하는 보부상을 두 명 그리니 어느 정도 된 것 같았다. 여덟 폭 병풍 그림을 그리는 일은 쉽지 않았다. 초본이 없기 때문이었다. 그래서 그리다가 마음에 안 들면 새로 그리기를 반복했고, 초여름 무렵에야 모두 끝낼 수 있었다. 마지막 그림은 노새를 타고 가는 선비가 부채로 얼굴을 반쯤 가리고 길 옆 밭에서 목화 따는 아낙네를 슬쩍 훔쳐보는 광경이었다. 그가 안산에서 한양을 오갈 때 봤던 풍경이었기에 화폭 위쪽에는 등짐을 메고 가는 보부상도 그려 넣었다. 그는 이 그림까지 마무리한 후 왼쪽 귀퉁이에 '무술년 초여름에 사능이 담졸헌에서 그리다'라고 썼다.

김홍도가 병풍 그림을 가지고 가자 강세황은 전에 없던 새로운 경지를 만든 '파천황破天荒'의 솜씨라며 다시 한번 크게 칭찬했다. 그리고 이튿날 그림 속 상황을 구체적으로 설명하는 화평을 각 폭 위에 썼다. 김홍도는 이후에도 풍속화 병풍을 여러 점 그렸고, 그 그림을 여러 방외화사가 모방해 그리면서 널리 퍼져나갔다.

그러던 어느 날, 마성린이 김홍도의 집을 찾아왔다. 인왕산 아랫동네에 자리 짜는 양반이 있으니 그 광경을 속화로 그려보지 않겠느냐는 것이었다. 김홍도는 어릴 때 자리를 짜서 부모를 봉양하는 양반이 있다는 말을

김홍도, 자리 짜기, 《단원풍속도첩》, 지본담채, 27×22.7cm, 보물 제527호, 국립중앙박물관

들은 적이 있다. 성포리 부근에는 몰락한 양반이 많았다. 그들은 양반된 신분으로 소작을 하거나 어랑에 나올 수 없어 집 안에서 할 수 있는 일을 찾아야 했다.

김홍도는 마성린을 따라 옥인동 골짜기에 있는 김 생원의 집으로 갔다. 마성린이 잘 말해둔 덕분인지 김 생원은 방으로 들어와 편안히 그리라고 했다. 김홍도는 미리 준비해간 쌀자루를 방 한쪽에 밀어놓으며 방으로 들어갔다. 김 생원은 양반의 체통을 지키기 위해 사방관을 쓰고 있었고, 김 생원의 아내는 물레를 돌렸다. 더벅머리 아들은 글을 읽고 있었다. 양반이라도 3대 안에 과거에 급제하거나 음서로 벼슬에 제수되지 못할 경우 양반 족보에서 퇴출되어 중인으로 전락하기 때문에 아들은 없는 살림이라도 과거에 급제할 수 있도록 공부를 해야 했다. 김홍도는 어린 시절 아버지가 무관이 되라며 활쏘기 연습을 시키던 일이 생각났다.

김홍도는 방 안을 조심스레 둘러본 뒤 화구통을 열고 초본을 그리기 시작했다. 먼저 주먹만 한 고드랫돌을 넘기며 자리를 짜는 모습을 그렸다. 그다음에는 방 왼쪽 뒤편에서 오른손으로는 물레의 꼭지마리를 돌리고 왼손으로는 고치에서 실을 뽑아 올리는 모습을 그렸다. 어릴 때 어머니가 물레 돌리는 걸 봤기 때문에 낯설지 않았다. 마지막으로 아직 소년인 아들이 뒤로 돌아앉아 막대로 한 자 한 자 짚으며 《소학》을 소리 내어 읽는 모습을 그렸다.

"중인이라고 다 같은 중인이 아니듯, 양반이라고 다 같은 양반이 아닌가 보네."

김 생원에게 정중하게 인사를 하고 나오는 길에 마성린이 김홍도에게 속삭이듯 말했다. 그러나 김홍도는 마성린의 말에 곧바로 맞장구를 치지 못했다. 몰락한 양반의 모습에서 중인 신분으로 한때나마 양반 세계를 탐했던 자신의 모습이 겹쳐 보였던 것이다. 양반 세계는 중인과 평민에게만 굴레를 씌우는 게 아니라는 생각이 들었다. 몰락한 양반은 그들대로 체면에 얽매어 저렇게 숨어서 겨우 생활의 방편을 이어가야 했다.

'지금 《소학》을 읽는 저 아이가 훗날 쟁쟁한 가문의 자제와 겨뤄 과거에 급제할 수 있을까? 아니 생원시에라도 입격해 양반 신분을 유지할 수 있을까? 양반이라도 번듯한 벼슬을 하지 못하면 힘든 삶을 이어가야 하고, 중인이나 평민은 아무리 능력이 있어도 양반이 될 수 없다. 신분의 구속이란 누구를 위한 것일까?'

김홍도는 자신의 처지를 생각하며 깊은 한숨을 내쉬었다. 어용화사가 되고 그 공로로 종6품의 벼슬을 제수받아도 양반 앞에서 순종하고 복종해야 하는 중인이라는 신분에서는 벗어날 수 없었다. 오로지 사람들의 마음과 통하는 그림을 그리는 일만이 이 엄혹한 신분 사회에서 김홍도가 자신의 존엄을 지킬 수 있는 유일한 길인 것 같았다.

그 뒤로도 마성린은 속화의 소재를 찾는 김홍도의 든든한 길잡이 역할을 해주었다. 해가 바뀌고 봄기운이 돌 무렵 김홍도는 마성린과 함께 인왕산 아래에 있는 서당을 찾았다. 서당은 양반과 중인 들이 많이 사는 북부 순화방(현재 통의동)에 있었다. 마성린이 그와 함께 문을 열고 들어가자 학동들의 눈이 두 사람을 향했다. 친분이 있는 마성린이 먼저 훈장에게 눈인사를 했다.

"임금님 용안을 그리는 어용화사시다. 너희들이 공부하는 모습을 그리러 오셨다."

훈장이 설명하니 호기심 가득한 눈동자들이 일제히 김홍도를 향했다.

"시간이 그리 오래 걸리지는 않을 터이니 하던 공부를 계속하시게."

김홍도는 눈이 휘둥그레진 아이들을 귀엽다 생각하며 그들이 더 이상 자신에게 신경 쓰지 않도록 문 옆에 앉아 화구통을 열고 종이를 꺼냈다.

김홍도가 준비를 마치자 훈장은 헛기침을 한두 번 하더니 손에 든 회초리로 서탁을 몇 차례 두드렸다. 산만하던 아이들이 그 소리에 곧바로 허리를 곧추세웠다. 아이들은 《동몽선습》을 읽고 있었다. 훈장은 '장유유서'의 세 번째 부분을 읽었다.

"이황형제 동기지인 골육지친 우당우애 불가장노숙원 이패천상야而況兄弟 同氣之人 骨肉至親 尤當友愛 不可藏怒宿怨 以敗天常也."

훈장은 어린 학동 한 명에게 뜻을 물었다. 그러나 질문을 받은 아이는 머뭇거리며 대답을 못했다. 훈장은 아이에게 앞으로 나와 앉으라고 했다.

"내가 어제 집에 가서 읽고 그 뜻을 외우라고 말했는데 이번에도 숙제를 안 했느냐?"

훈장이 회초리를 들어 방바닥을 내리치자 어린 학동은 자신을 때리려는 줄 알고 울음을 터트렸다. 다른 아이들은 장난기 가득한 표정으로 그를 바라보았다. 훈장은 손님이 있는 곳에서 소동이 일어나 당황한 것인지 서둘

김홍도, 서당, 《단원풍속도첩》, 지본담채, 27×22.7cm, 보물 제527호, 국립중앙박물관

러 뜻풀이를 해줬다.

"그놈 참 울음소리도 크구나. 이 말은 '어른과 아이는 하늘이 차례 지어준 관계이니, 형이 형 노릇하고 아우가 아우 노릇하는 것이 어른과 어린이의 도리이고, 종족과 향당에는 모두 어른과 아이가 있으니, 이를 문란하게 해서는 안 된다는 뜻이다. 잘 기억하도록 하여라."

훈장의 달래는 듯한 목소리에 안심이 된 듯 아이는 곧 울음을 그쳤다.

'재미있는 장면이 나왔다.'

김홍도는 전날 숙제를 안 해온 학동에게 고마운 마음이 들어 혼자서 빙긋 미소를 머금었다.

김홍도의 머릿속은 온통 속화 생각뿐이었다. 어떻게 하면 백성들의 삶을 좀 더 생생하고 실감나게 그릴 수 있을까 고민하다보니 전에는 무심코 지나쳤던 일상의 모습들이 눈에 들어오면서 가던 길을 멈출 때가 많았다. 얼마 전에는 도화서 일을 마치고 집으로 가다가 소광통교 아래 골목에서 집을 짓는 광경을 만났다.

당시 운종가와 광통교에서 흥인문에 이르는 청계천변은 한양 경제의 중심지였다. 청계천 다리 밑에서 비참한 생활을 하는 어린 거지들이 있는가 하면 천변 좌우로 수많이 상점이 있었고 오가는 사람도 많았다. 수완이 좋거나 매점매석으로 부자가 되는 중인들도 점점 늘어나 양반보다 큰 집을 짓고 하인도 많이 거느리면서 자신의 부를 과시했다. 이들이 축적한 부는 양반 사대부를 중심으로 한 사회질서를 흔들 기세였다. 돈이면 무엇이든

할 수 있는 세상이 되고 있다며 혀를 차는 사람들도 있었다.

지금 건축 중인 집도 규모가 제법 되는 걸로 봐서 광통교 부근에서 장사하던 중인이 돈을 벌어 집을 새로 크게 짓는 것 같았다. 김홍도는 걸음을 멈추고 골목 한쪽에서 쪼그리고 앉아 화구통을 꺼냈다.

기둥 공사가 막 끝난 듯 목수가 수평과 수직을 측정하는 다림을 들고 기둥이 똑바로 세워졌는지를 가늠하고 있었다. 그 옆에서는 목수가 마루에 쓸 나무를 대패로 평평하게 밀고 있었다. 장척(丈尺, 목공용 자)을 들고 있는 대목(大木, 집 짓는 목수)은 지붕에 기와가 제대로 얹혔는지를 눈이 뚫어지게 바라봤다. 아무리 집을 잘 지어도 지붕에서 비가 새면 지청구를 들을 게 뻔했다. 신중한 대목과 달리 기와를 다루는 일꾼들은 한두 번 손발을 맞춘 게 아닌 듯 여유만만했다. 일꾼 한 명은 아래에서 아예 웃통을 벗고 능숙한 솜씨로 기와 밑에 까는 홍두깨흙(진흙 반죽)을 밧줄에 묶었고, 지붕 위에서는 늙수그레한 일꾼이 밧줄을 잡아당겼다. 그리고 지붕 위 오른편에서는 젊은 일꾼이 날렵한 손놀림으로 기와의 윗부분을 손에 잡고 처마 부분에 얹었다. 기와는 김홍도가 보기에도 촘촘하게 잘 얹히고 있었다.

품삯을 받고 일하는 인부가 늘어나면서 기술자들을 모아 조직적으로 일을 시키는 등패(等牌, 작업반장)가 생겼다는 말은 들었지만 눈으로 직접 보는 건 처음이었다. 이들은 신분적 예속이 아니라 경제적 이유로 일을 찾아 나선 사람들이었다.* 그중 어린 나이에도 능숙하게 기와를 얹는 아이에게 특별히 시선이 갔다. 지붕 위에서 일하는 게 무섭지도 않은지 기와를 위로 던지며 재주 부리듯 일을 하고 있었다. 김홍도는 한참을 쪼그리고 앉아 초

김홍도, 기와 올리기, 《단원풍속도첩》, 지본담채, 27×22.7cm, 국립중앙박물관

본을 마무리한 뒤 화구통을 챙겨 일어나 하량교를 향해 발길을 옮겼다. 집에 돌아와서도 지붕 위에서 기와를 올리던 아이의 모습이 눈에 밟혔다. 김홍도는 아이의 행복을 바라는 마음으로 초본을 꺼내 아이 표정을 밝게 마무리했다.

* 정조 때 인부들의 하루 품삯은 3푼 정도였다. 한 달 내내 일해도 90~100푼, 즉 상평통보 한 냥 벌기도 쉽지 않았다. 18세기 학자 황윤석(黃胤錫, 1729~1791)의 일기인 《이재난고》에 의하면 평민이 입던 누비솜옷은 두 냥, 쌀 한 포대(약 20킬로그램)는 한 냥이었다.

4부

자연을 그리다

21장

단원에 살어리랏다

1780년(정조 4년), 강희언의 집에 가지 않은 지도 꽤 되었다. 도화서 화원 여럿이 모여 사적인 주문에 응하는 것이 구설에 오를 수 있다는 말을 들은 뒤부터였다. 그러나 이인문, 강희언, 김응환 등과는 그 뒤로도 자주 술잔을 기울였다. 화원 김홍도의 명성은 도성 안에 자자했고, 그림 주문량도 그에 비례해 늘었다. 그러다 가슴이 답답해지면 화구통을 짊어지고 저잣거리로 나섰다. 중인이나 평민을 넘어 양반들 가운데도 김홍도의 속화를 찾는 이들이 생겼다. 서른다섯 살 김홍도는 윤택하고 안락했다. 김홍도는 좋아하는 그림을 그리고, 마음이 맞는 벗을 사귀고, 곱게 자라는 딸아이를 지켜보는 자신의 삶에 만족했다. 가을이 될 무렵에는 첫 제자인 박유성이 도화서 생도가 되는 기쁨도 맛보았다. 이렇게 계속 도화서 화원으로 지내는 것이 벼슬길에 나가 양반들에게 굽실거리는 것보다 낫다고 생각했다.

생활이 안정되자 김홍도는 인왕산 자락에 조그만 집을 한 채 구해 벗들과 어울리며 살고 싶다는 바람을 품었다. 그동안 주문 그림을 그린 덕분에 집 한 채 장만할 여유는 있었다. 그는 수완이 있는 마성린에게 청을 넣어 인왕산 부근과 옥류동 일대를 잘 아는 집주릅(집을 사고파는 사람)을 소개받았다. 얼마 후 집주릅은 김홍도에게 적당한 집이 나타났다며 앞장섰다. 백운동천을 끼고 올라오는 길이 조금 가팔랐지만 비가 새지 않는 완옥完屋이었다.

집은 백운동천 계곡 꼭대기에 있는 성벽 아래 남향받이 협곡에 자리 잡고 있었다. 뒤쪽이 높고 앞쪽이 낮은 지형으로, 좌우로 가파른 암벽이 있었다. 집 앞으로는 돌담이 가로지르는 가운데 가는 나무로 짠 좁은 일각문이 있고, 돌담 밖 문 왼편에서는 수양버드나무가 비스듬히 문 쪽으로 기울어 그늘을 드리우고 있었다. 돌담 안으로는 파초와 나무 몇 그루가 있고, 오동나무도 한 그루 곧게 솟아 있었다. 초가지붕으로 된 집이 일자로 길게 뻗었고, 방은 전부 세 개였다. 전면은 사방이 트인 한 칸 마루로, 마루 오른편에는 아담한 방지(사각 연못)에 연이 적당히 자라고 있었고, 오른편으로 이끼가 낀 괴석이 보였다. 마루에서 마당 건너편으로 소나무와 나무 몇 그루가 바위 절벽에 기대어 있는 게 보였다. 뒤로 돌아가니 작은 나무숲이 있고, 그 뒤는 급하게 경사가 진 바위, 바위 아래로는 성곽의 여장이 계단 모양으로 내려와 있었다.*

* 집의 위치와 묘사는 명지대학교 기록정보과학 전문대학원 홍순민 교수의 도움을 받았다.

얼추 집을 둘러본 김홍도는 땀도 식힐 겸 마루에 앉아 마당을 바라봤다. 인왕산의 빽빽한 소나무 숲을 헤치며 바람소리가 들리고, 백운동천을 굽이쳐 흐르는 물줄기 소리도 들렸다. 생애 최고의 호사를 누린다는 생각에 가슴이 벅찼다. 집주릅과 흥정할 생각도 없이 가진 돈을 탈탈 털어 백운동천 계곡 집을 샀다.

부모와 아이는 하량교 본가에 두고 김홍도 홀로 새 집으로 이사했다. 마성린에게 부탁해서 살림을 해줄 노부부를 구해 방 하나를 내주었다. 집 정리가 끝나자 김홍도는 이인문, 신한평, 김응환, 강희언을 초대했다. 모두들 집의 정원과 주변 경관이 수려하고 좋다면서 축하의 말을 아끼지 않았다. 그때 이인문이 말을 꺼냈다.

"사능, 이제 이렇게 운치 있는 집을 마련했으니 당호(堂號, 집 이름)를 지어야지."

모두들 맞장구를 쳤다. 집에 이름을 붙이는 건 양반의 풍습이었으나 중인 문인이나 화가도 양반을 따라 당호를 짓곤 했다. 김홍도는 처음에는 겸손한 마음으로 사양하다가 이런 집에 이름이 없는 것도 서운하겠다 싶어 곰곰이 생각했다. 그때 고향 마을 노적봉 중턱에 있는 박달나무 숲 '단원'이 떠올랐다.

"내가 살던 성포리 뒷산에 '단원'이라 부르는 박달나무 숲이 있었지. 표암 선생과 여주 이씨 가문 형제들이 아회를 열던 곳이었네. 여기에도 나무 숲이 있어서 당호를 '단원'이라고 하고 싶은데, 스승님이 아회를 열던 장소라 건방져 보이진 않을지……."

김홍도가 머뭇거리자 신한평이 손뼉을 치며 좋다고 했다.

"단원은 당호뿐 아니라 아호로 사용해도 좋겠네."

"스승님께서 양반 흉내를 낸다고 언짢게 생각하실 겁니다."

김홍도가 얼굴이 벌게져 어쩔 줄 몰라하자 '담졸'을 별호로, '담졸헌'을 당호로 삼은 강희언이 나섰다.

"이제는 우리 중인들도 당호를 지을 때가 되었네. 그래서 미산 마성린도 당호를 '안화당'이라 하지 않았는가. 표암 공은 옹졸하신 분이 아니니 아무 말씀 안 하실 걸세. 걱정 말고 단원을 당호와 아호로 사용하시게, 단원. 하하하."

김홍도 역시 주변의 성화에 못 이기는 척했지만 단원이라는 호가 퍽 마음에 들었다. 그러나 먼저 스승에게 여쭙고 사용하는 것이 도리인 것 같아 그림에 관서할 때는 여전히 사능이라고 썼다.

백운동천 계곡에 보금자리를 튼 지 한 해가 지나 김홍도의 나이도 어느덧 서른여섯이 되었고, 딸도 열네 살에 접어들었다. 내년이면 시집 보낼

▸ 김홍도, 단원도, 지본담채, 135×78.5cm, 개인
김홍도는 강희언, 정란과 진솔회眞率會를 한 지 3년이 지난 1784년(갑진년) 이 그림을 그리고 위 왼편에 이날을 회상하는 글을 썼다. "(창해 선생이) 나의 조촐한 집 단원을 찾은 것은 1781년(신축)이었다. …… 나는 거문고를 타고 강희언은 술을 권하고 선생은 모임의 어른이 되시니 이 모임이 '진솔회'였다. …… 그림은 그때 광경이다." 거문고를 연주하는 이가 김홍도, 무릎을 세우고 부채질을 하는 이가 강희언, 그 옆에 앉아 있는 이가 정란이다. 정란은 그림 위에 쓴 화제에서 "단원거사는 풍채가 좋고 자세가 발랐고, 담졸은 장대하고 기이했다"라고 두 사람을 묘사했다.

나이가 된 것이다. 4월 초입 어느 화창한 날 강희언이 김홍도의 집 단원으로 정란(鄭瀾, 1725~1791)이라는 양반 사대부를 데리고 왔다. 정란은 동래 정씨 명문가 출신으로 20대에는 학문에 열중하다 스승 신유한의 죽음에 충격을 받고 30대부터 전국의 명산을 주유한 독특한 인물이었다. 그는 자신의 호를 넓고 크고 푸른 바다를 뜻하는 '창해'라 붙였다. 동료 사대부들은 세상에 나타나지 않고 은둔하는 선비라는 뜻으로 그를 창해일사滄海逸士라고 불렀다. 김홍도는 정란을 만난 적이 없지만 이야기를 나눠보니 스승 강세황과 성호 이익의 조카인 이용휴를 비롯해 안산의 여주 이씨 가문과도 교류하는 사이여서 깍듯이 선생이라 호칭했다.

정란과 강희언은 교분이 깊었다. 정란이 여행을 떠날 때마다 하늘의 기운을 관찰하는 관상감의 운관雲官으로 있던 강희언을 찾아 날씨를 묻곤 했기 때문이다. 이번에는 금강산을 다녀오고 안부 겸 강희언을 찾았다가 김홍도와 그림을 그리는 사이라는 이야기를 듣고 찾아온 것이었다.

정란은 동서로는 대동강에서 금강산까지, 남북으로는 경상도에서 평안도까지 다녔다며 충청도의 속리산을 거쳐 덕유산을 오른 다음 월출산과 지리산에서 봤던 산과 계곡의 기이한 풍광을 이야기했다. 정란의 여행담을 듣던 김홍도는 자신도 모르게 흥취에 젖어 방 안에 있던 거문고를 꺼내 "백설양춘곡白雪陽春曲"*을 튕겼다.

"백설양춘곡을 들으니 푸른 하늘이 넓고 고요해서 하늘이 빈 듯하오."

---

* 조선 초 정도전이 남긴 문집인 《삼봉집三峯集》과 성현의 《용재총화慵齋叢話》 등 조선시대 많은 글에 의하면 '백설양춘곡'은 초나라 때 만들어진 대표적인 거문고 곡으로 고아(高雅, 품격 있고 우아한)하다고 했다.

정란은 강희언이 권하는 술잔을 기울이며 김홍도의 거문고 곡조를 감상했다. 잠시 후 거문고 소리가 멈추자 정란이 운을 띄우듯 말을 이어나갔다.

"단원, 거문고 소리를 들으니 백두산 정상에 올랐을 때 본 대택(大澤, 천지)의 커다란 연못이 떠오르는구려. 연못 주위는 20~30리나 되고, 물빛은 시커매 얼마나 깊은지 알 수 없으며, 한여름에도 얼음과 눈이 쌓여서 바라보면 은해銀海와도 같더이다. 천하만사가 까마득히 저절로 잊혔소. 세상의 이른바 부귀빈천, 사생과 애환이 하나도 내 가슴으로 들어오지 않았고, 제왕과 영웅호걸의 업적이란 것도 그저 미미한 것에 불과하더이다."*

"선생님 말씀을 들으니 대택의 풍광이 어른거리는 듯합니다. 길이 험하다고 들었는데, 정말 대단하십니다."

"단원, 함경도 갑산을 떠나 왕복 열흘에 도합 740리 길을 걸었는데, 노숙한 날이 닷새였소이다. 그래도 내가 백두산을 간 것은 살아 있는 사람은 활기를 갖는 것이 정신이라고 생각하기 때문이오. 나는 그 정신이 막히면 속이 답답하오. 조선이 좁기는 하지만 내가 힘을 다해 다녀본다면 내 정신을 확 트일 수 있을 것 같소. 이제 한라산만 남았는데 아직 힘이 있어 내년에는 꼭 가볼 생각이오. 하하."

"선생님 말씀을 듣고 보니 제가 세상을 너무 허둥지둥 살고 있다는 생각이 들어 부끄럽습니다. 저도 나중에 나이가 들면 선생님처럼 훌쩍 세상을 벗어나 산천을 주유하면서 그림을 그릴 수 있으면 좋겠습니다."

---

* 정란이 지인에게 한 말을 재인용했다.[25] 아래의 백두산 회상은 강세황의 손자 강이천의 "창해옹이 산을 여행한 이야기"에서 재인용한 것이다.[26]

"단원은 세상과 사물을 접하는 눈이 넓어 그럴 수 있을게요. 하하."

김홍도는 언제나 여유롭게 우리나라 산천을 여행할까 싶어 부러운 눈으로 정란을 바라보았다. 금강산 유람을 간답시고 시끌벅적하고 호사스럽게 여장을 꾸리는 양반들과 달리 청노새* 한 마리와 어린 종 한 명에게 의탁한 채 발길 닿는 대로 산천을 누비는 정란의 여행기는 김홍도에게 깊은 인상을 남겼다. 가히 하늘과 땅을 집으로 삼고, 강과 산을 식구로 여기고, 안개와 노을, 구름과 달을 양식으로 삼아 한평생 남으로 갔다 북으로 가고, 동으로 갔다 서로 가기를 조금도 어렵게 생각하지 않는 기인이었다.

---

* 창해 정란은 청노새와 어린 종 한 명, 보따리 하나에 이불 한 채를 가지고 백두산부터 한라산까지, 대동강에서 금강산까지 조선 방방곡곡을 여행한 탐험가였다. 금강산에서 내려와 관동팔경을 유람하던 중에 청노새가 병들어 죽자 그의 죽음을 애도하며 제문을 지었고, 문인 남경희는 시름에 빠진 정란을 위로하기 위해 청노새를 위한 노래를 짓기도 했다. 김홍도가 그린 단원도 오른쪽 하단에도 정란의 청노새가 나온다.(255쪽 그림 참조)

김홍도의 집 '단원'은 어디인가?

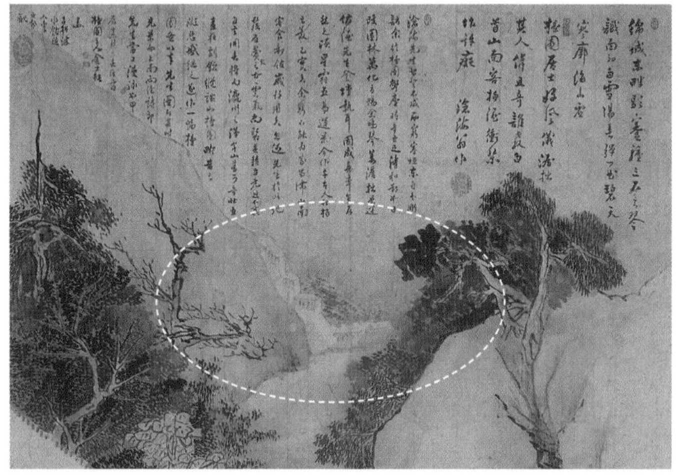

김홍도, 단원도(부분), 지본담채, 135×78.5cm, 개인
오른쪽 글씨는 정란이 쓴 칠언절구, 왼쪽은 김홍도가 쓴 모임을 설명하는 글이다.

錦城東畔歇蹇驢
아름다운 성벽 동쪽 경계로 나귀 타고 놀러 가서
三尺玄琴識面初
세 자짜리 거문고를 켜면서 초면 인사를 나누었네
白雪陽春彈一曲

백설양춘(흰눈 남은 따뜻한 봄) 한 곡을 뜯으니

碧天寥廓海天虛

푸른 하늘 호젓한 성곽이 바다인가 산인가?

檀園居士好風儀

단원거사는 풍도와 의례를 좋아한다.

澹拙其人偉且奇

담졸은 사람됨이 크고 범상치 않다.

誰教白首山南客

산 남쪽에서 올라간 늙은 객을 누가 가르치리요?

拍酒銜琴作許癡

술로 박자 맞추고 거문고를 뜯노니 그저 즐길 뿐이라.

창해 정란의 칠언절구, 홍순민 옮김

많은 미술사가가 단원도에 나오는 집의 위치에 대해 창해 정란이 화제에 쓴 "금성동반錦城東畔"을 '금성산의 동편 물가'로 해석해 '성산동 금성산 동편'으로 추측했다. 그러나 한양도성 연구자인 홍순민 교수(명지대학교 기록정보과학전문대학원)는 "금성은 특별한 지점이나 성곽을 가리키는 고유명사라기보다는 아름다운 성 정도의 뜻으로 보아야 할 것"이라며 첫 구절은 "아름다운 성벽의 동쪽 경계로 나귀 타고 놀러 가서"로 해석하는 게 타당하다는 의견을 제시

작자미상, 도성대지도都城大地圖(백운동천 성벽 부분), 지본담채, 188×213cm, 서울역사박물관

했다. 또한 위 그림에서 보이는 것처럼 "한양에서 집의 위치가 바위 기슭을 타고 내려오는 성벽의 동편이 되려면 인왕산의 마지막 부분, 백운동천의 상류 계곡 외에는 없다"며 "조선시대에는 개천을 중심으로 주거지가 있었다"는 점을 근거로 제시한다. 한문학자인 김만일 태동연구소 소장도 "이 글 첫줄에 나오는 '동반'의 畔은 물가 반이 아니라 밭 전田 획에 의거해 두둑할 '반'으로 해석하는 게 맞다"는 의견을 덧붙였다.

22장

임금의 두 번째 부름을 받다

1781년(정조 5년), 백운동천에 자리를 잡은 그해 9월, 김홍도는 어딘가 넋이 나간 사람처럼 보였다. 계곡에서 울려 퍼지던 거문고 소리가 끊긴 지도 오래되었다. 정조의 어진을 그리는 어용화사로 두 번째 부름을 받았으나 영광은 잠시였다. 임금은 하루가 멀다 하고 진행 상황을 확인하고 독촉했다. 이제 막 곤룡포의 모양새를 그렸다고 보고하면 채색은 언제 들어가느냐고 묻고, 오늘 밤부터 채색할 수 있다고 답하면 바로 이튿날 채색이 언제 끝나느냐고 물었다. 매일같이 성상의 닦달을 받는 직제학 정민시도 곤혹스러웠지만 김홍도와 화원들에게는 피를 말리는 시간이었다.

"경들의 수고를 모르는 것은 아니지만 그리는 일을 어찌 그리 지체하는가?"

직제학이 채색이 끝나는 시점을 보고한 그다음 날 정조는 기어이 다시 한번 준엄한 질책을 했다. 그날부터 김홍도를 비롯한 어진도사 화원들은 전원 숙직을 하며 어진 작업에 박차를 가해야 했던 것이다.

불과 한 달 전인 8월, 정조의 어진을 모사할 논의가 시작되었다는 소식이 들려왔다. 도화서가 오랜만에 떠들썩했다. 선왕의 어용화사 경험이 있는 신한평과 김홍도가 유력하다는 설왕설래가 있었지만 김홍도는 담담했다. 보름이 지날 무렵 정조는 어진도감은 번거로우니 설치하지 말고 김홍도, 신한평, 그리고 인물을 잘 그린다고 정평이 난 한종유(韓宗裕, 1737~?)에게 초본을 그리게 했다. 김홍도와 신한평, 한종유는 창덕궁 관물헌에 불려가 어진의 초본을 그렸다. 8월 26일의 일이었다. 그러나 초본은 정조의 눈에 차지 않았다.

"한종유가 그린 본은 하관下顴은 조금 비슷한 데가 있으나 나머지는 모두 어긋난다."

김홍도와 화원들은 고개를 떨궜다. 이때 규장각 직제학 정민시가 화원들을 옹호했다.

"전하, 화사들이 처음 지엄한 곳에 올라 천안(天顔, 왕의 얼굴)을 우러러보았으니 용광容光이 비추어 모사하기가 쉽지 않았을 것입니다. 여러 본을 옮겨 모사한 뒤에야 참된 모습을 얻을 수 있을 것입니다."

"그렇다면 다시 1본을 내도록 하라."

그 자리에서 당장 초본을 다시 그리라는 명이었다. 어진화사들은 피로가 몰려왔으나 지엄하신 분부를 거스를 수 없었다. 이때 또 한 명의 규장각 직제학 심염조가 나섰다. 당시 규장각에는 직제학이 두 명 있었다. 이들은 정3품 당상관이나 종2품 품계를 갖고 있는 중신이었고, 고집스러운 정조도 직제학의 의견은 경청할 때가 많았다.

"전하, 하루 안에 재차 모사하면 힘이 미치지 못할 우려가 있습니다."

"일리가 있다. 내일 다시 1본을 내도록 하라."[27]

김홍도와 화원들은 그때서야 안도의 한숨을 조용히 내쉬며 관물헌을 나와 도화서로 돌아갔다.

8월 28일, 정조는 전날 화원들이 다시 제출한 초본 그림을 평하기에 앞서 창덕궁 희우정에 직제학과 승지, 그리고 얼마 전에 병조의 부총관에 제수된 강세황을 불렀다. 정조가 강세황에게 말했다.

"내가 선조의 예를 따라서 어용을 그리게 하고 있다. 경은 평소 화격을 익혔다고 하니 경이 1본을 모사함이 어떠한가?"

강세황은 깜짝 놀라며 대답했다.

"성상의 하교가 이러하시니 참으로 영광스럽습니다. 신하된 도리로 얕은 기술이라도 다하여 엉성하나마 정성을 바쳐야 하겠으나 신의 미천한 나이가 이미 노쇠하여 눈으로 바라보는 것이 흐릿하고 힘도 예전만 하지 않습니다. 어용을 모사하는 것은 지극히 공경스럽고 중한 일인데 혹 잘못하여 그르치는 일이 생길까 걱정스럽습니다. 화사로 하여금 시험 삼아 1본을 그리게 하고 신은 곁에서 그의 미진한 점을 보충하는 것이 어떨지 감히 아뢰옵니다."

조선시대에는 비록 어진이라 해도 사대부가 조정에서 그림을 그리는 것은 '환쟁이'라 조롱을 받을 수도 있는 일이었다. 그래서 사대부 화가였던 관아재 조영석은 어진을 그리라는 명을 받들지 못하겠다며 사직을 하기도 했다.

"그 또한 무방하다. 그러나 경은 주의를 기울여서 화사들의 구상이 미치지 못하는 부분이 있다면 지시해야 할 것이다."

"예, 전하."

이때 직제학 정민시가 화원들이 다시 그린 초본을 책상 위에 펼쳤다. 정조의 눈이 한참 한종유의 초본에 머물자 정민시가 임금의 눈치를 보며 조심스레 평했다.

"지난 본本보다 현격하게 나으니 정말 다행입니다."

그러나 정조의 눈에는 아직도 부족했다.

"눈빛은 아직도 핍진하지 못하다."

이번에는 강세황이 거들었다.

"유지油紙에 그린 그림이라 그리 보일 수 있습니다. 초본에 채색을 하면 달리 보이실 겁니다."

"그렇다면 내일부터는 초본에 채색하도록 하라."

정조가 자리에서 일어났다.

희우정에서 임금이 내린 결정을 전해들은 어용화사들은 정조가 한종유의 초본을 선호했기에 그가 그린 초본에 채색 작업을 하기로 했다. 이튿날인 8월 29일, 정조는 다시 희우정 회의를 소집했다. 완벽을 고집하는 정조의 성향을 잘 아는 직제학 정민시가 회의 초반부터 채색본이 유지본보다 눈에 띄게 낫다며 적극적으로 의견을 개진했다. 결국 한종유의 초본을 정본으로 해서 어진을 모사하는 것으로 결론이 났다. 초본이 결정되자 도화서에서는 한종유를 주관화사로, 김홍도를 동참화사로, 신한평·김후신·김응환·허감·장시홍을 수종화사로 임명했다. 화사들은 안도의 한숨을 내쉬며 서로를 격려했다.

"지난번 희우정에서 전하가 김상철 영감의 초상화를 감상하셨다기에 잔뜩 긴장했지 뭔가."

신한평이 퇴청하는 길에 김홍도에게 한시름 놓았다는 듯 말을 꺼냈다. 정조가 규장각 직각 김우진을 불러 그의 부친인 영의정 김상철의 초상화를 가져오게 한 일화를 말하는 것이었다. 김상철은 지난해 연행사로 중국에 갔을 때 서양화가를 만나 초상화를 그린 적이 있었다. 정조는 서양화가가 인물을 모사하는 방식이 궁금했던 것이다. 김홍도도 그 자리에 있던 강세황에게 들어 익히 알고 있던 사실이었다.

"전하의 눈이 높으시고 식견이 서양의 문물에까지 두루 미치시니 신하된 자로서 그 기대에 미치지 못할까 걱정이 될 뿐입니다."

김홍도는 자기도 모르게 한숨을 쉬며 말했다.

"그래도 초본이 확정되었으니 한결 마음이 가벼워지지 않았나? 내일은 전하를 모시고 용포를 모사해야 하니 동참화사인 자네 역할이 크겠네. 오늘은 일찍 들어가 푹 쉬게나."

김홍도는 신한평에게 허리를 굽혀 인사한 뒤 백운동천 계곡으로 향했다. 수년 전 뭣도 모르고 어용화사에 임명되었을 때와는 확실히 다른 느낌이었다. 그때는 몸은 힘들어도 들뜨는 마음을 가라앉히기 힘들었는데, 지금은 부담감이 어깨를 짓누르고 있었다. 집으로 가는 길에 마음이 편치 않았다.

김홍도가 느낀 불안은 곧 현실이 됐다. 9월 2일 정조는 희우정에서 규장각 직제학을 불러 초본을 다시 논하게 했다.

"어제 모사한 초본은 아무래도 실제 모습과 닮지 않았다. 오늘 다시 1본을 모사하려 하니 또 비슷하지 않으면 초본을 다시 그리는 게 좋겠다."

초상화에는 무릇 정신이 담겨야 한다는 게 정조의 신조였다. 이 소식에 어용화사들뿐 아니라 도화서 전체가 침울한 분위기에 휩싸였다. 이튿날 정조는 익선관에 곤룡포를 갖추고 나타나 김홍도에게 어용의 초본을 그리라 명했다.[28] 김홍도를 비롯한 다른 화사들은 어안이 벙벙했으나 명을 따르지 않을 수 없었다. 김홍도는 성심껏 초본 작업에 임했다. 결국 다음 날 대신 회의에서 김홍도의 초본을 정본으로 하여 1본을 만드는 것으로 최종적인 결정이 내려졌다. 하지만 그 결정이 내려지고 나서 용포를 그리고 채색을 하는 동안에도 화사들은 내내 긴장을 풀 수가 없었다. 정조의 재촉은 채색이 진행되는 내내 계속되었다.

어진은 9월 15일에 완성되었다. 그다음 날 어진이 규장각 주합루에 봉안되었다는 소식이 도화서에 전해지고 나서야 김홍도와 어진도사에 참여했던 화원들은 진정한 안도의 한숨을 내쉬었다. 봉안을 마친 정조는 어진도사에 공로가 있는 대신과 각신, 그리고 화원 들의 명단과 상의 내역을 하교했다.

화원들에 대한 시상도 발표되었다. 주관화사 한종유는 좋은 지역의 변장에 제수하고 동참화사 김홍도, 수종화사 신한평·김응환·김후신과 도화서 교수 허감은 이번에만 애쓴 사람이 아니니, 이조와 병조의 중하지 않은 직책 가운데 중인과 서얼 출신이 담당하는 자리를 고집하지 말고 적당한 자리에 차례대로 임명하라고 했다.[29] 기대나 설렘은 없었다. '중하지 않은 직책'이라면 전에 있던 장원서나 사포서 같은 곳일 터였다.

23장

한강의 칼바람에 마음은 얼고

10월 16일, 김홍도는 한강에서 잘라 온 얼음의 보존과 출납을 관리하는 빙고氷庫 별제에 제수되었다. 한종유는 나주목장의 감목관에, 도화서 교수 허감은 평양의 대동강 나루터 이진梨津을 관리하는 만호직에 제수되었다. 신한평, 김응환, 김후신은 도화서에 남아 세화를 그리고 선대왕들의 어진을 다시 모사하는 작업에 참여하라고 했다. 김홍도는 각오는 하고 있었지만 다시 한번 무록직에 제수되자 허탈했다.

10월 17일, 사은숙배를 한 후 동빙고에서 근무를 시작했다. 당시 빙고는 동빙고와 서빙고 두 곳이 있었다. 동빙고는 한강 옆 두모포(豆毛浦, 현재 옥수동)에 있었으나 연산군 10년에 사냥터가 되면서 용산 둔지산 아래에 있는 서빙고(용산구 서빙고역 부근) 동쪽으로 이전했다. 동빙고는 종묘와 사직의 제사에 쓰이는 얼음을, 서빙고는 왕과 신료들을 위한 얼음을 관리했다. 수요가 많은 서빙고가 동빙고에 비해 열두 배 정도 규모가 컸다. 동빙고를 관리하는 관원으로는 예조판서가 겸하는 제조 1인, 그 밑에 종6품 별제, 종8품 별검이 각 1인이 있었고 그밖에 빙고에 저장할 얼음을 한강에서 자르고 운반하는 일을 담당하는 벌빙군伐氷軍과 빙부氷夫 같은 노역 인원이 있었다. 노역 인원은 부근에 살거나 한강 남쪽 경기도에 사는 백성들의 부역으로 충당했다. 제조인 예조판서는 1년에 한두 차례 보고를 받기 위해 형식적인 방문을 할 뿐이라 동빙고에서는 김홍도가 가장 상급자였다. 백운동천 계곡에서 동빙고까지는 20리 길이라 김홍도는 둔지산 자락에 임시로 거처할 방을 하나 구했다.

한강이 꽁꽁 어는 12월과 1월 빙고의 일은 가장 바빴다. 이때 얼음을 채취해 빙고에 저장해서 3월부터 10월 상강일(霜降日, 서리가 내리는 절기)까지 종묘와 사직의 각종 제사에 얼음을 제공하는 것이 동빙고의 업무였다.

칼바람이 부는 새벽 두 시가 되면 김홍도는 별검과 이속, 그리고 벌빙군과 빙부를 데리고 두모포를 향해 출발했다. 새벽에 자르는 얼음이 낮에 자르는 얼음보다 단단해서였다. 그러나 얼음을 자를 수 있는 시간은 짧았다. 날이 밝기 전에 얼음을 창고에 봉납하지 않으면 얼음 색깔이 정결하지 않았다. 가져온 얼음이 쉽게 녹지 않도록 단단하고 빈틈없이 쌓아올리는 일도 녹록치 않았다. 만약 얼음 상태가 좋지 않으면 별제와 별검이 문책을 받았다. 필요한 양의 깨끗한 얼음을 맞추기 위해 김홍도는 새벽마다 직접 나서 벌빙군과 빙부를 독려해야 했다.

새벽에 횃불을 앞세운 행렬은 두모포에서 멈췄다. 이곳에서부터 저자도(楮子島, 압구정동 앞에 있던 조그만 섬) 사이가 얼음을 채취하는 곳이었다. 얼음은 길이 1척 5촌(45센티미터), 너비 1척(30센티미터), 두께 4~7촌(12~21센티미터)으로 자른 후 한 덩이씩 떠냈다. 세 덩어리씩 묶어 지게에 지고 동빙고로 옮겼는데 얼음 한 덩어리의 무게는 5관(18.7킬로그램)이었다. 얼음을 채빙하고 운송, 저장하는 일을 맡은 장빙역藏氷役은 부역 중 최악의 고역으로 꼽혀 장빙역을 피해 달아나는 부역민이 속출할 정도였다. 특히 경기도에 사는 부역민은 강 건너에서 얼음이 단단하게 어는 때를 기다리며 여러 날 유숙했기 때문에 굶주림과 추위에 시달리는 등 괴로움이 막심했다. 강 건너 압구정 인근 별서에 사는 양반 사대부들은 겨울에 얼음이 언 한강을 빙호冰湖라 부르며 시를 읊었지만, 부역 나온 백성들에게 한강은 눈물과 고통의 강이었다.

김홍도는 울산 감목관 시절의 번민이 되살아나는 것을 느꼈다. 그는 부역민의 고통을 외면하지 못하고, 그렇다고 별제로서 자신의 임무를 소홀히 할 수도 없었다. 무엇보다 그를 괴롭게 했던 것은 얼음덩어리와 씨름하느라 그림을 그릴 시간도, 여력도 없다는 것이었다. 어진도감을 수행하고도 벼슬을 받지 못한 신한평이나 김응환이 차라리 부러웠다. 강희언이 정란 선생을 단원으로 모시고 와서 진솔회를 열며 거문고를 뜯던 때가 언제인가 싶었다. 마성린과 안화당의 중인 문객들과 매화술을 마시며 풍류를 즐기던 일도 아득한 전생 일처럼 느껴졌다. 홀로 술을 마시는 날이 늘었고, 술기운에 잠이 들곤 했다.

1782년(정조 6년), 힘든 겨울 일이 끝나고 봄이 왔다. 빙고에서 맞는 봄은 또 다른 의미로 다가왔다. 새벽에 한강의 칼바람을 맞으며 부역민들을 독려하느라 꽁꽁 얼어붙었던 마음이 조금씩 풀리는 듯했다. 10월까지는 종묘와 사직에서 요청하는 얼음을 제때에 보급하는 일이 이어졌다. 무엇보다 이 시기에는 아래 관원들이 얼음을 몰래 빼돌리지 못하도록 수량 파악을 잘해야 했다. 날씨가 더워질수록 고깃배와 어물전에서는 얼음이 필요했고, 그가 없는 틈을 타서 몰래 빼돌릴 수 있어서였다. 그래서 정조는 빙고의 별제들을 친견할 때마다 "저장한 얼음의 수량이 얼마나 되는가? 얼음을 저장할 때 그대가 하리에게 속지 않았는가? 간수看守, 간검看檢은 잘하느냐?"고 물었다. 만기친람(萬機親覽, 임금이 온갖 정사를 친히 살핌)이었다. 김홍도가 동빙고 별제를 맡은 그해도 마찬가지였다.

3월 11일, 정조는 창덕궁 성정각에서 하급 관리 스무 명을 접견하고 일에 대해서 물었다. 김홍도도 차례가 되어 앞으로 나갔다.

"근무하는 관아가 어디냐?"

"동빙고에서 얼음을 관리합니다."

"저장한 얼음의 수량이 얼마나 되느냐?"

"1천3백 덩어리옵니다."

"일에 대한 소회가 있느냐?"

'소신, 그림 그리는 일이 천직이라 다시 도화서로 돌아가고 싶은 마음뿐

입니다.'

김홍도는 목울대까지 차오른 말을 애써 삼켰다. 감히 임금 앞에서 수로 지은으로 내린 벼슬에 불만을 표할 수는 없었다.

"없습니다."

"물러가라."

"예, 전하."

김홍도는 동빙고로 가려다 도화서로 발길을 옮겼다.

"김 별제, 이제 얼마만인가."

이인문을 선두로 신한평, 김응환, 김득신이 반갑게 그를 맞았다. 김홍도는 도화서 시절을 함께한 벗과 선진을 보니 눈물이 왈칵 쏟아질 것 같았다.

"한강 칼바람이 매섭긴 매서운가 보지. 김 별제 얼굴이 말이 아니네."

"아니야. 분에 넘치는 자리를 얻었으니 마음이 편치 않아 그런 게지."

김홍도는 이인문의 우려 섞인 목소리에 속에 없는 말을 지어냈다.

"그래, 그림을 궐에 들여보내고 노심초사하는 환쟁이 삶보다야 낫다고 생각하시게."

신한평은 지난해 어진도사를 수행한 뒤 세화에 정성을 쏟지 않았다는 이유로 김응환, 김득신 등과 함께 임금으로부터 모진 소리를 들었던 터였다.* 김홍도도 그 상황을 모르진 않았지만 그렇다고 동빙고 일이 마냥 편

---

* 정조는 "이들이 근래에는 전혀 마음을 쏟지 않는다. 이름이 널리 알려진 자들이고, 솜씨가 익숙한데도 모두 대충대충 그리는 시늉만 냈으니 그림의 품격과 채색이 매우 해괴하였다. 신한평, 김응환, 김득신에 대해서는 곧 처분할 것이니 예조에 분부하되, 나중에도 다시 태만히 하고 소홀히 할 경우에는 적발되는 대로 엄히 처리할 것이니 미리 잘 알게 하라"며 대노했다.[30]

한 건 아니어서 절로 신세한탄이 새어나왔다.

"그런 말 마십시오. 추운 겨울에는 횃불을 들고 얼음 자르는 일을 독촉하는 게 큰일이었는데, 요새는 누가 얼음을 빼돌리지는 않을까 하도 눈을 부릅뜨는 판에 머리가 다 아픕니다."

김홍도의 우는 소리에 조용히 있던 김응환이 너털웃음을 터트렸다.

"그래, 우리 팔자에 편한 일이 어디 있겠나. 못난 사람끼리 만났으니 술이나 한잔하러 가세."

김홍도는 그날 둔지산 숙소로 돌아가지 않고 오랜만에 벗들과 대취했다.

김홍도는 이 무렵 가을에 딸을 점잖은 중인 집으로 출가시켰다. 마음이 허전하던 차에 스승 강세황이 칠순을 맞은 지인에게 선물할 그림을 부탁했다. 김홍도는 장수를 기원하는 의미가 담긴 나비가 화단 위에서 노니는 그림을 그렸다. 딸아이가 꽃밭 위를 노니듯 행복하게 잘 살기를 기원하는 아비의 마음도 한껏 담았다. 그래서 화려하게 채색을 했고, 그림을 다 그린 뒤 화폭 오른쪽에 '사능'이라고 관서했다. 강세황에게 자신의 아호를 '단원'으로 했다는 말을 하지 못해서였다. 몇 차례 용기를 내어 집을 찾아갔지만 스승의 집은 그때마다 늘 손님들로 북적였다. 당시 강세황은 호조참판에서 오위도총부 총관으로 자리를 옮기면서 정조의 신임을 듬뿍 받고 있을 때였다.

딸아이를 보내고 추운 겨울을 맞이할 준비로 마음이 다시 얼어붙을 무렵, 정조는 창덕궁 성정각에서 종6품 관리들을 알현했다.

김홍도, 협접도, 지본담채, 29×74cm, 1782년, 국립중앙박물관
강세황은 왼쪽에 "나비 가루가 손에 묻을 듯하니, 사람의 솜씨가 자연의 아름다움을 빼앗았다"고 평을 했다. 오른쪽에는 '석초'라는 이가 "나비가 비스듬히 날며 날개를 펼친 모양새는 그렇다 쳐도 색깔은 천연의 빛을 어떻게 얻었는가", 가운데 전서로는 "즐겁게 훨훨 날던 장자의 꿈속 나비가 어찌하여 부채 그림 위에 떠올랐는가"라고 썼다.31

"무슨 일을 하고 있는가?"

올 봄에도 들었던 질문이었다. 김홍도는 임금이 자신이 동빙고에서 얼음을 관리하고 있다는 걸 기억하지 못한다고 생각했다.

"빙고에서 얼음을 다루고 있습니다."

"일에 대한 소회가 있느냐?"

"없습니다."

김홍도의 답에 정조는 잠시 침묵하다 옆에 있던 영의정 서명선(徐命善, 1728~1791)을 비롯한 조정대신들에게 말했다.

"이 사람의 도화 정신에 볼 만한 것이 많다."

김홍도는 관리를 알현하는 자리에 정조가 갑자기 자신의 그림을 언급하자 깜짝 놀라며 허리를 숙였다. 정조의 칭찬에 서명선도 거들었다.

"과연 명화이며 후세에 전할 만합니다."

서명선은 실사구시와 이용후생의 학풍을 중요시하는 대구의 달성 서씨 가문 출신이었다.* 그런 배경이 있었기에 정조가 언급한 김홍도의 '그림 정신'에 대해 언급할 수 있었던 것이다. 김홍도는 임금과 영의정의 대화에 끼어들 처지가 아니라 얼굴이 벌게진 채 고개만 숙이고 있었다. 그때 "물러가라"는 말이 들렸고 그는 나지막히 숨을 내쉬며 창덕궁을 빠져나왔다. 잠시 정조의 관심 덕에 그림에 대한 열정이 되살아나는 듯했으나 시간은 야속하게 흘러 12월이 되자 다시 횃불 아래에서 채빙하는 일을 감독해야 했다.

1783년(정조 7년) 1월, 서른여덟 살이 된 김홍도는 여느 때처럼 칼바람이 부는 새벽 한강에 나갔다. 부쩍 떨어진 체력 탓인지 겨우내 감기를 달고 지냈지만, 아직 쌓아야 할 얼음 물량이 많이 남아 있었다. 날씨가 예년에 비해 빨리 포근해지는 것 같아 마음이 더 급했다. 부역 나온 백성의 고단함을 모르는 바 아니지만 얼음이 녹기 전에 채빙하고 날이 밝기 전에 창고에 봉납하는 일을 지휘하다 보면 자신도 모르게 날 선 말이 나올 때가 있었다.

* 서명선의 가문은 3대에 걸쳐 농업에 관한 책을 저술하며 실학파의 선구자적 역할을 수행했다. 서명선은 나무의 식생을 정리한《식목실총植木實總》을, 그의 증손자인 서유구는 113권 54책에 달하는 조선 최대의 농업생활경제 백과사전인《임원경제지林園經濟志》를 펴냈다.

예조에서 관원을 보내 얼음덩이가 단단하고 두꺼운지를 살피며 날씨가 풀리기 전에 창고를 채우라고 매일같이 독촉했기 때문이다.

채빙이 끝날 무렵 기침은 더욱 심해졌다. 얼음을 살피러 창고에 들어가면 목이 간지러워 기침을 멈출 수 없었다. 의원은 감기를 오래 앓은 데다 빙고에서 얼음이 녹는 걸 방지하기 위해 쓰는 초완(草薍, 갈대와 억새) 가루가 목에 들어가 천식이 된 거라며 탕약을 한 첩 지어줬다. 겨울 고생이 끝났나 싶었는데 그해 내내 김홍도는 까닭 모를 몸살에서 벗어나지 못했다. 한여름에도 빙고에 들어가면 예년과 다르게 심한 오한이 들어 몇 번이나 탕약을 지어먹었다.

그해 11월에 정조는 차비대령화원差備待令畫員 제도를 시행한다고 발표했다.* 차비대령화원은 선왕(영조) 시절 왕실 관련 활동을 수행할 화원들을 임시로 선발하는 제도였는데, 정조는 이를 아예 규장각 직속에 두겠다고 발표해 그 위상을 더 높였다. 정조는 새롭게 규장각 직속으로 재편될 이번 차비대령화원 선발과 관련해 도화서 화원 중에서 자원하는 자에게 진채眞彩 두 장, 담채淡彩 두 장씩 그려서 제출하게 하고, 정원은 열 명으로 정하라고 했다. 신한평, 김응환, 이인문, 허감, 김득신, 한종일, 장시흥, 김종회, 김덕성, 이종현 등이 선발되었다.

김홍도는 뒤늦게 소식을 들어 시험 기회조차 얻지 못했다. 그는 자신과 같은 시기에 어진도사의 공을 인정받아 만호직에 제수된 허감이 차비대령

* 일부 미술사학자들은 '差備'라는 말을 조선시대 궁중에서 된소리를 피해 '자비'로 읽었다며 '자비대령화원'이라고 표기하지만 이 책에서는 국사편찬위원회와 한국고전번역원의 번역 표기를 따랐다.

화원이 되었다는 소식을 듣고는 허탈함을 감출 수 없었다. 1년 전 창덕궁에서 "도화 정신에 볼 만한 것이 많다"며 각별함을 표했던 임금의 말이 참으로 헛되게 느껴졌다.

'그래, 나를 그렇게 각별하게 여기셨다면 2년 동안 내가 어디에서 일을 하는지도 몰라 같은 질문을 던지는 일도 없었을 거야.'

김홍도의 머릿속이 복잡해졌다. 모두가 칭송하는 어용화사의 공은 자신에게는 늘 쓰디쓴 좌절감만 안겨주었다. 구름이 잔뜩 낀 회색빛 하늘을 한참 바라보다 그날 밤은 폭음을 했다.

12월 28일, 김홍도는 경상도 안동 옆에 있는 안기 역참의 찰방에 제수되었다. 역참은 한양에서 각 지방에 이르는 중요한 도로에 말과 관원을 두어 공문서를 전달하는 일과 공무를 수행하는 관원에게 숙소를 제공하고 길을 떠날 때 말을 제공하는 나라의 주요 기관이었다. 찰방은 역참의 최고 책임자였다. 별제와 같은 품계인 종6품직이지만 권위가 더 높았고, 종6품직 중 최고직인 현감으로 제수되기 전에 거치는 관직이기도 했다. 정조는 김홍도에게 비중 있는 찰방직을 제수하는 것이 그의 가문과 미래에 도움이 될 거라고 판단했을 것이다. 그러나 김홍도는 정조가 자신을 배려했다는 생각보다는 30개월인 수로지은의 벼슬 임기가 채 5개월이 남지 않은 시점에서 도화서로 돌아가지 못하고 한양에서 멀리 떨어진 곳으로 가게 된 것이 서글펐다. 그래도 전에 감목관을 지낸 울산보다는 가까운 곳이라는 사실을 위안 삼으며, 백운동 계곡 집은 노부부에게 맡긴 채 길을 떠났다.

24장

단원을 그리워하다

김홍도가 안기역에 도착한 것은 찰방직을 제수받은 이듬해 1월 중순경이었다. 역참은 안동 관아에서 북쪽으로 조금 떨어진 부내면에 있었다. 김홍도가 역참에 도착하자 이방이 반갑게 그를 맞았다. 전임 찰방이 일을 게으르게 처리해 경상감사(관찰사)로부터 심하게 질책을 받고 파직되는 바람에 찰방 자리가 빈 지 꽤 되었다고 했다. 지방관리는 관찰사에게 업무능력을 평가받는데 임기 중 '중中'을 두 번 받으면 문책을 당했다. 당시 경상도 관찰사는 대사간을 거친 이병모였다. 이방은 안기역참에서 가장 중요한 일은 안동관아에서 한양이나 각 지방으로 보내는 문서를 전달하는 일이라고 했다. 김홍도는 업무를 파악하는 데 열중했다. 말 관리는 울산목장 감목관 경험이 도움이 되었다.

어용화사가 안기역참의 찰방으로 왔다는 소문은 안동의 양반들 귀에도 들어갔다. 안동은 한양에서 멀리 떨어진 곳이었지만 과거에 급제해 관리로 현달한 인물과 현실 정치에 환멸을 느끼고 과거를 포기한 채 고향에서 학문에 몰두하는 인물이 많았다.

봄이 되면서 버드나무 가지에 푸른 기운이 돌기 시작할 무렵, 안동에 사는 고성 이씨 가문 이의수(李宜秀,1745~1814)가 김홍도를 자신의 집인 임청각臨淸閣으로 초대했다. 이의수는 벼슬 없는 유생이었지만, 고성 이씨는 선조들 중 참판, 승지 등 높은 벼슬에 제수된 이가 많아 안동을 대표하는 양반 집안 중 하나였다. 김홍도는 양반이 자신을 부를 때는 그림을 부탁하기 위해서라는 것을 알기에 별로 내키지 않았지만 안동에서 내로라하는 향반이 부르는데 토를 달 수는 없는 일이었다. 며칠 뒤 김홍도가 임청각에 도착하자 이의수는 차를 권하며 물었다.

"어용화사께서 여기까지 와주셔서 고맙소이다."

"소인, 불러주심에 감사를 드립니다."

"주상 전하의 은총으로 안동에 오셨는데, 한양 도화서에 비해 어떠신지요?"

"소인, 주상 전하께서 베푸신 은혜에 보답하기 위해 하루하루 열심히 역참 일을 하고 있습니다."

"안동에 오셨으니 아시겠지만, 우리 가문은 고성 이씨로 선조 중 문과에 급제하신 분들이 서른여섯 분이 계시오."

"학문을 숭상하고 덕이 높은 가문인 줄 이미 알고 있습니다."

"찰방은 한양 어디 사시오?"

초면인 경우 어디 김씨냐고 묻는 것이 예의였다. 그러나 김홍도가 양반 족보에서 떨어져나간 중인 출신임을 알기에 본관 대신 사는 곳을 물은 것이었다.

"소인, 남부 성명방에 있는 소산림동에 본가가 있습니다."

"처음 듣는 곳인데 거기가 어디오?"

"청계천에 있는 하랑교 부근이옵니다."

"그러면 중인과 무반이 많이 사는 곳이겠구려."

"그렇사옵니다."

답을 하는 김홍도의 얼굴이 붉게 달아올랐다. 그는 이런 수모 때문에 양반들과 만나는 게 싫었다.

"찰방은 안동에 아는 가문이 있소?"

"소인, 신분이 미천해 아는 가문이 없습니다."

"내 그럴 것 같아 김 찰방을 보자고 했소. 앞으로 가까이 지내며 한양 이야기도 나누고 기회가 되면 어용화사 그림도 구경할 수 있게 해주시오."

"소인의 미천한 재주를 칭찬해주시니 몸 둘 바를 모르겠습니다."

이의수는 그의 말이 끝나기가 무섭게 시종을 불러 붓과 종이를 가져오게 했다. 김홍도는 잠시 눈을 감았다. 갑작스러웠지만 이왕 이렇게 되었으니 한두 점 그리고 자리에서 일어나는 게 최선이겠다고 생각하며 붓을 놀렸다. 그 대신 아직 강세황에게 말하지 못해 그동안 사용하지 않았던 단원이라는 아호를 호기롭게 관서했다. 그러자 이의수가 물었다.

김홍도, 이가당 현판, 나무에 조각, 채색, 26.5×39.5cm, 개인
김홍도가 안기찰방 시절 쓴 현판 글씨다. 이가당二可堂은 임청각의 종손 이의수의 종고조부였던 이시방(李時昉, 1674~1739)의 별호이자 공부하던 건물의 당호로, 그 뜻은 '아는 것과 모르는 것이 둘이 아니다'로 해석될 수 있지만, 이시방의 문집이 없어 확실한 의미는 알 수 없다. 현판 오른쪽 위에는 '맑은 마음가짐'으로 풀이되는 '청상지일青賞之一' 도장이, 오른쪽 아래에는 '단원'이라는 관서와 김홍도의 도장이 찍혀 있다. 김홍도가 이 현판을 쓴 연유는 전하지 않지만, 이시방의 종고손자인 이의수의 청이 있었을 거라는 추정이 가능하다.

"단원이라는 별호가 운치 있습니다. 지어주신 분이 누구인지요?"

"자호입니다."

이의수는 말없이 고개를 끄덕였다.

"좋은 그림을 그려줘서 고맙소이다. 조만간 또 한번 모시겠소."

"고맙습니다."

김홍도는 임청각을 나와 역참으로 돌아왔다.

여름이 될 무렵, 경상감사 이병모가 대구에 있는 감영 관사인 징청각에서 열리는 아회에 김홍도를 초대했다. 징청각에 도착하고 보니 마성린의 안화당에서 몇 차례 만나 안면이 있는 홍신유(洪愼猷, 1724~?)가 보여 반가운 마음에 눈인사를 했다. 그밖에 이름을 들어 익히 알고 있던 흥해 군수 성대중(成大中, 1732~1809)도 그 자리에 있었다. 홍신유는 시와 글씨에 능했으나 역관 집안 출신 중인으로 문과에 합격하고도 자기 능력을 마음껏 펼칠 기회를 얻지 못해 미관말직을 전전하는 신세였다. 한편 성대중은 서얼 출신이었지만 당시 조정의 핵심 세력인 노론계 안동 김씨 가문의 외손이라 청요직에 오른 서얼통청의 상징적 인물이었다.* 성대중은 그림에 대한 조예가 깊어 김홍도와 호형호제하는 김응환과도 친밀하게 교류하며 화론畵論을 나누는 사이였다. 이병모와 양반 관리들이 상석에 앉고 김홍도와 홍신유는 자연스럽게 말석에 앉았다. 초여름 날씨는 청명했다. 술이 몇 순배 돌자 이병모는 김홍도에게는 아회 장면을 그리게 했다.

김홍도가 두루마리 종이에 이날 모임을 기념하는 아집도를 그리자 이병모는 흡족한 미소를 지으며 그 그림에 징청각아집도澄淸閣雅集圖라는 이름을 붙였다. 징청각아집도에 만족한 이병모는 김홍도에게 부채를 건네며 친구에게 선물할 그림을 그려달라고 했다. 대구 동화사 승려가 만든 종이로 제작한 귀한 부채라고 했다. 김홍도는 어떤 그림을 그릴까 잠시 생

* 청요직淸要職은 홍문관, 예문관, 춘추관 삼사를 아우르는 주요 요직을 일컫는 말로, 고위관직인 당상관에 오르기 위해 반드시 거쳐야 하는 자리였다. 정조는 서얼 차별을 타파하기 위해 서얼통청庶孼通淸, 즉 서얼도 청요직에 오를 수 있는 길을 터주었다.

각을 하다 사대부에게 선물할 그림이면 남종화를 그리는 게 좋을 것 같다고 생각하며 중국 화보 몇 가지를 머릿속에 떠올렸다. 그러고는 붓을 들었다.(291쪽 부록 참조)

쓸쓸한 달빛 아래 대나무로 둘러싸인 작은 숲이 있다. 그 숲에는 돌로 만든 넓은 상이 있고, 상 위에는 거문고와 필통을 비롯한 문방사우, 그리고 찻잔이 놓여 있다. 김홍도는 상 옆에 사슴 한 마리와 대나무 숲 한쪽에서 차를 달이는 동자를 그렸다. 김홍도가 붓을 내려놓자 이병모는 이번에도 환한 미소를 지으며 칭찬을 아끼지 않았다. 김홍도는 이병모의 아낌없는 칭찬을 들으면서도 편안하게 담소를 나누며 그림을 그리던 강희언의 담졸헌과 마성린의 안화당, 그리고 도화서 화원들과 중인 친구들이 그리웠다. 김홍도가 생황을 불기 시작하자 구슬픈 계면조 가락이 청량산 계곡을 따라 흘렀다.

그해 가을, 이인문이 보낸 서찰이 역참에 도착했다. 강희언이 갑자기 세상을 떠났다는 내용이었다. 당시 강희언의 나이 불과 마흔여섯이었다. 담졸헌에서 이인문, 신한평, 김응환, 마성린, 이민식과 함께 웃고 떠들면서 그림을 그리던 몇 년이 주마등처럼 눈앞을 스쳤다. 그가 더 이상 이 세상에 없다는 사실이 믿기지 않았다. 생각해보면 담졸헌 시절이 김홍도의 인생에서 가장 행복한 때였다. 주문받은 그림을 그리기 위해 만든 모임이었지만 술잔을 기울이며 김홍도의 속화를 비롯해 각자의 그림을 두고 속 깊은 이야기를 나누곤 했다. 김홍도는 강희언의 허망한 죽음이 안타까웠다.

김홍도, 월하취생(月下吹笙, 달빛 아래에서 생황을 불다), 지본담채, 23.2×27.8cm, 간송미술문화재단
그림 오른쪽 위에 '달빛 비치는 방 안의 처절한 울음소리, 용의 울음보다 더 슬프다'는 의미의 제시를 썼다. 파초 잎 뒤 큰 병은 술병으로 보인다.

그리고 자신의 행복한 시절도 그와 함께 저물었다는 생각에 외로움이 몰려왔다. 김홍도는 밤이 늦도록 술을 마셨다.

추운 겨울이 되었고, 12월도 중순으로 접어들었을 때 역참으로 정란이 그를 찾아왔다.

"창해 선생님, 이렇게 누추한 곳까지 어인 일이신지요?"

김홍도는 추운 날씨에 한양에서 멀리 떨어진 지방까지 찾아온 정란을 반가움이 가득한 얼굴로 맞으며 허리를 숙였다.

"단원, 그간 안녕하셨소? 한양에 갔다가 담졸당의 부고를 듣고 단원 생각이 나서 내려왔소이다."

"저도 갑작스러운 부고에 많이 애통했습니다."

"두 분 사이가 각별했으니 그러셨겠지요."

"선생님, 누추하지만 제 방으로 드시지요."

"고맙소이다, 단원."

김홍도는 심부름하는 사령에게 좋은 술과 안주를 내오게 하고 저녁상도 정결하게 준비하게 했다.

"선생님, 이왕에 이 시골까지 오셨으니 며칠 묵으시면서 좋은 말씀 들려주시면 고맙겠습니다."

"고맙소 단원, 나도 바라던 바요. 하하."

두 사람은 그 뒤로 닷새 동안 마음껏 마시고 실컷 이야기했다. 정란은 내년 봄 제주도에 가서 한라산을 오르겠다며 기염을 토했다. 김홍도는 수

염, 눈썹, 머리카락 사이에 흰빛이 모였는데도 기력이 쇠하지 않은 정란이 정말 대단하다고 생각했다. 그러나 아무리 즐거운 이야기를 나누고 백운동천 단원에서처럼 거문고를 튕겨도 그 끝에는 벗을 잃었다는 슬픔이 묻어났다.

"창해 선생님, 3년 전 제 누추한 집을 찾아오셨을 때 선생님께서 가지고 다니시는 화첩에 조그만 그림 한 폭 그려드리지 못한 게 계속 마음에 걸렸습니다. 그런데 이렇게 멀리까지 와서 좋은 말씀을 들려주셨으니 그날의 풍경을 그려드리고 싶습니다."

"단원, 내 말은 못했지만 바라던 바요. 한 폭 그려주신다면 귀하게 간직하겠소이다."

김홍도는 잠시 눈을 감고 그날의 장면을 회상하며 붓을 들었다. 맨 위쪽에는 인왕산 기슭에서 내려오는 성벽을 그리고 집 뒤의 나무숲을 그린 다음 초가지붕 집 아래에서 거문고를 켜는 자신의 모습과 무릎을 세운 채 부채질을 하는 강희언, 그 옆에 앉아 있는 정란을 그렸다. 그리고 왼쪽 위에 그날 모임의 내력을 기록하자 정란은 오른쪽에 단원의 풍경과 두 사람에 대한 덕담을 칠언절구로 남겼다.(255쪽 그림 참조)

"단원, 이렇게 큰 그림을 그려줘서 정말 고맙소이다. 다음에 만날 때는 제주도와 한라산 이야기를 해드리리다. 하하."

"예, 선생님. 무탈하게 잘 다녀오십시오."

다음 날 아침 김홍도는 다시 길을 떠나는 정란을 향해 공손하게 허리를 굽혔다. 정란마저 떠나자 김홍도는 가슴속이 텅 빈 것 같았다. 자신도 정란처럼 산천을 주유하며 그리고 싶은 그림을 맘껏 그리고 싶었다. 12월의 찬바람을 타고 쓸쓸함이 몰려왔다.

1785년(정조 9년), 김홍도는 어느 새 '불혹(不惑, 미혹되지 않는 나이 마흔)'의 나이가 되었다. 무엇을 했고, 무엇을 이룬 시간이었던가. 모든 도화서 화원의 꿈이라는 어용화사에 두 차례나 뽑혔고, 수로지은으로 중인이 오를 수 있는 최고 품계인 종6품의 벼슬을 제수받아 '나리' 대접도 받았다. 평민들의 희로애락을 담은 속화를 그리며 양반뿐 아니라 대중의 사랑도 받았으니 화원으로 이룰 수 있는 건 다 이루었다고 해도 과언이 아니었다. 그래도 김홍도는 허전했고, 한양의 친구들이 그리웠다. 찰방 생활은 단조로웠다. 양반들이 초대를 명목으로 그를 불러 그림을 그려달라면 그려주고, 인근 고을의 수령이 아회를 연다고 하면 가서 아회도를 그렸다. 그렇게 세월이 흘렀다.

이듬해 5월 김홍도는 2년 5개월 만에 안기 찰방 임기를 마쳤고 인수인계까지 마무리하고 한양으로 떠났다. 새로 제수된 관직이 없어 서둘러 올라갈 필요는 없었다. 그는 찰방 시절 가끔 들르던 안동 부근 풍산읍 상리에 있는 정자 체화정에서 발을 멈췄다. 정면 세 칸, 측면 두 칸의 이 층짜리 팔작지붕 정자도 운치가 있지만 앞에 인공섬이 세 개 있는 연못이 있어 조용히 앉아 생각을 가다듬기 좋은 곳이었다. 이곳에서 정자 주인인 예안 이씨 집안과 나눈 대화도 좋은 기억으로 남아 있었다.

배롱나무 두 그루가 있는 정자 앞에서 체화정을 바라봤다. 사도세자의

김홍도, 담락재 현판, 35×90cm, 개인
담락재 현판은 유홍준 교수의 《화인열전 2》(역사비평사, 2001)를 통해 그 존재가 대중에게 알려졌다. 현재까지 알려진 김홍도의 글씨 중에서는 가장 크다. 유네스코 아시아태평양 기록 유산이며, 예안 이씨 문중이 한국국학진흥원에 기탁했다.

스승인 유정원이 썼다고 알려진 편액을 유심히 보며 잘 쓴 글씨라는 생각에 고개를 끄덕였다. 그때 안면이 있는 이씨 집안사람이 나와 반갑게 인사했다. 김홍도가 안기찰방 임기를 마치고 한양으로 올라가는 길이라고 하자 그는 깜짝 놀라며 정자 안으로 안내했다. 그리고 그동안의 정표로 현판 글씨 한 점 써주기를 정중하게 부탁했다. 김홍도가 흔쾌히 수락하자 그는 큰 붓과 벼루, 그리고 종이를 갖고 나왔다.

무슨 글씨가 좋을지를 생각하던 김홍도는 《시경》의 "상체지화常棣之華"에 나오는 '화락차담(和樂且湛, 화합해야만 즐겁고 기쁠 수 있다)' 시구를 떠올리고 자리에서 일어나 '담락재湛樂齋' 세 글자를 썼다. 그리고 큰 붓을 내려놓고 자리에 앉아 작은 붓을 들어 '병오하단원서(丙午夏檀園書, 1786년 여름 단원이 쓰다)'라고 관서한 뒤 왼쪽 위에다 '청상지일(靑賞之一, 맑은 마음가짐)'

왼쪽 관서 아래에는 '홍도지인弘道之印'과 '고면서사(高眠居士, 마음 편히 자는 사람)' 두 개의 도장을 찍었다.[32] 주인은 체화정이라는 이름에 부합하는 글자라고 기뻐하며 머리를 숙였다.

체화정을 나선 김홍도는 말머리를 다시 한양으로 돌렸다. 가는 길에 굽이치며 흐르는 낙동강을 바라보며 상념에 젖었다. 이제 올라가면 무슨 일을 하게 되는 것일까? 다시 도화서로 돌아갈까, 아니면 장원서나 사포서 같은 곳으로 가게 될까? 버드나무 사이를 날아다니는 꾀꼬리 소리가 유난히도 크게 들렸다.

사라진 그림의 흔적을 찾아서

이병모가 징청각아집도라 이름 붙인 그림은 행방이 묘연하지만 훗날 이 아집도를 본 이병모의 지인 홍원섭(洪元燮, 1744~1807)이 아래와 같은 시를 남겨 그 형태를 짐작하게 한다.

丹青妙藝工心膂
채색의 교묘한 기예는 마음으로 잘하는 것이 중요하다네
花郵作丞謁公至
아름다운 역참의 찰방직에 있으면서 (관찰사) 공을 뵘에 이르니
畫厨移來興不禦
화실을 옮겨온 듯 흥을 막지 못하네
縱橫水墨恣寫態
종횡으로 수묵을 구사하여 마음껏 모양을 그려내니
雅類俗景俱翹楚
고상한 것 혹은 속된 경치가 모두 훌륭하네

홍원섭은 대구판관, 수원판관, 황해도 황주목사 등을 역임했으며, 위 시는 그의 문집인《태호집太湖集》3권에 수록되어 있다.[33]

한편 김홍도가 이날 그린 부채그림도 전하지 않는다. 그러나 부채를 선물받은 홍원섭의 문집에 있는 시를 보면 오른쪽의 간송미술문화재단 소장인 초원시명과 고려대학교박물관 소장인 죽리탄금도와 유사할 것으로 짐작된다.

蕭森竹石與林嶼
쓸쓸한 대나무와 돌, 작은 숲 그림이라네
呦鹿在欄琴在牀
난간 옆에선 사슴이 울고 상 위에는 거문고가 있네
踈桐吾陰茗鐺擧
긴 오동잎 그늘에서는 차를 달이네
此畫居然當公意
이 그림이 (관찰사) 공의 뜻에 맞은 것 같네

(위) 김홍도, 죽리탄금도(竹裡彈琴圖, 대나무 밭에서 거문고를 퉁기다), 지본담채, 23.5×63.7cm, 고려대학교박물관
(아래) 김홍도, 초원시명(蕉園試茗, 파초 옆에서 차를 달이다), 지본담채, 28×37.8cm, 간송미술문화재단

25장

스승에게 단원기를 청하다

한양에 도착해 백운동천에서 여독을 풀고 있을 때 규장각에서 차비대령화원으로 활동하고 있는 이인문, 신한평, 김응환이 단원을 찾았다. 술이 몇 순배 돌자 연장자인 신한평이 물었다.

"그래, 찰방 생활은 어땠나?"

"나리, 찰방이 빙고 별제보다는 훨씬 수월했지만, 안동이라는 곳이 향반이 많은 고장이라 중인 대접을 톡톡히 받고 왔습니다. 하하."

모두들 무슨 말인지 알겠다는 듯 고개를 끄덕이며 술잔을 비웠다. 이번에는 김응환이 물었다.

"그림은 좀 그렸는가?"

"관찰사가 부르면 가서 아회도를 그리고 양반집에서 부르면 가서 예쁜

꽃 그림을 그려주고 했지요. 올라오는 길에는 현판 글씨까지 써주고 왔습니다."

다시 한번 술잔을 비우고 이번에는 김홍도가 이인문에게 물었다.

"차비대령화원 일은 어때?"

"말도 마. 내각(규장각의 별칭)에서 일하는 게 녹봉도 좋고 벼슬 품계도 좋지만, 매년 석 달에 한번씩 녹취재를 치른다네. 규장각 대신들이 감독을 하고 등수를 매기는데, 그림이 안 좋으면 전하의 불호령이 떨어지니 긴장을 할 수밖에. 어떤 때는 도화서에 있을 때가 편하고 좋았다는 생각이 든다니까."

"허허, 전하의 안목과 식견이 높으시니 어찌할 수 없는 일 아니겠나. 그래도 잘한 그림에는 칭찬도 잊지 않으시니, 만호 나리께는 '초상화에 능하다'는 평을 두 번 하셨고, 이인문 이 친구 그림에는 '격조가 있다'는 평을 하셨지."

김응환이 이인문의 한탄을 부드럽게 말리듯 나섰다.

"그런 별제 나리께서는 '산수에 뛰어나다'는 칭찬을 받지 않으셨습니까? 하하."[34]

김홍도는 그런 두 사람의 대화를 부러운 듯 듣다가 불쑥 말을 꺼냈다.

"문욱이, 차비대령화원에 빈자리가 있나?"

김홍도가 묻자 이인문은 고개를 저었다.

"그럼 나는 도화서로 가는 걸까?"

"일단 도화서에 가보면 알 수 있을 거야."

이인문의 말에 김홍도는 고개를 끄덕이며 술잔을 비웠다. 도화서로 돌아가든, 차비대령화원이 되어 규장각으로 가든 어디서라도 그림을 그릴 수 있는 일이면 족하다고 생각했다. 지난 5년간 스스로 마음이 동해 붓을 들었던 기억은 정란을 앞에 두고 단원도를 그렸을 때뿐이었다. 이제 그림과 상관없는 벼슬살이는 그만하고 싶었다.

며칠 뒤 김홍도는 바람대로 다시 도화서에서 일하기 시작했다. 3방 화원이 된 제자 박유성이 반갑게 그를 맞았다. 도화서에서는 두 번이나 어진을 그린 어용화사를 깍듯하게 대접했다. 차비대령화원에 결원이 생기면 규장각으로 갈 거라는 덕담을 건네는 화원들도 있었다. 김홍도는 젊은 화원들이 분주하게 움직이는 모습을 지켜보는 것만으로도 좋았다. 그들을 보고 있으면 자신도 붓을 들고 싶은 마음이 절로 들었다. 도화서에서 그는 후배 화원들의 그림을 지도했고, 가끔 신선도나 서원아집도의 초본을 그려주기도 했다. 도화서 일을 마치고 백운동천 집에 드는 한가한 시간에는 예전처럼 벗들과 어울려 술을 마시거나, 거문고를 뜯거나, 마음이 가는 대로 그림을 그렸다. 그러다 가을이 될 무렵부터 가끔 규장각에 불려갔다. 정조는 그에게 규장각 대신들에게 베푸는 연회 광경을 아회도 형식으로 그리게 했다.

해가 바뀌었다. 1787년(정조 11년), 김홍도는 오랜만에 한양에서 맞는 새해였기에 스승을 찾아가 인사를 여쭙고, 그 김에 자신이 '단원'을 아호로 삼았다는 사실도 함께 아뢸 생각이었다. 강세황은 70세가 넘은 나이였지만 군무를 총괄하는 정2품 관직인 오위도총부의 도총관에 있었다. 역적의 집안이라는 오명을 쓰고 안산에서 은둔하듯 살던 시절을 생각하면 강세황은 대기만성이라는 말이 아깝지 않을 만큼 영광스러운 말년을 보내고 있었다.

"스승님, 오랜만에 문후 여쭙니다."

"그래, 네가 요즘 주상 전하의 총애를 받으며 내각에 드나든다는 얘기는 들었다. 정말 잘된 일이다."

"모두 스승님 덕분입니다."

김홍도는 스승에게 아호를 단원으로 삼았다는 이야기를 조심스레 꺼냈다. 혹시나 스승이 노적봉 박달나무 숲에서 열던 아회를 떠올리며 건방지다고 생각하지 않을까 싶어 눈치를 살폈다. 그러나 스승은 대수롭지 않게 고개를 끄덕이며 "좋은 이름이다"라는 한마디를 던질 뿐이었다. 김홍도는 스승의 반응을 보자 좀 더 용기가 났다.

"스승님, 감히 스승님께 제 아호에 대해 기문(記文, 글)을 한 편 청해도 될는지요?"

강세황은 김홍도가 왜 자신을 찾아왔는지 알겠다는 듯 빙긋이 미소를 지으며 시원하게 답했다.

"그래, 알았다. 내가 시간 날 때 써주마. 지금 당장은 궐에 부름이 있어 자리에서 일어나야 하니 며칠 안으로 인편에 글을 보내마."

자신의 호를 단원으로 한 연유를 묻기를 기대했지만 스승은 끝내 묻지 않았다. 김홍도는 다소 실망한 기색으로 자리에서 물러났다.

얼마 뒤 강세황이 '단원기'를 보내왔다. 강세황은 그림을 잘 그린다는 칭찬을 하면서 단원이라는 호에 대해 이렇게 썼다.

"…… 스스로 '단원'이라 호를 짓고 나에게 기문을 지어주기를 부탁했다. 내가 생각하건대, 단원은 명나라 이장형의 호이다. 사능이 그것을 따서 자기 호로 삼은 뜻이 어디에 있을까? 그가 고상하고 맑은 인품과 기묘하고 고아한 그림의 경지를 사모한 데 지나지 않을 것이다."[35]

글을 읽은 김홍도는 단원이 이장형의 호라는 대목에서 깜짝 놀랐다. 그는 이장형이 누구인지 곰곰이 생각하다가 《개자원화전》을 간행했다고 알려진 이유방임을 깨달았다.

'스승님이 성호 이익의 손자들과 아회를 벌이던 단원을 잊은 게 아닐까?'

자신의 집을 스승이 젊은 시절 아회를 벌이던 곳처럼 만들고 싶어 나무도 심고 숲도 가꿨건만 단원을 호로 삼은 연유는 한마디도 묻지 않고 이유방의 호를 본뜬 것이라 미루어 짐작한 스승에게 괜스레 섭섭한 마음이 들었다. 그래도 아호를 인정받은 것에 만족하고 이때부터 '단원'이라는 호를 본격적으로 사용했다.

그해 가을, 김홍도는 긴장한 얼굴로 관복을 입고 도화서가 아닌 궐에 들었다. 규장각을 드나들며 이따금 정조가 주관하는 아회에 참석한 적은 있어도 오늘의 부름은 왠지 예전과는 다르게 느껴졌다. 김홍도가 입궐하자 내시 한 명이 그를 편전으로 사용하는 희정당 부근의 행각으로 안내했다. 내시를 따라 안으로 들어서자 흰 회칠을 한 긴 벽이 보였다. 벽 옆에는 내시 여러 명이 먹물을 담은 큰 항아리와 대붓, 중붓을 비롯한 여러 종류의 붓을 준비해놓고 있었다.

"전하께서 이 벽에 바다 위를 건너가는 신선들을 그리라 명하였소. 화사는 전하의 명을 받드시오."

김홍도는 깜짝 놀랐다. 해상군선도는 자신이 신선도 중에서도 가장 자신 있게 그릴 수 있는 그림이었다. 어쩌면 정조가 그 점까지 헤아려 명을 내린 것인지도 몰랐다.

"소인, 전하의 명을 받들겠습니다."

"그럼 시작하시오."

김홍도는 먼저 모자를 벗었다. 그리고 손등까지 내려온 옷을 걷어 올리고 대붓을 들어 먹물통에 담갔다. 그는 심호흡을 하며 흰 벽 위에 대붓을 휘둘러 바다를 그렸다.[36] 그다음에는 용솟음치는 물결을 그리고 그 위에 구름을 그렸다. 내시들은 휘둥그레진 눈으로 김홍도의 거침없는 손놀림을 바쁘게 따라갔다. 김홍도는 어느새 중붓을 꺼내 파도를 타고 바다를 건너가는 신선을 그리고 있었다. 온 신경을 그림에 집중하느라 잔뜩 찌푸린 이마에서는 땀이 구슬처럼 흘러내렸다. 옆에 있던 내시들이 "파도가 집채를 무너뜨릴 듯하다", "신선들이 구름 속으로 날아가는 것 같다"며 수군거렸다. 김홍도가 순식간에 그림을 마무리하고 붓을 내려놓자 내시 한 명이 전하를 모셔오겠다며 문밖으로 나갔다. 그는 땀을 닦고 의관을 정제했다. 잠시 후 좌통례가 꿇어앉아 낭랑한 목소리로 주상 전하 납신다고 알리자 김홍도는 엎드려 머리를 조아렸다.

"화사는 일어나라."

정조의 명에 김홍도는 바닥에서 일어나 허리를 숙였다.

"잘 그렸다. 옛날 대동전의 벽화도 이보다 낫지 않았을 것이다."

대동전은 중국 윈강석굴에 있는 '대동 석굴사'로, 벽화의 수법이 뛰어나다고 알려져 있었다. 안목이 까다로운 정조에게 들을 수 있는 최고의 칭찬이었다.

"망극하옵니다. 전하."

김홍도는 다시 한번 머리를 조아렸다. 임금의 칭찬 한마디에 그동안 빙고와 안기찰방을 떠돌며 느꼈던 섭섭함이 봄기운에 서리 녹듯 사라졌다. 자신의 그림을 알아주는 임금을 위해서라면 어떤 그림이라도 성심성의껏 그리겠다는 각오가 되살아났다.

"내 가끔 화사의 그림이 보고 싶으면 부를 테니 물러가라."

"전하, 성은이 망극하옵니다."

그는 다시 한번 허리를 숙여 절을 하고 뒷걸음질로 물러난 후 도화서로 돌아왔다. 김홍도가 궁궐 벽에 해상군선도를 그렸다는 소문은 빠르게 퍼져나갔다. 덩달아 조정대신들의 군선도 주문이 늘어나 집에 가서도 쉴 틈이 없을 정도였다.

•

김홍도가 단원이 된 이유

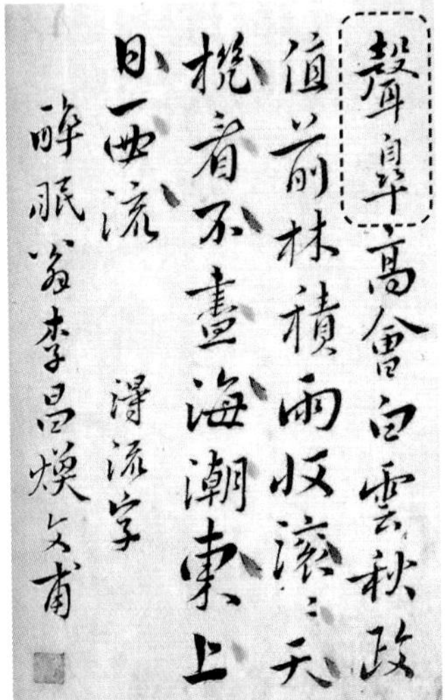

이창환의 시(좌)와 《단원아집》의 표지(우)

《단원아집》은 1753년 가을, 표암 강세황이 안산의 노적봉 부근에 거주하던 여주 이씨 가문의 이재덕, 이재의, 이경환, 이창환, 이광환, 이현환, 이철환(주로 성호 이익의 조카들) 등과 단원에 모여 읊었던 시를 모은 시집이다.

그동안 미술사학계에서는 강세황의 '단원기'를 근거로 김홍도가 자신의 아호를 '단원'으로 한 이유는 명나라 문인화가 이유방을 흠모해서였다는 의견이 다수였다. 그러나 강세황은 '단원기'에서 "내가 생각건대, 단원은 명나라 이장형의 호이다余惟檀園 乃明朝李長蘅之號也"라고 밝혔다. 자신의 추측을 말한 것이지, 김홍도가 '단원'이라는 호를 지은 이유를 직접 말했다는 뜻이 아니다.

김홍도가 자신의 아호를 '단원'이라고 한 이유는 앞에서 언급한 대로 성포리 뒷산 노적봉에 스승 강세황이 여주 이씨 형제들과 시회를 했던 박달나무 숲 '단원'이 있었기 때문이다. 그러나 중인인 김홍도가 사대부들이 시회를 했던 '단원'을 아호로 사용하는 것이 못마땅했던 것일까? 강세황은 노적봉 단원에서 여주 이씨 형제들과 어울리면서 "단원에 모여 '공산무인 수류화개'로 운을 나누어 각각 읊다"라는 시를 쓴 적이 있음에도 김홍도의 호가 중국 화가의 호를 따른 것 같다고 썼다. 이제라도 '단원'에 얽힌 오해를 바로잡아야 한다.

'단원'이 어디인지를 알려주는 단서는 《단원아집》에 있다. 《단원아집》 표지에 찍힌 성고聲皐는 성포리(성고) 부근에 살던 이재덕(李載德, 1711~1768)의 아호다. 이창환의 시에도 시회가 '성고'에서 열렸다면서 "성고의 고상한 모임, 흰 구름 흘러가는 가을聲皐高會白雲秋"이라고 묘사했다. 단원이 성고에 있다는 의미다.

그렇다면 성고는 어디일까? 그 답은 대동여지도와 1872년 안산 지방지도에 있다. 이 두 지도는 성포리를 성고와 성곶포聲串浦로 표기했다. 이경환은 시회가 열린 '단원'에 대해 "박달나무 숲이 십 묘

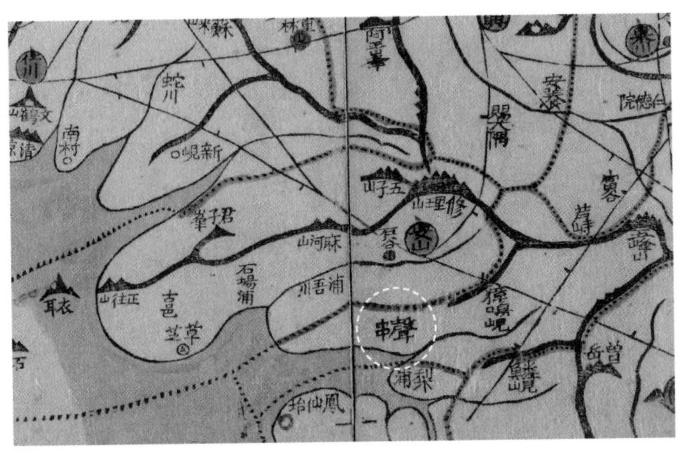

김정호, 대동여지도, 22첩 중 13첩, 30.6×20cm, 국립중앙박물관
대동여지도에 표기된 안산과 성고

나 늘어서 있고檀陰十畝斜, 저 멀리 소래포구와 초지도가 보인다剩占蘇湖勝 平臨草嶼遐"고 좀 더 구체적으로 묘사했다. 성고 부근에 있는 박달나무 숲이 '단원'이고, 그곳에서 소래포구와 초지도가 보인다고 했다. 성고의 뒷산은 노적봉뿐이다. 그렇다면 '단구'는 어디일까? 성고 부근에 집이 있던 이현환의 《의추재기依楸齋記》에 따르면 집 오른편에 '단구丹丘'가 있다고 했다.[37] 단구는 단원 부근에 있던 언덕인 것이다.

김홍도가 '단구'를 아호로 사용하면서 처음에는 한문 표기를 '丹丘'라고 했다가 30대 말~40대에는 '丹邱'로 바꾼 데도 이유가 있다. 일부의 주장대로 이는 위작을 만드는 이의 실수가 아니다. 1778년(정조 2년) 무렵부터 공자의 이름인 '丘'를 사용하지 못하게 하고, 대신 '邱'를 쓰게 했다. 청나라 황제 옹정제(재위 1723~1735)와 건륭제(재위 1735~1795)가 《사서오경》 이외의 곳에 丘를 사용하면 가혹하게 처벌하라는 명을 내려서였다.[38] 이런 이유로 대구의 한문 표기도 '大丘'에서 '大邱'로 바뀌었고, 김홍도도 '丹丘'라고 쓰던 아호를 '丹邱'로 바꿨다. 따라서 단구의 서명이 '丹丘'로 표기된 그림은 김홍도의 30대 작품이고, '丹邱'로 표기된 그림은 30대 후반이나 40대 이후 작품이다.

26장

봉명사행, 금강산을 그리다

1788년(정조 12년) 7월 말 한여름에 김홍도와 김응환은 긴 여행을 떠날 채비를 마치고 도성 앞에서 말에 올랐다. 말안장 옆으로는 그림을 그릴 비단이 잔뜩 실렸고, 다른 한쪽에는 붓과 유탄(버드나무 가지) 등 그림 재료가 한가득이었다. 두 화원의 표정에는 먼 길 여행을 앞둔 이의 긴장과 설렘, 그리고 왕이 내린 명령을 수행하는 이의 비장함이 서려 있었다.*

그보다 며칠 앞선 7월 중순경 규장각에서 직각 이만수가 정조에게 김홍

* 영동 9군 사생 일정은 1995년에 국립중앙박물관의 〈단원 김홍도 탄신 250주년 기념 특별전〉에 출품된 세칭 《금강사군첩》(개인 소장)과 이 화첩의 초본첩인 《해동명산도첩》(국립중앙박물관 소장)에 소개된 그림의 순서를 참조해서 재구성했다.

도 등을 시켜 강원도 동쪽에 있는 9군 중 군사적으로 중요한 곳의 지형을 그려오게 할 것을 청했다. 이만수는 규장각 최고 책임자로 정조의 신임을 받고 있었다.

"전하, 강원도 봉명사행을 수행하는 중에 금강산의 비경도 그림에 담아 한가하실 때 펼쳐보며 머리를 식히시는 게 어떻겠습니까?"[39]

정조는 이만수의 건의를 받아들여 김홍도와 함께 떠날 화원으로 평소 자신이 산수화에 능하다고 칭찬했던 김응환을 지명했다. 그리고 단순히 명승을 그려오는 일이 아니라 군사적 목적도 갖고 떠나는 '봉명사행奉命使行'이었기에 영동 9개 군에 두 화원을 '경악지신(經幄之臣, 경연에 참석하는 신하)'으로 대우하라는 파발을 보냈다. 며칠 뒤 명을 받은 김홍도와 김응환이 도성 앞에서 만난 것이었다.

김홍도는 국가 대사에 중요한 그림을 그린다는 부담감과 막중한 책임감을 동시에 느꼈다. 지형을 사실적으로 그리는 건 이제까지와는 다른 형식의 작업을 요하는 일이었기에 마음 한편에서는 걱정도 되었다. 그래도 산수화에 능하고 오래전 자신에게 금강전도를 모사한 그림을 그려주었던 김응환과 함께 떠나게 되어 마음이 든든했다. 우리나라 산천을 실컷 그려볼 기회가 왔다는 생각에 마음이 들뜨기도 했다.

두 사람은 한양을 출발해 원주에서 방림, 대화, 진부를 거쳐 오대산으로 들어갔다. 오대산 월정사에서 며칠 밤을 묵으며 주변 경관을 그릴 계획이었다. 월정사는 사고*의 수호 사찰로, 월정사 주지는 사고의 수호 책임자이기도 했다. 두 사람이 주지를 만나 방문 목적을 설명하니 주지는 합장을

김홍도, 월정사, 《금강사군첩》, 견본담채, 30×43.7cm, 개인

하며 예를 갖추고 방으로 안내했다. 두 화원은 이곳에서 앞으로 그릴 그림과 여정을 상의했다. 한양을 떠나기 전 비변사備邊司 당상으로부터 이동 경로를 전달받았으니 여정은 결정된 것이나 마찬가지였다. 두 사람이 그린 그림은 나중에 임금이 볼 어람용 두루마리(횡권)와 화첩으로 제작될 예정이었다. 이를 위해 각자 풍광을 그리고 나중에 잘된 것을 취사선택할지, 의

* 임진왜란으로 전주를 제외한 사고가 화재로 소실되면서 선조 때 실록을 재간행해 강화도 마니산, 강원도 오대산, 경상도 태백산, 평안도 묘향산 네 곳에 보관했다. 춘추관을 포함해 이를 조선 후기 5대 사고라 부른다. 오대산 사고는 월정사에서 멀지 않은 영감사 옆에 지어졌다.

궤를 그릴 때처럼 초본부터 협업할지 작업 방식을 결정하는 일만 남았다.

"아우님 생각은 어떤가?"

"형님이 결정하시는 대로 따르겠습니다."

"내 생각에는 만에 하나 한 사람이 분실할 때를 대비해서 각자 그린 다음에 잘된 걸로 추리는 게 나을 것 같은데……."

"저도 형님 생각이 맞는 것 같습니다. 비변사 당상 얘기가 두 달 정도의 긴 여정이라 했으니 각자 그리고 각자 보관하면서 다니는 게 좋을 것 같습니다."

두 화원은 다음 날 아침 오대산에 올라 비로봉을 등지고 있는 오대산 중대의 적멸보궁을 그렸다. 그다음에는 월정사를 위에서 아래로 내려다보는 수법인 부감법으로 그리고 오대산 사고와 상원사는 아래에서 위로 올려다보는 기법으로 그렸다. 두루마리 그림에 옮겨 그릴 때 부감법과 어우러져 입체감을 표현하기 위해서였다.

두 화원은 오대산에서 그릴 그림을 다 그린 뒤 다시 말을 타고 황계를 거쳐 대관령에 도착했다. 대관령은 한양에서 영동 9군으로 가는 길에 있는 가장 높은 고개로, 말 한 마리가 겨우 다닐 수 있을 정도로 길이 좁고 험했다. 그곳에서 저 멀리로 강릉과 경포대가 보였다. 김홍도는 눈앞의 풍경에 할 말을 잃고 발아래 펼쳐진 산봉우리들을 내려다보았다.

"형님, 산이 높아 바람이 많이 불지만 주위가 넓어 보이지 않는 곳이 없으니 참으로 장관입니다."

"아우님 말이 맞네. 산이 높으니 숲도 울창한데 저 멀리 동해 바다가 시

김홍도, 대관령, 《금강사군첩》, 견본담채, 30×43.7cm, 개인

원하게 펼쳐진 걸 보니 겸재 영감의 진경산수가 이러한 경치에서 나온 것임을 비로소 알겠네. 이런 풍경 앞에서 흥취가 나지 않으면 그게 어디 환쟁이라 할 수 있겠는가."

두 화원은 누가 먼저랄 것 없이 말에서 내려 종이를 꺼냈다. 김홍도는 시원한 바람을 맞으며 굽이굽이 내려가는 길과 그 아래 아득하게 보이는 경포대와 동해 바다를 바라보며 붓을 움직였다. 이렇게 세상이 내려다보이는 곳에 온 적이 있던가? 자기도 모르게 붓놀림에 흥취가 돋았다.

'사람 사는 곳이면 한양이건 시골이건 근심 걱정이 없는 곳이 없는 줄

김홍도, 월송정(위)·낙산사(아래), 《금강사군첩》, 견본담채, 30×43.7cm, 개인

알았는데, 이곳에 오니 마치 다른 세상 같구나.'

대관령 아래 보이는 마을과 강릉 읍치 사람들의 일상이 손에 잡힐 듯했다. 세상을 보는 눈이 좁으면 정신이 막히고 속이 답답해진다던 정란의 말 뜻을 이제야 알 것 같았다. 김홍도는 그림 그리는 것도 잊은 채 오랫동안 발 아래를 바라보았다.

대관령에서 내려온 김홍도와 김응환은 바닷가가 인접한 강릉에서 천연정, 구산서원, 경포대, 호해정을 그린 뒤 삼척으로 갔다. 김홍도는 가는 곳마다 펼쳐지는 신비로운 풍광에 봉명사행만 아니라면 며칠씩 묵으며 실컷 그림을 그리고 싶었다.

"아우님, 아름다운 저 산을 두고 못 떠나겠다면 내가 마을에 가서 예쁜 처자가 있는지 알아봐줄까?"

김홍도가 풍경에 취해 바위에 걸터앉은 채 일어날 줄 모를 때마다 김응환은 퉁을 주었다. 그제야 김홍도는 빙그레 웃으며 말에 올랐다. 그는 역참에 갈 때마다 늙고 힘없는 말을 골랐다. 조금이라도 천천히 가면서 풍광을 눈에 담고 싶어서였다.

"아우님은 태서화(서양화)를 본 적이 있는가?"

당시 청나라를 드나들던 연행사들은 북경 천주당(성당)에서 예수회 선교사들의 환대를 받으며 서양화나 기물을 구경했고, 서양의 물품들을 선사받기도 했다. 북경에는 천주당이 네 곳 있었는데 그중에서 예수회 선교사인 마테오 리치가 1605년에 완성한 남당이 가장 유명했다.

"묘한 기법으로 그린다는 소문만 들었지 아직 본 적은 없습니다. 재작년에 스승님께서 중국 황제의 천수연天叟宴을 축하하기 위한 사절단의 부사副使로 연경에 다녀오셨는데,* 저는 그때 안기에 내려가 있었고, 한양에 들어 스승님 집을 찾았을 때는 손님이 너무 많아 자세히 들을 기회가 없었습니다."

"나도 본 적은 없지만 사물의 형상을 입체적으로 표현한다더구먼. 그게 어떤 기법인지 참으로 궁금하이."

"밝음과 어두움을 잘 조화시키면서 풍광이 눈앞에 펼쳐지는 것처럼 보이게 그린 그림도 있다는 말을 들었습니다. 저도 기회가 되면 연행단을 따라가 직접 보고 싶지만 그게 어디 제 뜻대로 되는 일인가요……."

"아우님, 자네는 표암 영감의 제자 아닌가. 넌지시 청을 넣어보시게. 아우님이 다녀오면 우리 도화서 화원들에게도 큰 도움이 될 걸세."

"형님 말씀만 들어도 가슴이 뛥니다. 하하."

두 화원은 주거니 받거니 하며 천천히 말을 몰았다.

삼척에서는 죽서루와 능파대(추암)를 그리고 안변 가학정에 이르는 동해안의 절경을 그렸다. 삼척을 떠나서는 두타산으로 가서 소금강 무릉계와 용추폭포를 그렸다. 그 뒤로는 계속 남쪽으로 내려가 울진 성류굴, 망양정, 평해 월송정의 형승을 그렸다. 여기가 영동 9군의 가장 남쪽이었다.

김홍도와 김응환은 그동안 그린 그림들을 정리하며 다시 북쪽으로 올라

* 진하사은 겸 동지사進賀謝恩兼冬至使, 1784년(정조 8년) 10월부터 1785년(정조 9년) 3월까지의 일이다.

갈 계획을 세웠다. 몸은 피곤했지만 한양을 떠난 지 벌써 한 달, 성질 급한 임금이 자신들을 얼마나 기다릴지 생각하면 지체할 수가 없었다.

이튿날 두 사람은 몸을 북쪽으로 돌려 강릉을 지나 양양으로 갔다. 해안은 끝없이 이어졌고, 바다에서 해가 뜨고 달이 졌다. 밤이면 우르릉거리며 몰려오는 파도소리를 들으며 술잔을 기울였다. 낙산사는 설악산에서 내려오던 지맥이 바다에서 멈춘 곳에 있었다. 천왕문 안으로 들어가자 젊은 스님이 합장을 하며 손님들이 묵어가는 승방으로 안내했다. 이날은 낙산사에서 하루를 묵었다. 스님은 숙종의 어제시御製詩를 붉은 보자기로 싸서 보관하는 방으로 두 화원을 안내했다. 김홍도와 김응환은 예를 갖춰 어제시가 잘 보관되어 있음을 확인한 뒤 난간에 기대 끝없이 펼쳐진 동해 바다를 바라보았다. 파도소리와 바람소리가 절벽 아래에 부딪혔다가 다시 먼 바다로 돌아갔다.

두 화원이 방으로 돌아오자 스님이 저녁상을 들이며 곡주穀酒를 권했다.

"바닷가에서 곡주를 마시니 술맛이 아주 좋구먼. 그런데 아우님은 바닷가에서 태어나 왜 어부가 되지 않고 환쟁이가 되었어?"

저녁상을 물리자 김응환이 물었다.

"형님은 바닷가가 멋있어 보이는 모양이지만, 어부는 누렇게 뜬 얼굴에 누더기 옷차림으로 살아요. 배에서 풍어가를 부르고 만선 깃발을 날리며 포구에 들어와도 어부들에게 돌아오는 건 배고픔과 가난뿐이지요. 바다에서 목숨을 잃는 어부들도 많고요. 그래서 아버님은 배를 타지 않고 어전과 소작 일을 하셨는데 입에 겨우 풀칠하는 정도였습니다. 부자는 더 부유해지고 가난한 이는 날이 갈수록 빈곤해져서 바다마을에서는 무작정 한양으로 떠나는 어민들도 많았습니다…….”

김홍도는 나지막한 한숨을 내쉬며 술잔을 비운 뒤 말을 이었다.

“그런데 저는 어릴 때부터 사물이나 풍경을 보면 머릿속에서 그 형상이 떠나지 않고 손이 근질거렸어요. 그때 마을에서 멀지 않은 곳에 시서화 삼절이라는 분이 산다는 얘기를 듣고 아버지를 졸라 그분 댁엘 갔지요. 만약 제가 손재주가 없었고, 스승님을 만나지 못했다면 지금쯤 저도 어전에서 고기를 퍼 올리고 소작을 했을 겁니다.”

“그래도 아우님은 시골 어촌에서 태어나 도화서 화원에 어용화사까지 되었으니 재주가 남달리 뛰어난 기린麒麟일세.”

“아이고, 형님도 참…….”

“아우님, 기린이 얼마나 상서로운 동물인데 웃는 게야. 기린은 오색 찬란 화려한 빛깔의 털을 가지고 이마에는 기다란 뿔이 하나 있는 신수神獸 아닌가. 그래서 기린 흉배는 대군 이상만 부착할 수 있는 게지. 앞으로는 단원이 아니라 기린이라고 불러야겠네, 하하하.”

“형님, 그래도 바닷가에서 좋았던 게 딱 하나 있었습니다.”

“그게 뭐였나?”

“아름다운 노을이었습니다. 노을이 내릴 무렵 마을 뒷산인 노적봉에서 바다를 바라보면 바다는 붉은빛이 아니라 황금빛으로 빛나는데, 그 광경이 왜 그리 슬픈지 젓대(대금)를 불지 않고는 배길 수가 없었습니다.”

김홍도는 짐 꾸러미에서 대나무 젓대를 꺼냈다. 맑고 부드러운 우조羽調

가락이 차가운 밤하늘에 울려 퍼지며 파도 속으로 사라졌다. 젓대 소리가 밤의 고요를 흔들며 슬프고 처절한 계면조界面調로 바뀌자 김홍도의 눈에서 눈물이 흘러내렸다. 어린 시절의 가난과 설움이 떠올랐던 것일까? 김홍도의 눈물을 보며 김응환은 처음으로 아우의 여린 심성이 부럽다고 생각했다.

다음 날 아침 김홍도는 새벽에 일어나 동해안의 해돋이 광경을 화폭에 담았다. 그러고는 김응환이 일어날 때까지 기다렸다가 설악산으로 가서 신흥사에 짐을 풀었다. 두 화원이 아침 일찍 길을 나설 채비를 하자 주지 스님이 젊은 스님 한 명을 데리고 왔다.

"화사님들 길 안내를 할 승려입니다. 설악산은 길이 황폐해 두 분만 가시면 길을 잃을 수도 있습니다."

"고맙습니다, 스님."

김응환이 합장을 하자 젊은 스님이 앞장을 섰다.

"스님 덕분에 길을 잃지 않고 다닐 수 있게 되어 다행이오. 그런데 절에서는 승려들을 부르는 이름이 있다고 들었는데, 이름이 무엇이오?"

"소승 성윤性允이라 하옵니다. 편하게 부르셔도 됩니다."

"그런데 성윤은 어찌 중이 되었소?"

김응환이 계속 물었다.

"소승은 바닷가 마을에서 태어났는데, 양민의 부역이 너무 고통스러운데다 생계도 곤궁하여 부친께서 저를 절로 데리고 오셨습니다."

"그럼 중들은 부역이 없소?"

"아닙니다. 수백 리 떨어진 곳에 가서 성곽을 고치는 부역을 마치면 도첩(度牒, 나라에서 출가한 승려에게 주는 증명서)을 받을 수 있습니다. 그래도 평생 부역과 군역을 하는 것보다 낫습죠."

성윤의 말을 듣고 있으니 울산목장의 목부들과 추운 겨울에 한강에서 얼음을 채빙하던 빙부들이 생각났다. 부역에 얽매인 삶을 살아가는 건 매한가지였다. 그때 김응환이 다시 물었다.

"그럼 환속은 못하오?"

"다시 양민이 되면 종신토록 신역身役에서 벗어나지 못합니다."

두 화원은 설악산에서는 토왕폭포와 계조굴(울산바위), 와선대, 비선대를 그린 뒤 스님과 작별하고 다시 북쪽으로 올라가 간성(고성군 토산면)에 가서 청간정을 그렸다.

두 화원은 바다를 끼고 계속 북쪽으로 올라갔다. 해금강의 절경을 그린 후 삼일포에 도착하는 순간 김홍도는 자신도 모르게 아! 하는 탄성을 질렀다. 둘레만 십 리는 족히 되어 보이는 호수 안에 작은 섬이 있고, 그 가운데 정자가 있었다. 호수 밖으로는 봉우리 서른여섯 개가 호수를 둘러싸고 있었다.[40]

"아우님, 여기 이름이 왜 삼일포三日浦인지 아는가?"

김응환이 넋을 잃고 좌우를 둘러보는 김홍도에게 물었다.

"모르겠습니다."

"그럼 내가 알려줌세. 신라에 유명한 신선이 네 명 있었는데* 그들이 관

---

* 영랑永郎, 술랑述郎, 남석랑南石郎, 안상랑安祥郎, 네 명의 화랑을 가리킨다.

김홍도, 토왕폭(위) · 삼일포(아래), 《금강사군첩》, 견본담채, 30×43.7cm, 개인

동의 여러 명승지를 두루 찾아다니며 유람하다가 여기에 와서는 돌아가기를 잊어버리고 사흘 동안 지냈다고 해서 삼일포일세. 그래서 저 작은 섬 안의 정자도 사선정四仙亭이라고 부른다는 얘기를 들었네. 하하."

"형님 말씀을 듣고 보니 그럴 만한 곳이라는 생각이 듭니다. 그럼 저희도 여기서 사흘을 묵고, 저 정자 이름을 이선정二仙亭으로 바꿀까요?"

두 사람은 실없는 농담을 주거니 받거니 하며 종이와 유탄을 꺼내 삼일포 풍광을 그렸다.

여정 중에는 위험한 고비도 있었다. 통천 입구인 웅천을 갈 때였다. 바위를 쪼아서 만든 벼랑길을 통과하는데, 겨우 말 한 마리가 지나다닐 정도로 폭이 좁은 데다 그 말도 벼랑 아래로 쉬지 않고 들리는 파도 소리에 잔뜩 예민해져 어르고 달래며 길을 지나야 했다. 두 사람은 결국 통천 북쪽에 있는 등로 역참에서 말을 바꾼 후에야 문암에 도착했다. 그곳에서 다시 주변 형승을 그린 후 금란굴을 거쳐 총석정까지 올라가자 다시 한번 절경이 펼쳐졌다. 큰 돌기둥처럼 생긴 바위 네 개가 띄엄띄엄 물 위에 서 있는데, 돌기둥을 자세히 보니 모가 난 작은 바위 수십 개가 붙어서 큰 바위가 된 것이었고, 그 사이로 쉬지 않고 바닷물이 들락거렸다. 기묘한 건 네 개의 돌기둥만이 아니었다. 주위 해변을 따라 눕거나 넘어진 형태의 작은 돌기둥이 가득했다.

"형님, 참으로 기이한 풍경입니다."

"그러게 말일세. 바람이 거세지니 파도가 눈보라를 일으키는 게 정말 장관이네."

김홍도, 옹천, 《금강사군첩》, 견본담채, 30×43.7cm, 개인

김홍도, 옹천(부분), 《해동명산도첩》, 종이에 유탄, 30.5×43cm, 국립중앙박물관
위는 완성본, 아래는 유탄으로 그린 초본이다. 옹천은 고성 금강산에서 통천 총석정으로 가는 길에 있는 바닷가의 가파른 절벽길 일대이다.

김홍도는 성포리 앞바다에서는 볼 수 없던 기이한 풍경을 앞에 두고 열심히 목탄을 움직였다. 그리고 영동 9군의 가장 북쪽에 있는 안변에 가서 가학정을 그렸다. 연속되는 강행군에 김홍도와 김응환은 점점 지쳐갔다.

9월 10일경, 김홍도와 김응환은 회양부(강원도 회양군) 관아에 도착했다. 곧바로 금강산 장안사로 가지 않고 금강산 입구에서 130리(약 52킬로미터)나 떨어진 이곳에 온 이유는 회양부가 동해안에서 관북 지방으로 통하는 오래된 군사 요충지였기 때문이다. 그래서 조선 초에는 회양을 도호부로 승격하고 종3품 부사를 파견하기도 했다.

회양에 도착한 두 사람은 여독에 시달렸지만 마음은 홀가분했다. 이제 이곳의 주변 형세를 그리면 봉명사행의 주목적인 '채색횡권본'을 만들 준비는 끝나고, 두 번째 목적인 금강산 사경만 남기 때문이었다. 관아의 홍살문을 들어서 부사에게 인사를 하러 동헌으로 가니 강세황의 큰아들인 강인이 나와 그와 김응환을 반갑게 맞았다.

"나리께서 회양에 계신 줄 미처 몰랐습니다."

어린 시절 동곡리 스승의 집 문턱을 드나들 때부터 알고 지내던 사이였다. 강인은 어느덧 환갑이 다 되어 흰머리가 제법 많았다.

"지난 5월 회양부사로 부임했다네. 그렇지 않아도 조정에서 연락을 받고 기다리던 차였지. 이게 얼마만인가. 마침 부친과 형제들도 관사에 머물고 있으니 어서 가서 인사 여쭈시게."

먼 땅 회양에서 스승을 만나다니, 기막힌 우연이었다. 김홍도는 여독도 잊은 채 빠른 걸음으로 강인의 뒤를 따랐다. 두 사람이 관사에 도착하자 사랑채에서 익숙한 목소리가 흘러나왔다. 강인이 마당에서 두 화사의 도착을 알리니 바깥으로 난 사랑채 문이 열리고 스승의 얼굴이 보였다. 사랑채에는 막내아들 빈, 서자 신, 그리고 강세황의 벗으로 보이는 두 사람이 더 있었다.

"사능과 복헌 왔는가? 어서 들어오게."

김홍도와 김응환은 여행으로 초라해진 행색을 가다듬고 방에 들어가 큰절을 했다.

"소인들 주상 전하로부터 봉명사행의 명을 받아 여러 곳을 다니다가 여기에 왔습니다."

"그럼 금강산을 다녀온 게냐?"

"아니옵니다. 이제 장안사로 갈 예정입니다."

강세황은 김홍도의 말에 고개를 끄덕였다. 금강산을 사행 중인 것으로 알려진 두 사람이 먼 길을 돌아 금강산에서도 멀리 떨어진 도호부가 있는 회양에 왔다는 건 단순히 산수를 그려오라는 명만 받은 게 아니라는 뜻이었다. 강세황은 아들과 친구 앞이기에 더 이상 자세히 묻지 않았다.

"그동안 고생들 했다. 일단 점심을 먹고 좀 쉬어라."

먼저 이곳에 온 목적을 수행하라는 의미였다. 두 화원도 말뜻을 알아듣고 큰절을 한 후 방에서 나왔다. 김홍도와 김응환은 관아의 아전이 안내해 주는 방으로 가서 짐을 풀었다. 그리고 화구통을 메고 다시 관아로 가서 강인에게 주변의 주요 형세를 물은 뒤 말을 타고 밖으로 나갔다.

9월 13일 김홍도와 김응환, 그리고 강세황, 강세황의 아들들과 친구까지 모두 일곱 명이 금강산을 향해 길을 떠났다.[41] 강세황은 당시 사대부들 사이에 유행처럼 번지던 금강산 유람이 속되다 생각했으나 회양 땅까지 와서 금강산을 보지 않고 가는 건 어불성설이라는 친구들의 부추김과 스승과 함께 사행을 떠나길 원하는 제자의 간청, 그리고 산을 좋아하는 본인의 고질병을 이기지 못하고 노구를 이끌고 긴 여행을 결심한 참이었다. 그러나 75세의 강세황이 견마 잡힌 노새를 탔다 해도 하루에 130리를 갈 수는 없었다. 일곱 명 일행이 장안사에 도착한 것은 이틀 뒤 저녁이었다.

금강산 유람의 시작점이기도 한 장안사에 도착하니 무너진 다리와 누각이 일행을 맞았다. 강세황은 "산세도 좋고 물소리도 우람한데 이름 난 절에 주인이 없구나. 대저택을 노복 두어 명만 남아 지키고 있는 모습이다" 하며 개탄했다.

일행이 황폐한 장안사의 풍경에 아쉬워하고 있을 때 법당에서 승려 한 명이 나와 합장을 했다.

"늦은 저녁에 불쑥 찾아왔습니다. 일행이 모두 일곱인데 묵어갈 곳이 있는지요?"

강세황의 아들 강신이 공손히 물으니 승려의 얼굴에 난감한 기색이 스쳤다.

"법당 옆에 객을 위한 숙소가 마련되어 있습니다. 허나 지금 그곳에 두 분 선비님이 먼저 자리를 잡으셨는데 함께 기거하셔도 불편하지 않으실는지……."

"그렇다고 풍찬노숙을 할 수는 없는 일. 늦게 온 저희가 먼저 가서 상황을 여쭙겠습니다."

일행이 마당에서 노새와 말을 매고 있을 때, 승려를 따라 법당 오른쪽 건물에 다녀온 강신의 얼굴 표정이 환했다.

"아버님, 사촌 형님과 창해 선생이 금강산 산행을 앞두고 행장을 풀고 계셨습니다."

그렇게 우연에 우연이 겹쳐 김홍도의 봉명사행 일행은 일곱 명에서 아홉 명으로 늘어났다. 그날 적막하던 장안사의 허름한 건물에서 김홍도의 퉁소 소리와 그에 화답하는 강신의 피리 소리가 흘러나왔고, 그 곡조에 술잔이 어우러져 돌아갔다.

"여기서 단원을 만나게 될 줄은 꿈에도 생각하지 못했소."

정란의 목소리가 고요한 적막 사이로 흘러나왔다. 술자리가 끝나고 일행이 하나 둘 잠이 들자 정란은 김홍도에게 눈짓을 하며 밖으로 나왔다.

"예, 창해 선생님. 저도 정말 뜻밖입니다."

"그래, 많이 보았소?"

"예, 선생님. 난생처음 보는 산과 들과 기암괴석을 둘러보면서 가끔 선생님의 말씀이 생각났습니다."

"이 늙은이가 무슨 말을 했다고 그러시오. 하하."

"아닙니다. 이번 여정에서 세상 구경이 정신을 넓힌다는 선생님의 말씀이 무슨 뜻인지 어렴풋이 알게 되었습니다."

"단원이 그렇게 말씀해주시니 고맙소. 나는 해동의 나라(조선)가 비록 좁기는 하지만, 힘 닿는 데까지 다니다보면 정신이 확 트일 수 있다고 생각하오. 내 생각에 단원은 그림 속에 능히 세상의 정신, 자연의 정신을 담을 수 있는 화가요. 그런 단원이 더 너른 세상을 본다면, 그 화폭에 담길 정신이 어디에 이를지 참으로 기대가 크오."

"선생님, 어인 말이십니까. 소인 보이는 것을 보이는 대로 그리기에 급급한 한낱 환쟁이일 뿐, 과찬이십니다."

김홍도는 창해의 칭찬에 어쩔 줄 몰라 하면서도 그의 말 속에 든 뼈를 곱씹었다.

'그래, 보이는 대로 그리는 건 손재주일 뿐이다. 나는 그동안 어떤 정신을 그림 안에 담으려 했나…….'

"나는 믿소, 단원."

창해는 생각에 잠긴 김홍도의 얼굴을 들여다보며 장난스러운 표정을 지었으나, 그의 어조만큼은 확신에 차 있었다.

다음 날 이른 아침, 김홍도와 김응환은 말을 몰아 주변의 높은 봉우리에 올랐다. 아래를 내려다보며 장안사의 풍광을 그림에 담을 생각이었다. 봉우리에 오르자 눈앞에 펼쳐진 풍경은 장안사에서 올려다보며 상상했던 풍경과 비교도 할 수 없이 거대하고 아름다웠다. 구름의 움직임을 따라 기이한 봉우리가 번갈아가며 사라졌다 나타나는데, 험준하게 높이 솟은 모습이 선계仙界인 듯도 싶었다.

"여기 와서 보니 사람들이 왜 금강산, 금강산 하는지 이해가 되는구먼."

김홍도, 장안사, 《금강사군첩》, 견본담채, 30×43.7cm, 개인

"형님, 기이하게 생긴 봉우리가 한둘이 아니니 천하 명산이라는 말이 맞는 듯합니다. 새소리, 바람소리를 들으며 나무 향을 맡으니 전 그냥 여기서 살고 싶습니다."

"알겠네. 그럼 한양에 가서 주상 전하께 아우님은 신선이 되어 사라졌다고 아뢰겠네. 하하."

김홍도는 시간을 잊은 듯 기암절벽을 바라보다 유탄을 꺼내들었다. 어젯밤 창해 선생의 말을 떠올리며 이 경관의 정신까지 담아내겠다는 마음이었다.

'안개 너머의 풍광을 그리자. 귓가에 들리는 새소리와 바람소리, 계곡 아래를 흐르는 물소리도 놓치지 말자.'

이윽고 무엇을 어떻게 그려야겠다는 생각마저 사라졌다. 생각조차 깃들지 않은 절대 고독 속에서 김홍도는 부지런히 유탄을 움직였다.

두 사람이 장안사로 돌아오자 강세황이 마당 앞에서 붓을 들고 반겼다.

"나도 사찰 마당에 앉아 혈망봉을 배경으로 그림을 그리던 중이었다. 참으로 빼어나면서 기괴하기도 한 운치가 아니냐. 첩첩이 쌓인 봉우리를 보니 겸재 선생이 이를 화폭에 담아 진경을 남기고자 했던 마음을 알 것 같구나."

강세황도 금강산의 광대한 풍경에 압도되어 이를 화폭에 담다가 겸재를 떠올렸던 것이다. 두 사람이 돌아오자 장안사 스님이 마당으로 나와 아침 공양이 준비되었다며 합장을 했다.

일행은 아침을 먹은 뒤 장안사 승려의 안내를 받으며 금강산 안으로 들어갔다. 강세황은 산을 오를 수가 없어 남여를 타고 갔다. 일행은 옥경대에서 멈춰 명경대를 바라봤다. 깎아지른 바위 절벽이 우뚝 서 있고 위는 넓고 아래가 좁아 거울 자루를 경대 위에 세워놓은 것 같은 모양이라 명경대라는 것이 승려의 설명이었다. 김홍도와 김응환이 명경대 그림을 다 그리자 가마꾼은 백화암으로 향했다. 가는 길 옆에 세 부처를 석벽에 새긴 삼불암이 있어 잠시 길을 멈추고 이를 그림으로 남겼다. 백화암에 들러서는 서산대사비를 비롯한 풍담당비, 설봉당비, 제월당비 등 네 비석과 서산대사 부도를 비롯해 다섯 개 부도가 줄지어 서 있는 광경을 그렸다. 일행

김홍도, 명경대, 《금강사군첩》, 견본담채, 30×43.7cm, 개인
아래의 부분도에 등장하는 인물들은 명경대에 함께 간 강세황과 정란 일행을 그린 것. 오른쪽에 몸을 반쯤 기댄 이를 강세황으로 추정할 수 있다.

이 표훈사에 들어가서 조금 쉬고 만폭동을 거쳐 정양사로 향할 때는 날이 저물기 시작했다. 험한 길을 서둘러 가느라 남여꾼들은 땀을 흘리며 숨을 헐떡이면서도 강세황에게 "정양사 서남쪽에 경치가 좋은 천일대가 그리 멀지 않은데 가보시겠습니까?" 하고 물었다. 일행이 천일대를 거쳐 정양사에 도착했을 때는 사위가 어두워져 있었다.

다음 날인 9월 16일 아침, 김홍도와 김응환은 회양관아에 든 이후로 오랜만에 둘이서만 가벼운 행장을 꾸리고 말을 타고 나섰다. 강세황이 더 이상 여행하는 것은 일행에게 폐가 될 뿐이라며 서자 신과 표훈사에서 하룻밤을 묵은 뒤 회양으로 돌아가기로 했기 때문이다. 막내아들 빈과 다른 일행도 한숨 돌린 뒤 가까운 곳을 둘러보겠다며 정양사에 남았다. 김홍도와 김응환은 그날 정양사 부근 산에 올라 금강산을 조망한 뒤 내금강 만폭동 골짜기까지 둘러볼 예정이었다.

두 사람은 장안사 승려를 따라 금강산 여정을 시작했다. 승려는 반은 푸르고 반은 흰 장경봉長慶峯을 가리키며 많은 봉우리 중에서도 유독 맑고 빼어나다고 평했다. 김응환은 길에서 굵은 나뭇가지 하나를 주워 지팡이로 삼았다.[42]

"화사님들, 저 앞에 보이는 하얀빛 봉우리 중에서 가장 큰 것이 석가봉釋迦峯입니다. 석가봉 오른쪽 봉우리는 아미타불봉阿彌陀佛峯이고, 그 왼쪽은 지장봉地藏峯, 그 아래에 관음봉觀音峯이 있습니다."

"하하. 그러니까 금강산 일만이천봉은 모두 불자들이 차지했구려."

김응환이 웃으며 대꾸하자 승려도 웃음으로 화답했다.

"대개 그러하옵니다. 하하."

다시 앞으로 수백 보를 가자 여러 바위 봉우리가 높이 버티고 서서 마주 보고 있었다.

"관음봉 뒤에 백천동百川洞이 있는데 입구에서부터 억경대億景臺에 이르기까지 아래에 흐르는 물을 황천강黃泉江이라고 합니다."

"불자들은 이름도 잘 짓소. 아래로 떨어지면 황천길을 가서 황천강이오?"

"아닙니다. 네모난 못이 제법 넓은데 물이 맑은 황색이라 황천강이라 부릅니다. 사람들이 제법 기이하다고 합니다."

황천강을 내려다 보며 억경대를 향해 가는데 바위로 만든 작은 문이 나타났다.

"이 문의 이름은 지옥문地獄門이옵니다."

"아니, 그럼 이 문을 지나면 우리는 지옥으로 들어가 저 아래 황천강으로 떨어지는 거요?"

김응환이 박장대소를 하며 물었다.

"아니옵니다. 문안으로 들어가면 수십 보 되는 곳에 코끼리 모양의 바위가 있습니다. 사면이 모두 각이 지고 우뚝 솟아 있는데 이 바위를 명경대明鏡臺라고 부릅니다. 그리고 저 앞에 보이는 열 개 봉우리는 시왕봉十王峯이고, 그 옆에 골짜기는 시왕원천十王願川이라고 부릅니다."

"스님이 말씀을 참으로 재미있게 합니다. 그러니까 명경대 바위 앞에서 나를 비쳐보고 죄가 많으면 황천으로 가고, 선한 일을 많이 했으면 극락으로 가는 것이오?"

"화사님들은 나랏일을 하시는 분들이니 명경대 안쪽에 있는 영원동靈源洞으로 모시겠습니다. 그곳에 영원암靈源庵이라는 작은 암자가 있는데, 금강산에서 가장 맑고 고요한 암자로 알려져 있습니다. 신라 때 영원조사라는 스님이 이곳에 살면서 도를 닦아서 영원암이라 부르는데, 고려가 망할 때 한 왕자가 도망하여 이 산에 들어와 자신의 무리와 함께 살다가 죽은 곳이라는 얘기도 전해오는 곳입니다. 거기까지 가보시겠는지요?"

"가봅시다."

영원동으로 가는 길은 좁고 험했다. 김홍도는 망국의 한을 달래던 고려의 왕자를 떠올리며 어쩌면 이곳이 은둔하기에 최적의 장소라는 생각이 들었다. 한참을 걸어가자 계곡의 물소리가 들리더니 높고 낮은 봉우리 아래 조그만 암자가 나타났다. 영원암터 서쪽에는 여기저기 높이 솟은 봉우리와 기묘한 돌기둥이 들쑥날쑥 서 있었다.

"저기가 영원암이고 암자 뒤에 우뚝 솟은 봉우리가 지장봉입니다."

"고맙습니다, 스님. 저희들은 이 근처에서 잠시 머무르며 그림을 그리겠습니다."

"그럼 저는 영원암에 가서 따뜻한 차를 준비하겠습니다."

"고맙습니다. 그림을 다 그리면 암자로 내려가겠습니다."

김홍도는 스님을 보낸 뒤 주위를 둘러봤다.

"형님. 저기 너럭바위가 편안하고 좋아 보이니 저는 저기로 가겠습니다. 형님께서도 적당한 자리를 고르십시오."

김홍도, 영원암, 《금강사군첩》, 견본담채, 30×43.7cm, 개인

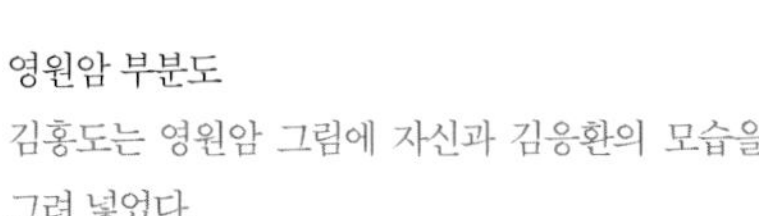

영원암 부분도

김홍도는 영원암 그림에 자신과 김응환의 모습을 그려 넣었다.

"그거 참, 먼저 좋은 자리를 차지했으니 어쩌겠나. 나도 그 옆으로 가야지 별수 있겠나."

두 사람은 너럭바위에 앉아 종이와 유탄을 꺼냈다. 김홍도는 먼저 눈을 감았다. 가파른 계곡을 타고 내려오는 물소리가 거셌고, 나무를 휘감아 도는 바람이 귀를 간지럽혔다. 새들이 지저귀는 소리는 울창한 나무숲과 절벽에 부딪혀 작은 메아리로 울려 퍼졌다. 몸은 작은 너럭바위에 매여 있으나 거대한 산의 정기가 가슴 안으로 들어오는 듯했다. 김홍도는 크게 심호흡을 하며 눈을 떴다. 눈앞에 자신이 상상했던 그대로의 풍경이 펼쳐졌다. 그 순간 한 생각이 섬광처럼 머릿속을 스치고 지나갔다.

'보이지 않는 것을 애써 보려고 하지 말고 보이는 것만 그리자. 복잡하게 그리려 하지 말고 간결하게 그리자.'

그러자 영원암의 풍광이 조그만 화폭 안에 명징하게 들어왔다. 그의 손길은 점점 빨라졌고, 손끝에서 흘러나오는 물과 산과 기암절벽의 형상은 간결했다. 그는 유탄을 내려놓고 다시 한번 영원암의 풍광을 둘러보며 고개를 끄덕였다. 더 그릴 필요가 없는 그림이었다.

세 사람은 다시 길을 떠났다. 만폭동萬瀑洞에는 큰 바위가 가로놓여 있는데, 가히 수백 명이 앉을 만했다. 바위 위에는 '봉래풍악 원화동천蓬萊楓嶽元和洞天'이라는 큰 글씨가 새겨져 있었다. 장안사 승려가 글씨를 가리키며 안평대군安平大君, 김구金絿, 한호韓濩와 함께 조선 4대 명필로 꼽히는 양사언(楊士彦, 1517~1584)이 쓴 글씨인데 보는 사람마다 잘 썼다고 한마디씩 한다고 설명했다. 김홍도와 김응환은 고개를 끄덕이며 골짜기 위로 올라가 종이를 꺼냈다.

"아우님, 스님 설명을 다 듣다가는 한 달이 걸려도 못 보겠네. 아무래도 서둘러야 할 것 같아."

"예, 형님. 생각 같아서는 산천유람하듯 천천히 둘러보고 싶지만 그랬다가는 주상 전하께 불호령을 들을 것 같습니다."

두 사람은 그때부터 발길을 서둘렀다. 만폭동 골짜기에서 흑룡담, 보덕암, 불설담, 진주담, 마하연을 그린 뒤 이튿날은 동해안 쪽 외금강을 향해 발길을 옮겼다. 이때부터 열흘 동안 은선대 십이폭포, 유점사, 발연, 치폭, 신계사, 비룡폭포, 만물초 등의 풍광을 화폭에 담았다.

열흘 뒤, 김홍도와 김응환이 회양관아에 도착하자 강세황이 두 화원을 반갑게 맞으며 그동안 그린 그림들을 구경하자며 고개를 빼고 행낭을 바라봤다. 강세황은 두 사람이 행낭에서 펼친 백여 점의 초본 그림을 보고 눈이 휘둥그레졌다. 그리고 그림을 한 폭, 한 폭 살펴보며 감탄사를 연발했다.

"주상 전하의 명을 받들어 영동지방을 두루 다니며 중요한 지역과 평탄하고 험한 형승을 모두 그려내다니 대단하구나. 한 사람은 고상하고 웅건하여 울창하고 빼어난 운치를 극진하게 했고, 또 한 사람은 아름답고 선명하여 섬세하고 교묘한 형태를 다 살려냈으니 두 사람 각기 장점을 발휘하였구나. 대단하구나, 대단해."

두 화원이 과찬이라며 얼굴을 붉히자 강세황은 이렇게 세밀하게 그렸으니 산천의 신령도 기뻐할 일이라며 계속 추켜세웠다. 그리고 김홍도의 그림 중 '청간정'을 꺼내 좋은 풍광이라며 모사했다.

김홍도와 김응환은 두 달에 가까운 봉명사행을 마치고 한양으로 돌아왔다. 날씨가 추운 강원도 지방을 다녀와 김홍도는 다시 기침병이 도졌다. 김응환도 기운이 빠져 몸져누웠다. 그러나 두 사람은 정조의 재촉에 쉴 틈이 없었다. 김홍도와 김응환은 각자 그려온 초본을 정리한 다음, 잘된 70점을 가려내어 비단 위에 그렸다. 그리고 정조가 보기 편하게 다섯 권의 화첩으로 만들어 진상했다.

정조는 두 화원에게 길이가 수십 장(丈, 한 장이 약 3.33m)에 이르는 비단 두루마리에도 옮겨 그리게 했다. 두 화원이 그림을 완성하자 정조는 크게 만족하면서 규장각 대제학을 역임한 서유구, 검서관 이덕무 등의 신하들에게 보여주며 제화시를 짓게 했다. 김홍도에 대한 정조의 신임은 더욱 두터워졌다. 그려온 그림에 대해 궁금한 부분이 있으면 그를 불러 물어보다가 아예 궁궐 안 직방(直房, 숙직실)에서 대기하면서 불시의 부름에 준비하라는 명을 내렸다.[43]

김홍도는 한동안 입직실에 대기하며 주문이 들어오는 대로 금강산 그림을 그렸다. 정조가 두 화원이 진상한 화첩을 크게 칭찬했다는 소문이 퍼지자 주문이 밀려들었던 것이다. 김홍도는 웬만한 조정대신들의 주문보다 광통교 서화사의 주문을 우선적으로 그렸다. 먼 여행을 떠날 형편이 못되는 평민들에게 금강산과 해금강의 절경들을 보여주고 싶어서였다. 그의

(위) 김홍도, 청간정, 《금강사군첩》, 견본담채, 30×43.7cm, 개인
(아래) 강세황, 청간정, 《풍악장유첩楓嶽壯遊帖》, 지본담채, 32.1×47.9cm, 국립중앙박물관

금강산 그림은 이렇게 세상으로 퍼져나갔고, 많은 방외화사가 그의 그림을 모사해 팔았다. 도화서 화원들이 그에게 가짜 그림이 나돈다는 얘기를 하면, 김홍도는 누가 그리든 금강산의 절경을 보고 즐거워하면 되는 거라고 웃어 넘겼다.

서양화 기법으로 그린
김홍도의 책가도는 어디에 있을까?

김홍도가 서양화 기법을 이용해 책가도를 잘 그렸다는 기록은 이규상(李奎象, 1727~1799)이 18세기의 인물 180여 명의 이야기를 담은 문집인 《일몽고一夢稿》에 나온다.

"김홍도의 자는 사능, 호는 단원이다. 도화서에서 모습을 드러내더니 지금은 현감이 되었다. …… 도화서 그림이 처음으로 서양의 사면척량화법(四面尺量畵法, 투시 원근법)을 모방하기 시작했는데 (이 방식으로) 그림을 완성함에 이르러, 한쪽 눈을 가리고 본 즉, 모든 물건이 가지런히 서지 않음이 없었다. 세상에서는 이를 가리켜 말하기를 책가도冊架圖라 한다. 반드시 채색을 하였는데 한 시대의 귀인으로 이 그림을 (벽에 장식으로 도배하여) 바르지 않은 사람이 없었다. 홍도가 이 기법에 뛰어났다."[44]

정조 때 책가도와 관련한 기록은 정조의 문집인 《홍재전서》1791

년(정조 15년) 5월 기록에 나온다. 정조의 어좌 뒤에 '일월오봉도' 대신 '책거리 병풍'이 있었다는 내용이다.

> 어좌 뒤의 서가를 돌아보면서 입시한 대신에게 이르기를, "경은 보았는가?" 하였다. 보았다고 대답하자, 웃으면서 하교하기를, "경이 어찌 진정 책이라고 생각하겠는가. 책이 아니고 그림이다. 옛날에 정자程子가 '비록 책을 읽지는 못하더라도 서점에 들어가서 책을 만지기만 해도 기쁜 마음이 샘솟는다'라고 하였는데, 나는 이 말의 의미를 이 그림으로 인해서 공감하게 되었다. …… 요즈음 사람들은 문장에서 추구하는 바가 나와 상반되어서 그들이 즐겨 보는 것은 모두 후세의 병든 문장들이니, 어떻게 하면 바로잡을 수 있겠는가. 내가 이 그림을 만든 것은 또한 이러한 뜻을 부치고자 해서이다" 하였다.[45]

그러나 아쉽게도 김홍도가 책가도를 잘 그렸다는 기록은 이규상의 《일몽고》에서만 전해질 뿐 그가 그린 그림은 아직 발견되지 않았다.

이형록(李亨祿, 1808~1883 이후)은 대표적인 책가도 화가다. 김홍도와 63년의 나이 차이가 있지만, 조선 후기의 대표적 화원 가문 출신으로 조부 이종현과 부친 이윤민에 이어 3대째 책가도로 이름을

이형록, 〈책가도〉, 10폭 병풍, 견본채색, 197.5×395cm, 클리블랜드 미술관

날렸기 때문에 김홍도 시대에 화원들이 그렸던 책가도 형식을 충실히 이어받았다고 추정할 수 있다.

이형록 병풍은 이규상이 《일몽고》에서 언급한 책가도와 마찬가지로 서양 화법인 선 투시도법과 명암법을 사용해 책장에 서책과 중국산 도자기, 옥기, 청동기 유물, 문방구, 과일, 화훼 등을 입체감 있게 배치했다. 따라서 김홍도의 책가도는 이형록의 책가도와 큰 차이가 없었을 것으로 추측해도 무리가 없을 듯하다.

김홍도나 그 시대 화원들이 궁궐에 진상한 책가도가 전해지지 않는 이유는, 궁에서 새로운 병풍 그림이 들어오면 이전 병풍은 보관하지 않고 폐기했을 가능성이 높기 때문이다. 조정대신들이 소장했던 책가도 역시 세월이 흐르면서 파손되었을 가능성이 높다.

27장

벗과 스승을 잃고 시름에 잠기다

1789년(정조 13년), 김홍도와 김응환은 1년 만에 다시 행장을 꾸려 도성 앞에서 만났다. 이번에는 말머리를 남쪽으로 향했다. 며칠 전까지만 해도 김홍도는 중국으로 떠나는 연행사 사절단에 합류할 준비를 하고 있었다. 연행사 정사正使로 임명된 이성원이 이번 연행에 김홍도를 군관으로 데려갈 것을 청해 정조에게 허락까지 받아놓은 상태였기 때문이다.[46] 당시에는 연행사에 화원을 동행시켜 중국의 지형과 풍광을 그려오게 하는 것이 관례였다. 김홍도는 중국에 가면 천주당에 들러 서양 그림을 직접 볼 생각에 가슴이 부풀었다. 그러나 그 기쁨은 오래가지 않았다. 얼마 뒤 임금이 김응환과 함께 영남지방을 거쳐 대마도(쓰시마)까지 봉명사행을 다녀오라는 명을 내린 것이었다.[47] 그때 김홍도의 나이 벌써 마흔넷, 그는 자신이 40대

중반으로 들어섰다는 사실이 실감나지 않았다.

김홍도는 말머리를 남쪽으로 돌리면서도 아쉬운 마음을 달랠 수 없었다. 두 화원이 가야 할 곳은 영남에서도 군사적으로 중요한 동래읍성, 좌수영성, 해운포영성, 서평포진성, 다대포성, 가덕진성, 천성진성, 기장읍성, 두모포진성, 부산진성이었다. 이곳의 형세를 그린 후 부산에서 역관과 함께 대마도로 가는 일정이었다.

나룻배를 타고 한강을 건너자마자 김응환은 주막에서 국밥이나 한 그릇 먹고 가자며 말에서 내렸다.

"형님, 진짜로 몸은 괜찮으신 겁니까?"

김응환은 지난 봉명사행을 다녀온 뒤로 많이 쇠약해진 상태라 김홍도가 걱정스러운 목소리로 물었다.

"봄에는 좀 힘들었는데 보약을 몇 첩 달여 먹었더니 이제는 괜찮네."

"좀 더 쉬시면 좋을 텐데 주상 전하의 지엄하신 명이니 제 마음이 무겁습니다."

"아닐세. 그래도 작년에 봉명사행을 다녀온 덕분에 금강산 그림 주문이 많이 들어와 집에서는 좋아한다네. 하하."

김홍도는 차비대령화원조차 궐에서 받는 녹봉으로는 먹고살기 힘들어 사적인 주문에 응해서 생계를 이어야 하는 현실이 씁쓸했다. 도화서는 사정이 더 나빠 일부 대신들이 화원 녹봉의 현실화를 제언해도 별 소용이 없었다.

"그런데 아우님은 어렵게 얻은 연행 기회를 놓쳐 아쉬움이 크겠구먼."

"예, 형님. 이번에 가면 천주당이라는 데 가서 태서화를 자세히 살펴보고 싶었는데 언제 또 기회가 올지 모르겠습니다."

"어쩌겠나. 주상 전하의 어명이니……. 그래도 봉명사행을 잘 수행하고 오면 다음 기회에 갈 수 있을지 모르니 너무 상심하지 말게."

"예, 형님."

두 사람은 다시 말에 올라 계속해서 남쪽으로 향했다. 김홍도는 생각할수록 연행사 기회를 놓친 게 아쉬웠다. 작은 화폭에 천 리의 먼 형세도 그릴 수 있다는 특별한 화법이 너무 궁금했다. 천주당이라는 곳에 가서 야소(예수)를 그린 걸 보고 온 역관들은 거짓이 아니라며 인물이 살아서 움직이듯 하고, 그림으로 그린 문을 진짜 문인 줄 알고 밀었다고 했다. 김홍도는 그들의 말을 들으며 머릿속에서 이렇게도 그려보고 저렇게도 그려봤지만 어렴풋이 짐작만 할 뿐 태서화의 화법은 좀처럼 손에 잡히지 않았다. 그는 답답한 마음에 고개를 들어 청명한 가을하늘을 바라봤다.

쉴 새 없이 말을 몰아 800리를 내려오자 경상도 양산이었다. 김응환은 말머리를 통도사 쪽으로 돌렸다.

"아우님, 통도사가 유명한 절이니 하루 이틀 묵으면서 무사귀환을 기원하는 불공을 부탁함세."

"예, 형님. 그리하면 마음이 든든할 것 같습니다."

이번 봉명사행에서 느껴지는 긴장감은 작년과 비할 바 없이 컸다. 대마도에 가서 지형을 파악하고 지도를 그려오는 일은 비밀리에 수행해야 하는 임무였다. 일본인들에게 들켰다가는 목숨을 부지하기가 어려웠다. 비변사에서도 동래부에 도착하면 통역과 길 안내를 해줄 역관이 기다리고 있을 것이라며 말과 행동을 각별히 조심할 것을 신신당부했었다.

두 사람이 통도사 근처에 도착하자 바위 하나가 우뚝 서 있는 게 보였다. 높이는 세 길 정도(5.5미터)인데, 이곳을 방문한 사람들 이름이 여럿 새겨져 있었다. 김응환이 아는 사람 이름을 찾으려는 듯 한참을 바라보다 말에서 내렸다.

"아우님, 우리도 이 바위에 이름을 새겨볼까? 하하."

바로 그때 근처 초가집에서 사람 하나가 급히 달려 나왔다.

"나리들, 저 바위에 이름을 새기시면 부처님의 가피加被로 자손만대가 복을 누리는 효험이 있습니다요. 헤헤."

바위에 이름 새기는 일을 하는 석각장이였다.

"두 사람 이름을 새기는 데 얼마인가?"

"한 분 성함에 한 냥씩 두 냥이옵니다."

김홍도가 나서서 묻자 석각장이는 허리를 숙이며 웃는 얼굴로 대답했다. 도화서 화원이 대신들의 초상화를 그려주고 받는 사례가 한 냥이었다. 김홍도는 조금 비싸다는 생각이 들었지만 바위에 이름을 새기는 일도 초상화 그리는 일에 못지않을 거라 생각하며 석수장이 집으로 갔다. 김홍도는 행낭에서 종이와 붓을 꺼내 두 사람의 이름을 써서 건넸다. 글씨를 보더니 석각장이 눈이 동그래졌다.

"나리, 천하 명필이십니다. 근래에 들어 이렇게 힘이 있는 글씨는 처음 봅니다. 제가 이 글씨대로 정성껏 새겨드리겠습니다."

"이보게, 아무리 생각해도 두 냥은 과한 듯하네."

"형님, 석각 일도 쉬운 일은 아닌 것 같으니 두 냥 가치는 있겠습니다. 환쟁이나 석각장이나 다 같은 '쟁이'인데 우리까지 야박하게 할 게 있겠습니까. 효험을 믿고 새기는 거지요. 하하."

"글씨가 범상치 않다 했더니 역시 화사님들이군요. 제가 자손만대에 복이 내리도록 정성을 다해 새기겠습니다요."

김홍도가 허리춤에서 두 냥을 꺼내 건네자 석각장이는 고맙다며 몇 차례 허리를 숙이다 말을 꺼냈다.

"그런데 화사님들, 혹 절에 가셔서 불공도 드리시려는지요?"

"우리가 직접 할 시간은 없어 스님께 부탁하려 하는데 왜 그런가?"

"그러면 빈손으로 가시는 것보다는 체면으로 뭘 좀 준비하시는 게 좋습니다요. 헤헤."

"이 사람이 우리를 탈탈 털려고 작정을 했구먼. 허허."

"형님, 석각장이 말이 맞는 것 같습니다. 제가 조그만 성의를 준비하겠습니다."

"아우님, 아닐세. 이번에는 내가 함세. 그래, 뭘 준비하면 좋겠는가?"

"예, 나리. 잘 생각하셨습니다요. 쌀도 있고, 보리도 있고, 좁쌀도 있으니 성의대로 말씀하시면 제가 갖고 함께 올라가겠습니다요."

"그럼, 쌀 한 말(8킬로그램. 상평통보 반 냥)을 준비하시게."

"예, 나리. 그리 큰 공양을 하시면 스님께서도 열심히 발원하실 겁니다.

헤헤."

김응환이 셈을 치르자 석각장이는 집 안에 들어가 쌀자루를 메고 나왔다. 그사이 김홍도는 종이를 꺼내 '봉명사행 무사귀환'이라고 썼다.

세 사람이 통도사에 들어서자 소나무와 회나무가 울창해 바람소리가 시원하게 들려왔다. 조금 더 안으로 들어가자 흰 바위들이 즐비한 사이로 맑은 시내가 흐르고 있었다. 석각장이는 오른쪽 누각에 앉아 기다리고 있으면 스님을 모셔오겠다며 사찰 쪽으로 갔다.

"형님, 맑은 시내가 흐르고 구름이 산을 휘감으며 흘러가는 풍광을 보니 마음이 차분해지는 게 참으로 좋습니다. 작년 봉명사행 때도 느낀 거지만 우리가 그동안 도화서에서 그림만 그리며 너무 답답하게 산 것 같다는 생각이 듭니다."

"맞는 말이네. 우리 팔자에 이렇게 산천을 주유하는 건 상상하기 힘든 호사지. 지금이라도 나그네처럼 산도 보고, 강도 보고, 바다도 보고, 풍광도 실컷 그려봤으니 다른 화원들에 비하면 참 복 받은 삶일세그려."

"예, 형님 말씀이 맞습니다. 그래서 저는 차라리 방외화사가 되어 떠돌고 싶다는 생각이 들 때가 있습니다."

"그건 아우님에게 자신의 그림을 그리고 싶은 마음이 크기 때문일 걸세. 그러나 도화서 화원, 그것도 어용화사라는 명성이 있기에 그림 주문도 들어오는 것이라는 사실을 명심하게. 사람들은 아무리 그림을 잘 그려도 방외화사에게는 그림을 주문하지 않네. 그러면 배나 곯지. 최칠칠(최북)처럼 양반집 마당에서 그림을 그리는 수모를 당할 수도 있으니……."

그때 스님이 누각 아래서 합장을 하며 올라왔다.

"소승, 두 분 화사님께 인사 올립니다. 멀리서 이 시골까지 오셔서 큰 시주를 해주시니 부처님의 가피가 두 화사님께 함께하기를 발원합니다."

"스님, 고맙습니다. 여기 저희의 발원을 적어왔으니 저희가 돌아올 때까지 열심을 다해주시기를 부탁드립니다."

스님은 김홍도가 건넨 종이를 펼치다 '봉명사행 무사귀환'을 보고 눈이 둥그레졌다.

"두 분 화사님이 나랏일을 하시는 중인 줄 모르고 결례를 범했습니다. 안에 있는 승방에 드시면 따뜻한 차를 대접하겠습니다."

"말씀은 고맙지만 저희는 갈 길이 아직 많이 남아 있습니다. 일을 마치고 올 때 다시 들르면 그때 마시겠습니다."

"나무관세음타불. 봉명사행 무사기원을 발원합니다."

스님의 목탁소리가 정자 넘어 소나무 숲으로 울려 퍼졌다.

며칠 뒤, 두 사람은 동래부에 도착하자마자 동헌에 들러 부사 김이희(金履禧, 1727~?)에게 인사를 했다. 김이희는 비변사의 연락을 받았다며 영남 지방의 형승을 그리는 일을 마치면 역관과 함께 대마도로 떠날 수 있게 채비해놓겠다고 했다. 두 사람은 객사에 머물며 바로 다음 날부터 동래 읍성, 좌수영성, 해운포영성, 서평포진성, 다대포성, 가덕진성의 형승을 그렸다. 그러던 어느 날, 한쪽에 짐을 놓고 쉬고 있는데 김응환이 속이 거북하다며 땀을 흘렸다. 김홍도가 놀라서 그의 옆으로 갔다.

"형님, 괜찮으세요?"

"점심 먹은 게 얹혔는지 꼭 체한 것 같고 이렇게 땀이 나네."

"곧 의원을 부르겠습니다. 잠시만 기다리세요."

"고맙네. 그렇게 해주게."

동래에 도착한 뒤로 안색이 좋지 않던 터라 김홍도는 곧바로 의원을 불러야겠다고 생각했다. 밖에 나가 통인에게 이른 뒤 방으로 돌아오니 김응환은 아예 자리에 드러누워 힘들게 신음을 뱉어내고 있었다.

"형님, 조금만 참으시면 의원이 올 겁니다."

그러나 김응환의 상태는 조금도 나아지지 않고, 오히려 악화되어 이번에는 가슴을 움켜쥐며 고통을 호소했다. 마치 물속에라도 들어갔다 나온 듯 김응환의 온몸이 땀으로 흠뻑 젖은 걸 보고, 김홍도는 상황이 심상치 않다고 생각했다. 단순한 체증이 아니었다. 김홍도는 이마에서 땀이 비 오듯 쏟아질 때까지 김응환의 팔과 다리를 주무르며 희미해져가는 의식을 되돌리려 했으나 김응환은 마지막 힘을 그러모아 그런 김홍도의 손을 막았다. 헛수고라고 말하는 것 같았다. 김응환의 신음이 점점 작아졌다. 그러더니 팔다리가 풀리고 숨이 멎었다. 찰나의 일이었다.

"형님, 형님, 정신 차리세요……."

김홍도가 김응환의 몸을 흔들고 있을 때 의원이 들어와 맥을 짚었다. 김홍도는 초조한 눈빛으로 의원의 입만 바라봤다. 의원은 굳은 얼굴로 김응환의 손목을 내려놨다.

"괜찮은 겁니까?"

김홍도의 외마디 소리에 의원은 고개를 떨궜다. 그때 동래부사 김이희도 방으로 왔다.

"어찌된 일인가?"

"열이 갑자기 심(心, 심장)으로 올라와 손쓸 틈이 없었습니다. 몸이 무리를 하면 간이 부으면서 열이 생기는데 그러면 이렇게 급사를 하는 일이 간혹 있습니다."

의원의 말을 듣고 김홍도는 서러움에 북받쳐 굵은 눈물을 쏟아냈다.

'지난해부터 무리를 한 탓이다. 이번에는 쉬셨어야 하는데. 괜찮다는 말을 곧이곧대로 들어서는 안 되는 거였는데…….'

김홍도는 통곡을 삼키며 눈물을 닦았다. 아직 포기할 수 없었다.

"지금이라도 침을 놓으면 안 되는 것인가?"

"송구하게도 이미 늦었습니다."

김홍도는 더 이상 말을 잇지 못하고 눈물만 흘렸다. 부사는 아전에게 시신을 옮기라고 지시한 뒤 방을 나갔다.

"형님, 복헌 형님!"

김홍도는 밖으로 옮겨지는 김응환의 시신을 바라보며 통곡했다. 김응환의 나이 향년 47세였다. 김홍도는 급사라고 할 수밖에 없는 김응환의 갑작스러운 죽음 앞에 넋을 잃고 통곡했다. 25년 전 든든한 배경도, 그럴싸한 연줄도 없이 홀로 덩그러니 도화서에 들어와서 헤맬 때 때로는 형님으로, 때로는 벗으로 따뜻하게 보살펴주던 그였다. 그런 김응환이 갑자기 세상을 떠났다는 사실이 믿기지 않았다. 며칠을 그렇게 슬퍼하던 김홍도는 김응환의 시신을 바다가 내려다보이는 양지바른 곳에 묻었다.*

1790년(정조 14년) 정월, 김홍도는 고질병인 천식이 재발해 몸져누웠다. 동빙고 시절에 얻은 천식에 한질(寒疾, 독감)까지 겹쳐 얼음 같은 한기와 기침, 고열이 밤낮으로 번갈아들며 그를 괴롭혔다. 다행히 날씨가 풀리면서 한질은 호전되었고, 4월이 되자 다시 입맛이 돌아와 기운을 차릴 수 있었다. 몸을 회복한 김홍도는 다시 일상으로 돌아갔다. 도화서 일이 끝나면 집에 와서 그동안 밀린 주문 그림을 그렸다. 사간원의 대사간 정범조는 김홍도에게 그림을 부탁하기 위해 시를 지어 보냈고, 조정대신과 사대부의 청을 들고 오는 사람들로 김홍도의 집은 조용할 틈이 없었다.

이듬해 친구의 상을 치르고 오랜 와병 생활로 인한 피로에서 벗어날 때쯤, 김홍도는 새해 벽두부터 황망한 소식을 들었다. 회양부사로 있던 강세황의 큰아들 인의 부고였다. 강인은 지난해 4월 말 암행어사 서영보에 의해 황장목(소나무 목재) 40여 판을 몰래 빼돌린 일을 지적받고 파직되었다. 강인은 황장목 판에 흠이 있어 다른 것으로 바꾸는 과정에서 일어난 일이라며 억울함을 호소했지만 정조는 "벼슬아치를 부끄럽게 했다"며 그가 부사로 있던 회양으로 유배했다. 그런데 치욕 속에서 유배 생활을 하다가 갑작스레 세상을 떠난 것이다. 김홍도는 부고를 듣자마자 스승을 찾았지만 강세황은 큰아들의 죽음에 넋이 나가 문상객을 받을 상황이 아니었다. 대

---

* 김응환이 세상을 떠난 후 김홍도가 봉명사행을 계속 수행했는지 아니면 곧바로 한양으로 올라갔는지에 대한 기록은 아직 발견되지 않고 있다. 357쪽 부록 참조.

김홍도, 기려원유, 지본담채, 28×78cm, 간송미술문화재단
그림 오른쪽에 강세황이 "김홍도가 중병에서 일어나 이 그림을 그렸다. 그의 심한 고질병이 완쾌되었음을 기뻐하며 위로했다"며 경술년(1790년) 청화월(4월)에 썼다고 밝혔다.

문 앞에서 발길을 돌린 김홍도는 설마 이날의 방문이 생전 마지막 인사가 될 줄은 몰랐다.

보름 후 표암 강세황이 78세를 일기로 굴곡도, 영광도 많았던 생을 뒤로 하고 눈을 감았다. 큰아들의 비극적인 죽음의 충격을 이겨내기엔 몸이 이미 쇠약해져 있었다. 강세황은 눈을 감기 직전 붓을 달라 하여 "푸른 솔은 늙지 않고 학과 사슴이 일제히 운다蒼松不老, 鶴鹿齊鳴"라고 썼다.

강세황의 삶은 파란만장했다. 맏형 강세윤이 이인좌의 난 때 반적과 내통했다는 누명을 쓰면서 가문이 몰락했고, 과거를 통한 출사가 불가능하게 되자 서른한 살에 처남 유경종이 있는 안산으로 내려갔다. '시서화 삼절'로 불리며 포의의 삶을 살면서 성호 이익 가문을 비롯해 심사정, 최북, 허필 등과 교유했고 김홍도를 제자로 받아들였다. 나이 50세 때 가문이 복권되었지만 60세가 되어서야 첫 벼슬로 종9품 영릉참봉에 제수되었다. 그때부터 순탄한 벼슬 생활을 하면서 77세 때에는 정2품의 한성판윤까지 올랐다. 그러나 맏아들의 불명예스러운 죽음 앞에 그 모든 영광은 퇴색하고 말았다.

김홍도는 갑작스러운 스승의 부재가 믿기지 않아 병풍 앞에 엎드려 울고 또 울었다. 오로지 그림을 그리고 싶다는 열의로만 똘똘 뭉친 중인 소년을 스승은 반상의 법도도 따지지 않고 제자로 받아들여 화결을 가르쳤다. 그 뒤로 '표암'이라는 두 글자는 화가로서 도달해야 하는 이상이 되었다. 자신의 자호를 '단원'이라 지은 것도 스승의 뒤를 따르고 좇고자 했던 마음의 표현이었다. 마음 여린 김홍도에게 스승 강세황과 형님 같던 김응환의 부재는 남들이 상상하기 힘든 상실감을 안겨줬다. 김홍도는 술로 밤을 지새우는 날이 많았다. 정조의 명을 받아 궁중용 그림을 그리기는 했으나 마음이 움직여 붓이 나가는 일은 드물었다.* 이인문을 비롯한 벗들은 그런 김홍도를 걱정스러운 눈으로 바라보며 자주 불러내어 위로를 해주었다.

6월 15일, 김홍도는 이인문과 함께 송석원시사의 시회에 잠시 들러 아회도를 그려달라는 부탁을 받았다. 마성린의 안화당에서 모이던 중인 문인

---

* 정조의 《홍재전서》 1791년 5월 기록에 보면 이즈음 김홍도가 궁중용 책거리병풍을 진상했을 가능성이 있다. 이에 대해서는 337쪽 부록에서 자세히 다뤘다.

들이 송석원에서도 시모임을 열면서 활동 반경을 넓히는 중이었다. 송석원(松石園, 현재 옥인동 47번지 일대)은 당시 중인 시인 중 최고의 시재를 가졌다고 평가받는 천수경(千壽慶, ?~1818)의 집으로, '소나무 숲 바위 옆에 있는 집'이라는 뜻이었다. 천수경의 집은 인왕산 자락 아래 옥류동 근처 소나무 숲에 있었다.

천수경이 자신의 집에서 처음 시회를 연 것은 4년 전인 1786년 7월 무렵이었다. 그 뒤로도 끊이지 않고 가끔 시회를 열었고, 그러자 많은 중인 시인 묵객이 송석원에 모여들었다. 천수경은 이 모임에 중국의 왕희지가 만든 '난정시사蘭亭詩社'를 본떠서 '옥계시사(玉溪詩社, 옥류동 계곡의 시모임)'라는 이름을 붙였고, 나중에는 집 이름을 따서 송석원시사松石園詩社로 부르기도 했다. 모임에 드나들던 이들은 천수경을 비롯하여 조수삼, 김낙서, 박윤묵 등 당대 최고의 중인 시인들로 이들은 주로 신분의 차별과 경제적 궁핍에 대한 불만이나 자포자기 심사를 시로 읊었다. 송석원시사에서는 매년 봄가을에 '백전白戰'을 열었는데, 적게는 수십 명에서 많게는 수백 명에 이르는 중인 시인들이 모여 시를 짓고 그림을 그렸다. '백전'은 백지 종잇장으로 싸운다는 뜻으로, 여기에 참석하지 않으면 중인 시인 대접을 받지 못할 정도였다.

이인문은 김홍도에게 자신이 먼저 가서 그림을 그리고 있을 테니, 일을 마치고 꼭 오라고 당부했다. 시회 당일 이인문은 시간에 맞춰 송석원에 갔다. 한여름이었지만 인왕산을 타고 내려온 시원한 바람이 옥류동을 감싸고 있었다. 시인들은 이미 송석원이라는 글자를 새겨놓은 바위 아래에 자

이인문, 송석원시사야회도, 개인

김홍도, 송석원시사야연도, 25.6×31.8cm, 개인

리를 잡고 시회를 열고 있었다. 이인문은 옥류동 풍경과 시인들을 그린 다음, 언덕 아래를 흐르는 옥류천과 오른쪽에 자리 잡은 초가집 몇 채를 덧붙여 그림을 마무리했다.

김홍도는 늦은 오후가 되어서야 송석원에 도착했다. 시인들은 이미 부근에 있는 김운림의 집으로 자리를 옮긴 상태였다. 간단한 저녁 찬거리와 함께 술자리가 벌어졌고, 김홍도는 보름달빛에 취해 술잔을 기울였다. 양반들의 눈치를 보지 않아도 되는 모임이라 마음이 편안해졌는지 술이 몇 잔 들어가자 흥취가 났다. 그는 화구통에서 종이와 붓을 꺼내 그윽한 달빛 아래에서 펼쳐지고 있는 시회 광경을 그린 뒤 이인문과 함께 백운동천에 있는 자신의 집 단원으로 돌아갔다. 흥취가 사라지기 전에 달빛 아래의 시회 광경을 그리고 싶어서였다.

두 사람은 단원에 도착해 호롱불 아래에서 나란히 초본을 펼치고 붓을 집어 들었다. 이인문이 먼저 섬세한 붓질로 그림을 마무리하고 화폭 오른쪽 위에 "고송유수관도인 이인문 문욱이 단원 집에서 그렸다"*라고 관서했다. 당시 이인문은 '고송유수관도인'이라는 별호를 사용하고 있었다. 김홍도는 그림 왼편에 단원이라고 관서한 뒤 도장을 찍었다. 이인문은 김홍도의 그림이 스승이 세상을 떠나기 전에 비해 차분하면서도 격조 있게 바뀐 것 같다고 느꼈다. 훗날 마성린은 김홍도의 그림 왼쪽 위에 "6월 더위 찌는 밤에 구름과 달이 아스라하니, 붓끝의 조화가 사람을 놀라게 해 아찔

---

* 古松流水館道人 李寅文 文郁 寫於檀園所

하구나"*라고 썼다.

6월 24일, 정조는 18년 전 삼책불통의 치욕을 겪은 뒤 제수받았던 장원서 별제 자리에 김홍도를 다시 임명했다. 그간의 봉명사행에 대한 포상으로 벼슬을 내린 것이었지만 김홍도는 도화서에서 그림을 그리는 게 더 좋았다. 벼슬살이는 그에게 좋은 기억보다는 무록직으로 고생하거나 중인으로서 신분의 한계에 부딪혔던 기억으로 남아 있었다. 물론 지금은 그때와 달리 녹봉을 받지 않아도 간간이 금강산 그림을 그리는 것만으로도 충분히 생활을 굴릴 수 있었지만, 장원서로 가는 발걸음이 마냥 즐겁지는 않았다. 이즈음 김홍도는 중매로 중인 여인과 혼인을 했다. 혼자 사는 것도 힘들고 나이가 들수록 아들이 있으면 좋겠다는 생각이 들어서였다. 김홍도는 함께 지내던 노부부에게 방을 구할 돈을 주면서 그간의 감사를 표했다.**

* 庚炎之夜 / 雲月朦朧 / 筆端造化 / 驚人昏夢

** 김홍도 족보에는 처나 혼인에 대한 기록이 없지만 아들의 출생년에 맞춰 설정했다.

김홍도는 대마도에 다녀왔을까?

군사적 목적을 띤 봉명사행은 《조선왕조실록》, 《승정원일기》, 《일성록》과 같은 국가의 공식 기록에 기록되지 않는다. 오세창은 자신이 편찬한 《근역서화징》 '김응환' 조에서 "김홍도가 어린 나이로 따라갔다가 장사를 잘 치르고 홀로 대마도에 가서 지도를 그려 가지고 돌아와 바쳤다"고 서술했다. 물론 당시 김홍도는 마흔네 살로 결코 어린 나이가 아니었기에 기록에 오류가 있긴 하지만 오세창이 김응환의 족보인 《김씨가보》에 있는 내용을 기록했고, 도화서에는 김응환의 친인척이 여러 명 있었기 때문에 나름 신빙성이 있을 수 있다. 그러나 이를 뒷받침하는 문헌이나 그림은 아직 발견되지 않

통도사 입구 바위에 새긴 김홍도와 김응환의 이름

았고, 규장각 검서관을 지낸 유재건(劉在建, 1793~1880)이 저술한 《이향견문록》의 '김응환' 조에는 "영남지방을 그린 그림은 대궐에 있다"는 언급만 있을 뿐 대마도에 대한 내용은 없다. 훗날 이에 대한 정확한 자료가 나올 때까지는 결론을 유보할 수밖에 없다.

그리고 김홍도가 이때 정조의 명으로 대마도에 가서 지도를 그려 왔기 때문에, 1794년 5월부터 10개월 동안 일본에 가서 샤라쿠라는 일본 화가로 활동하면서 144점의 그림을 남겼을 것이라는 이영희 한일비교문화연구소 소장의 주장은 전혀 근거가 없다. 해당 시기 김홍도는 연풍현감에 재직 중이었고, 5월부터 3년 동안의 자세한 행적은 《승정원일기》와 《일성록》에서 날짜까지 확인된다.

5부

마음을 그리다

28장

백성들의 궁핍함을 살피다

"별제는 나와서 전하의 명을 받으시오."

다시 돌아온 장원서에서 처음 맞는 겨울, 별제실에 앉아 한가로이 시간을 보내던 김홍도는 임금의 명을 알리는 위엄 있는 목소리에 서둘러 의관을 정제하고 장원서 마당에 나갔다.

"별제 나리, 조정에서 반가운 소식이 왔나 봅니다."

장원서 사령이 들뜬 목소리로 김홍도를 맞았다.

"별제 김홍도를 충청도 연풍현감에 제수한다."

9월 중순 정조의 어진을 그리는 작업에 동참화사로 참여한 공을 인정해 관직을 하사한 것이었다. 김홍도에게는 세 번째 어진 작업이었다. 정조의 두터운 신임을 받고 있는 데다 조정대신도 손꼽아 인정하는 터라 김홍도가 어용화사에 선정되는 것은 이제는 너무도 당연한 일이 되었다. 보름 동안 계속된 어진 작업이 마무리되자 정조는 주관화사 이명기와 동참화사 김홍도에게 걸맞은 관직을 제수하라 전교했다. 김홍도는 울산 감목관 시절을 떠올리며 수로지은을 마냥 편안한 마음으로 기다릴 수 없었다. 몇 달 전 맞이한 아내를 생각해서라도 한양을 떠나지 않기만을 바랐다.

연풍은 충청도 괴산 옆에 위치한 작을 마을이었다. 한양 집을 비워야 한다는 아쉬움이 있었지만 현감직이라면 이야기가 달랐다. 현감은 별제, 찰방처럼 중인이 받을 수 있는 최고 관직인 종6품에 해당하지만 그중에서도 서열이 가장 높았고, 임기도 1800일(약 5년)이었다.

"소신, 몸과 마음을 다 바쳐 성심껏 전하의 명을 받들겠습니다."

김홍도는 엎드려 절을 하며 연풍에서 새롭게 펼쳐질 삶에 대한 기대로 가슴이 부풀었다.

1792년(정조 16년), 47세가 된 김홍도가 아내와 함께 연풍관아에 도착한 것은 1월 중순께였다. 연풍현은 다섯 개 면에 가구 수가 1800호에 불과한 작은 고을이었다. 중인이나 서얼 출신이 현감으로 가는 고을은 과거에 합격한 양반 사대부들이 임명되는 고을에 비해 한양에서 멀거나 외진 곳에 있었다.

김홍도는 1월 중순부터 아전의 업무 보고를 받으며 업무를 시작했다. 사또의 업무는 많고 복잡했다. 5천여 명 읍민의 안전부터 구휼까지 신경 쓰는 일은 꽃과 과일을 다루는 장원서, 채소의 공급을 책임지는 사포서, 말의 숫자에 신경을 써야 하는 감목관, 각 역으로 보내는 문서와 역마를

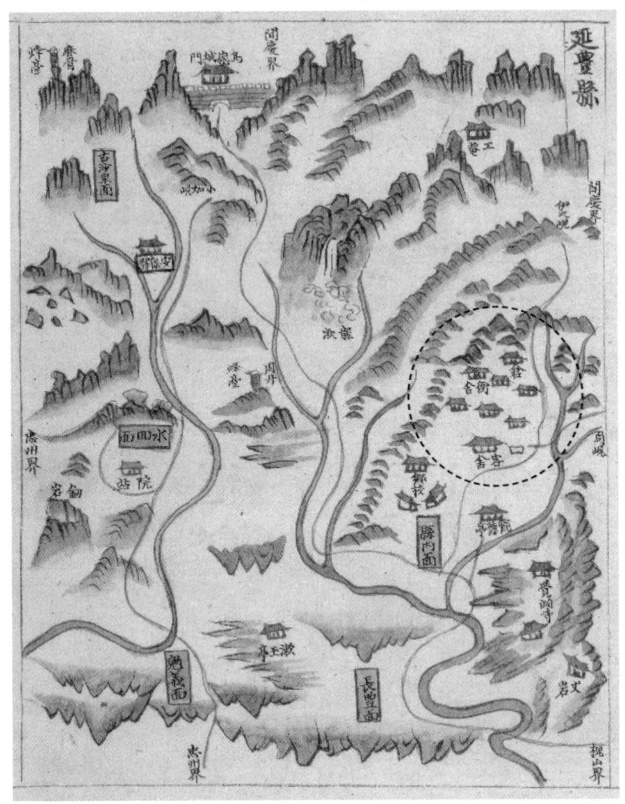

연풍현 지승지도, 규장각 한국학연구원
동쪽으로 경상도 문경 경계까지 10리, 서쪽으로 괴산 경계까지 30리, 남쪽으로 문경 경계까지 10리, 북쪽으로 충주 경계까지 40리다. 연풍에서 새들도 쉬어 간다는 조령(鳥嶺, 새재)을 넘어 경상도 문경으로 이어지는 길은 영남 유생들의 과거 길이었다.

관리하는 찰방의 업무와는 비교가 되지 않았다. 업무만큼 수령에 대한 예우도 별제나 찰방 시절과 달랐다. 김홍도는 관아 밖으로 나갈 때는 승교를 탔고, 고을을 지날 때마다 백성들이 절을 했다. 처음 받아보는 대접이었고, 벼슬의 힘을 체감했다.

그해 4월, 현감으로 부임하고 아전들의 업무 보고에 익숙해질 때쯤, 이방이 숨을 헐떡이며 김홍도를 찾았다.

"나리, 안부역에 큰불이 났습니다. 민가 피해가 막대하다고 합니다."

안부역은 영남지방에서 한양으로 보내는 문서를 취급하는 주요한 역참으로 연풍현 관할하에 있었다. 이곳에서 큰 화재가 나 민가 71호가 소실되는 사건이 일어난 것이다. 관리자는 찰방이었지만 책임자는 연풍현감이었고, 최종 책임자는 충청감사였다. 김홍도는 즉시 충청감사 박천형에게 파발을 띄웠고, 연락을 받은 충청감사 역시 조정에 파발을 보냈다.

화재에 대한 보고를 받은 정조는 "역참의 큰 마을이 화재를 당한 수가 이와 같이 많으니, 살 곳을 잃은 그들을 위해서 구휼전과 쌀을 지급하고, 재목을 베어다가 나누어주어서 각각 농사철이 되기 전에 다시 집을 짓게 하라"고 조치했다.[48]

김홍도는 아전들을 시켜 이재민들에게 우선 구휼미를 나눠주게 했다. 그러나 구휼미를 받은 안부역 이재민들이 관아에 와서 읍소를 했다.

"사또 나리, 역촌의 수많은 말과 소를 기를 방법이 없으니 연전의 예에 따라 쌀을 조로 받아가서 방아를 찧어 겨를 내어 말먹이로 삼을 수 있도록 해주옵소서."

김홍도는 안기역 찰방을 지낸 경험 덕분에 역촌 백성들에게 말이나 둔전지를 경작하는 소의 식량이 자신들의 먹을거리만큼 중요하다는 걸 알고 있었다. 말이나 소가 죽을 경우 그 값을 물어내야 하기 때문이었다.

"그대들의 딱한 사정을 모르는 바 아니오. 이방, 전에도 구휼의 경우 쌀을 조로 환산해서 준 예가 있소?"

"예, 사또. 역촌민들의 요청에 따라 그렇게 처리한 예들이 있사옵니다."

김홍도는 이방의 답을 듣고 구휼미를 조로 환산해서 지급하라고 명했다. 안부역 백성들은 몇 번이나 머리를 조아리며 돌아갔다.

김홍도는 안부역 이재민에 대한 구휼미 처리를 충청감사 박천형에게 보고했다. 그러나 충청감사는 조정에 보내는 장계에 이재민들이 새로 입주할 집 공사는 이달 안에 마무리되겠으나 연풍현감 김홍도가 쌀로 나눠줘야 하는 구휼미를 조로 환산해서 나눠주는 잘못을 저질렀다고 고했다. 박천형은 승정원 좌승지와 사간원의 대사간에 있을 때도 정조에게 곧은 소리를 하던 원칙주의자였다. 충청감사의 보고서를 받은 비변사는 4월 7일 정조에게 김홍도에 대한 처분 방안을 보고했다.

"휼전*을 나눠주도록 한 것이 법의 취지입니다. 휼전을 미곡 대신 조로 계산해서 나눠주는 것이 고을의 전례라고는 하지만, 이처럼 많은 백성이 살 곳을 잃어버린 때에 해당 현감이 이 전례를 따른 것은 너무나 살피지 못한 것이며, 정확히 환산을 했는지도 알 수 없습니다. 해당 도에서 조사하여 보고하기를 기다려 전하께 여쭈어 처리하는 것이 어떻겠습니까?"

"그리하도록 하라."

이때부터 충청감영에서는 김홍도가 쌀을 조로 분배할 때 제대로 환산을

* 恤典, 정부에서 이재민 등을 구제하기 위해 특별히 내리는 은전.

했는지 아니면 착복한 쌀이 있는지를 조사했다. 결과는 4월 30일에 나왔다. 비변사에서는 정조에게 그동안의 조사 결과를 보고했다.

"충청감사 박천형이 새로 보고한 것을 자세히 살펴보니 원래의 휼전을 쌀로 내주니 화재를 당한 안부역촌 백성 등이 조로 환산해달라고 호소해서 전에 행했던 예를 따라 그렇게 했다고 합니다. 해당 수령에게 죄가 있는지는 구휼미를 제대로 환산하였는지에 달려 있을 뿐인데 이번에 조사하여 보고한 것으로는 제대로 지급한 것이 명백하니, 쌀로 지급하지 않았다고 해서 파직을 논의해서는 안 될 듯합니다. 이번 일은 보류해두었다가 앞으로 백성을 어떻게 다스리는지를 살펴본 뒤에 처리하라고 충청감사에게 분부하는 것이 어떻겠습니까?"

보고를 들은 정조는 "연풍현감 김홍도에 대해 논죄하는 것은 보류하라"라고 명했다.

충청감사 박천형은 김홍도를 감영으로 불러 조정에서의 처결을 알리면서 앞으로는 원칙에서 벗어난 행동은 하지 말라고 경고했다.

'나리, 원칙을 지키면 역참의 말에게 줄 먹이가 없고, 그래서 말이 쓰러지면 그 죄는 온전히 백성들이 감당해야 합니다. 그것이 현실입니다.'

김홍도는 원칙주의자 박천형에게 백성들의 실상을 알리고 싶었으나 현감으로서 감히 관찰사에게 직언을 할 수 없어 말을 삼켰다.

이것이 연풍현감 김홍도의 첫 번째 위기였다. 그리고 얼마 뒤 김홍도의 죄를 논하자던 충청감사 박천형은 임기를 다해 한양으로 올라가고 후임으로 이형원이 부임했다. 그 역시 대사간을 두 번이나 역임한 강직한 인물이었다.

그해 여름, 연풍에는 전례 없는 심한 가뭄이 들었다. 나라에 가뭄이 들면 임금이 기우제를 지내듯, 고을에 큰 가뭄이 들면 사또가 기우제를 올렸다. 김홍도는 기우제를 드리기 좋은 곳을 찾다가 관아 북쪽 공정산(현재 조령산) 중턱에 있는 상암사에 발길이 닿았다. 절 마당에 들어선 김홍도는 암자 기둥에 기대서서 산 아래를 내려다보았다. 산 아래 산이 있고 그 아래에 고을과 관아가 보였다. 암자의 정결함과 주변 경관이 고을에서 제일이라 기우제를 드리기에 적당했다. 그러나 불상과 탱화가 낡아 김홍도는 주지에게 불상의 색이 바랬으니 새로 금칠을 하고 탱화도 상태가 안 좋으니 화승을 불러 수리하라며 자신의 녹봉을 시주했다. 김홍도가 기우제에 정성을 다하기 위해 상암사에 시주를 했다는 소문은 빠르게 퍼졌고, 이 소식을 들은 괴산군수 이영교와 충청감사 이형원도 불사에 보태라며 시주를 보내왔다. 하늘을 향한 정성에는 양반과 중인이 따로 없었다.

7월 10일, 충청감사 이형원은 정조에게 충청도 지방 현감들에 대한 업무 평가 보고를 올렸다. 연풍현감 김홍도에 대해서는 "생소한 것은 우선 용서하지만 조심하고 더욱 힘써야 한다"라며 '중中'으로 채점했다. 또 한 고비를 넘긴 김홍도는 몇 년 전, 정조가 용주사를 창건하면서 왕자(훗날 순조)를 얻은 생각이 났다. 그는 시간이 날 때마다 아내와 함께 상암사에 가서 불공을 드렸고 이듬해 여름 47세의 나이에 늦둥이 아들을 얻었다. 김홍도는 기뻐하며 아들의 아명을 연록延祿이라 지었다. 녹봉이 이어져 얻은 아들이라는 뜻이었다. 김홍도는 늦게 얻은 아들을 '녹아祿兒'라 부르며 곁에 두고 애지중지했다. 이 아이가 커서 아버지의 뒤를 이어 화원이 된 김양기(金良驥, 1792~1844 이전)이다.

집안의 경사에도 불구하고, 임기 첫해 김홍도는 신고식을 톡톡히 치렀다. 여름 가뭄의 여파로 가을 작황이 나빠 온 나라가 흉년이었고, 연풍도 예외는 아니었다. 굶주림에 쓰러지는 백성이 속출해 조정에서는 관아에 보관하고 있던 구휼미로 죽을 쒀서 나눠줄 것을 명했다. 그러나 구휼 죽을 받아가는 백성 수는 점점 늘어 온 고을 관아의 창고가 텅텅 빌 지경에 이르렀다.

충청감영은 현감들에게 사비를 털어서라도 진휼하라며 아사자가 많이 나오는 고을의 현감은 중죄로 다스리겠다고 엄포를 놓았다. 연풍에서만 239가구가 굶주림에 허덕였고, 김홍도는 자신의 녹봉으로도 감당이 안 돼 백운동천 집을 판 돈을 풀어 조를 14섬(약 2톤) 구입했다. 그리고 흉년이 들었을 때 배분하던 전례에 따라 한 가구당 3되(약 8킬로그램)씩 나눠주었다.

구휼은 해를 넘겨 4월까지 계속되었다. 충청감사는 4월 말까지 열세 차례에 걸쳐 구휼의 명을 내렸지만 조정에서는 단 한 차례 구휼미를 내려 보내고 끝이었다. 나머지는 현감이 알아서 조달해야 했다. 김홍도는 사비로 총 400섬의 조를 구입해 구휼했다. 기근은 5월 초가 되어서야 진정되었다. 5월 24일, 충청감사 이형원은 그동안의 진휼 상황에 대한 장계를 올려 보내며 "공주판관 이종휘, 천안군수 이서영 … 연풍현감 김홍도 … 는 구휼미에 의지하지 않고 사적으로 마련하여 곡식을 분급하고 죽을 쑤어주는 것을 거행하여 기민이 그 덕택으로 살아났습니다"라고 보고했다.

최악의 흉년 이후 보릿고개까지 넘고 나니 김홍도도 한시름을 놓았다. 연풍현민들도 사비를 털어 구휼을 하는 현감에게 깊이 감동하여 칭송하는 자들이 있었다. 그해 6월 초에 암행어사 윤노동(尹魯東, 1753~?)이 충청 지방의 구휼 현황을 살피기 위해 연풍에 들렀으나 고을 민심에 문제가 없다고 판단했다. 그는 이미 구휼을 제대로 하지 않았거나 아전이 농간을 부린 현감과 군수 여러 명을 파직하고 오는 길이었다. 윤노동은 연풍에서는 "암행어사 출도"를 외치지 않고 동헌에 올라와 김홍도가 올린 서류를 검토했다.

"고을 수령 일이 처음이라 힘들었을 텐데 무리 없이 진행하였소."

암행어사가 건넨 덕담에 김홍도는 관리로서 처음으로 뿌듯함을 느꼈다.

윤노동이 떠나고 며칠 뒤에도 경상도로 암행을 다녀온 이상황(李相璜, 1763~1841)이 한양에 가는 길에 문경읍에서 출도를 한 뒤 연풍읍에 들렀으나 고을 백성에게 평판 조사를 마치고 별 트집 없이 지나갔다. 한양에 올라간 윤노동은 6월 11일 비변사에 올린 서계에 "연풍현감 김홍도는 처음에 일이 서툴러서 사소한 비방이 있었으나 나중에는 실로 두루 구휼한 것으로 인해 새로 칭찬을 받았습니다. 고을이 작고 일이 많지 않으니 앞으로의 효과를 기대할 만합니다"라고 언급했다. 경상도 암행어사 이상황도 서계에서 "연풍현감 김홍도는 사람됨이 똑똑하고 부지런하게 다스려서, 기민을 진휼하고 환곡을 분급하는 데 별로 잘못이 없었습니다"라고 언급했다.

김홍도는 충청감사와 두 암행어사로부터 구휼에 힘쓴 공을 인정받았지만 마음 한편은 늘 불안했다. 작은 고을의 현감 노릇은 결코 녹록지 않았다. 차라리 사비를 털어 문제를 해결할 수 있는 구휼이 골치가 덜 아팠다. 가장 큰 문제는 아전들의 부정부패였다. 아전들은 오랫동안 관아의 재정과 행정을 책임지면서 윗사람의 눈을 피해 온갖 부정을 저지르는 방법을 익힌 터라 5년 임기로 오가는 현감의 머리 위에서 놀았다. 더군다나 연풍은 고을이 작아 웬만한 부정은 서로 감싸고 덮어주기에 밖으로 드러나지 않았다. 어쩌다 발각되더라도 그들을 가혹하게 다룰 수 없었다. 김홍도는 아전들이 한번 앙심을 품으면 군수나 감사의 귀에 들어가라고 온갖 악소문을 퍼트린다는 사실을 잘 알고 있었다. 그렇다고 눈을 감고만 있으면 그들이 저지르는 부정의 책임을 현감이 떠안을 수도 있었다. 물론 현감이 힘 있는 양반 집안의 후손이면 아전들도 함부로 할 수 없었다. 그러나 김홍도는 아무런 가문의 뒷배가 없는 중인이었다.

처음에 연풍 아전들은 중인 출신에 그림이나 그리던 환쟁이가 왔다며 눈에 띌 정도로 김홍도를 얕보았다. 그러다 두 번의 암행어사 출도를 무사히 넘기고 동헌에서 어사와 담화까지 나누는 것을 본 뒤로 아전들의 태도가 조금씩 달라졌다. 어진을 세 번이나 그린 어용화사시라며 아부를 하는 이도 생겼고, 한양에 올라갈 수 있게 줄을 대줄 수 있는지 은근히 물어오는 이도 있었다. 그러나 김홍도는 이들을 너무 가깝지도, 그렇다고 너무 가혹하지도 않게 대하면서 적당한 거리를 유지했다. 그러다 부정을 저지르는 일이 발각되면 매우 엄격하게 다스렸다.

김홍도, 호귀응렵(豪貴鷹獵, 호탕한 귀인의 꿩사냥), 지본담채, 28×34.2cm, 간송미술문화재단

추수철이 되자 구휼미를 받았던 백성들이 감사의 뜻으로 산에서 송이나 잣을 따다 현감에게 바쳤다. 그해는 작황이 좋아 고을 살림도 안정을 찾아갔다. 그러자 아전들은 연풍에서 꿩 사냥하는 재미가 쏠쏠하다며 그를 부추겼다. 김홍도는 처음에는 호기심에 못 이기는 척 따라갔다가 한동안 재미를 붙였다. 겨울에는 혼기를 놓친 가난한 집에 가끔 중매도 주선했다. 연풍은 고을이 작고 농사지을 논이 많지 않아 가난한 동네였다. 그러다보니 혼기를 놓친 딸만 여럿인 집도 있었다. 김홍도는 그 소문을 듣고 이방을 불렀다.

"혼인이라는 게 인륜의 대사인데 가세가 빈한해 혼기를 놓친 채 집에 들어앉아 있는 처녀들이 많다니 안타까운 일이 아닐 수 없네. 관아에서 도울 방안이 없겠는가?"

"사또 나리, 너무 가난해 데려가겠다는 집이 없는데 무슨 방도가 있겠습니까? 없는 집에서는 물 한 그릇만 떠놓고 혼례를 치르는 경우도 있지만, 그렇게 하려고 해도 옷 한 벌은 있어야 하고 동네 사람들에게 음식 한두 가지는 내놔야 하는데 그럴 형편이 못 되는 집들도 많습니다요."

아전은 사또가 시골 물정 모르는 소리를 한다는 듯 고개를 저으며 이야기했다. 김홍도는 그렇다 해도 도울 방도를 찾아 혼인이라는 인륜을 알게 하는 것이 고을 수령으로서 해야 할 일이라고 생각했다.

"그럼 내가 옷감 한 벌과 음식 몇 가지를 내겠네. 그리고 초례 당일에 필요한 차일과 자리는 관아에 있는 걸 빌려주겠네. 이 정도면 중매를 서볼 만하지 않겠는가?"

"예, 사또 나리. 고을에 나가서 알아보겠습니다요."

이방은 공연한 일거리를 만들었다는 표정을 지으며 물러갔다. 그러나 이부자리도 못해올 신부를 데려가겠다는 집을 찾는 건 쉽지 않았다. 그렇다고 사또의 명을 흘릴 수는 없어 이방과 아전들은 고을에서 장가 가지 않은 총각의 부모를 윽박질러 가난한 집 딸 몇 명의 혼사를 성사시켰다. 김홍도는 혼례 때마다 술도 내고 음식도 내주며 보람을 느꼈지만, 이런 사정이 있다는 걸 알 길이 없었다.

29장

연풍현감에서 파직되다

1794년(정조 18년), 어느새 연풍에 내려온 지도 3년째에 접어들었다. 부임하자마자 화재와 가뭄, 기근과 구휼, 그리고 분기별로 행해지는 평가와 암행어사 출도까지 지난 2년이 어떻게 지나갔는지 모를 정도였다. 아직 몸에 익지 않은 현감노릇에 지칠 때마다 관사에 돌아와 늦둥이 아들이 무럭무럭 커가는 걸 보는 것이 유일한 위안이었다.

연풍 고을에 진달래가 만발하던 봄날, 김홍도는 한양에 도착했다. 여러 지방의 군수, 현감, 찰방 등과 함께 정조를 알현하기 위해서였다. 알현 행사는 3월 8일, 창덕궁 희정당에서 있었다. 지방관들이 다섯 명씩 한 조가 되어 앞으로 나가면 정조가 기억나는 인물들에게 안부나 농사 일정을 물었다. 김홍도는 김포군수, 음죽현감 등과 한 조가 되어 앞으로 나갔다.

"신, 연풍현감 김홍도이옵니다."

김홍도는 허리를 숙이며 직분과 이름을 아뢰었다. 숙직실에서 정조의 부름을 기다리며 금강산 그림을 그리던 때를 떠올리니 아련한 마음이 치솟았다. 그러나 정조는 그의 인사에 별다른 반응을 하지 않고, 나머지 네 명의 인사를 받은 후 한마디를 건넬 뿐이었다.

"모두들 임지에 가서 맡은 일에 최선을 다해 임하라."

"성은이 망극하옵니다."

먼 곳에서 수고한다는 말 한마디쯤은 해줄 줄 알았던 김홍도는 맥이 빠져 다소 허탈한 마음으로 희정당을 나와 도화서로 발길을 옮겼다. 그곳에서 이인문, 박유성을 만나 늦게까지 술을 마시며 지난 3년 동안 밀린 이야기를 나누었다.

세월이 흐르면서 김홍도는 고을 양반들과도 친분을 쌓았다. 잔치에 초대받으면 화구통을 들고 가서 즉석에서 신선도를 그려주기도 했다. 회갑 잔치에 갈 때는 장수를 기원하는 고양이 그림을 선물했고, 금강산이 어떻게 생겼는지 궁금하다고 하면 장안사와 해금강도 그려줬다. 고을 현감이 환쟁이 시절 버릇을 버리지 못했다고 손가락질받을까 봐 신경이 쓰였지만 소일거리 삼아 붓이라도 놀리지 않으면 헛헛함을 달랠 수 없었다. 벼슬이 있고 자식이 있어도 김홍도는 그림을 그릴 때라야 진정 자기 몸에 맞는 옷을 입은 듯 마음이 편안했다.

추수가 끝난 늦가을부터는 크게 신경 쓸 일이 없어 다시 꿩 사냥을 나갔다. 아전들은 사냥행차를 지난해보다 더 성대하게 준비했다. 고을을 다니

김홍도, 황묘농접(黃猫弄蝶, 노란 고양이가 나비를 놀리다), 지본채색, 30.1×46.1cm, 간송미술문화재단

오른쪽 위에 "벼슬은 현감이고 단원이라 자호한다"는 내용의 제발을 통해 연풍에서 그린 그림임을 알 수 있다. 조선시대 그림에서 고양이는 나이 일흔의 노인, 나비는 여든의 노인을 상징하고, 패랭이꽃은 청춘, 바위는 불멸을 의미하기 때문에 이 그림은 환갑연이나 회갑연의 선물용으로 그린 그림이라 추정할 수 있다.

며 사냥꾼들을 모집했고, 원님 사냥 때 필요하다며 곡식도 강제로 징발했다. 심지어는 보신탕을 해 바쳐야 한다며 개도 빼앗아갔다. 김홍도에게 잘 보이려 아부하는 것 같았지만 사실은 뒤에서 현감의 약점을 만들고 있었다. 임기 초 연이은 재난에 관리들을 엄격히 다스렸던 김홍도도 이맘때 이르러 한결 너그러워져 있었다. 자연히 고을 안에서도 사또를 흉보며 수군대는 소리들이 늘었다. 평온한 일상 아래에 작은 균열들이 생기고 있다는 것을 김홍도는 알아차리지 못했다.

그렇게 한 해가 지났다. 김홍도는 고을의 송사를 해결하고, 구휼을 하고, 아전들을 단속하다 시간이 날 때면 틈틈이 그림도 그리는 등 평안한 세월을 보내고 있었다. 시골살이의 지루함을 달랠 요량으로 다니던 꿩 사냥을 나간 지도 오래되었다. 김홍도는 자신이 마침내 벼슬살이에 적응했다고 생각했다. 그러나 이 평온함은 오래가지 않았다. 1월 중순경 김홍도는 괴산군수의 부름을 받아 관아로 갔다. 얼마 전 고을에 비장*이 다녀간 뒤 한동안 이방의 모습이 보이지 않던 게 떠올라 마음 한구석이 찜찜했으나 괜한 우려일 뿐이라고 마음을 다독였다.

"연풍현감 김홍도는 현감으로서 임무를 소홀히 하고 가혹한 수탈과 징벌로 백성들을 괴롭힌 죄가 있으니 오늘부로 파직을 명한다. 이곳 괴산에서 의금부가 올 때까지 기다리시오."

---

* 裨將. 조선시대 감사監司나 유수留守, 병사兵使 등을 따라다니던 수행원.

김홍도는 괴산군수의 입에서 나온 청천벽력 같은 말을 믿을 수 없었다.

"군수님 억울합니다. 이것은 모함입니다."

김홍도는 자신은 어떠한 수탈에도 관여한 적 없다고 군수에게 억울함을 호소했으나 조정에서 내려온 명을 다시 거둘 수는 없는 일이었다.

사단은 지난해 11월 3일 정조의 명을 받아 전 승지 홍대협이 호서(湖西, 충청도) 외유사로 제수된 데서 시작되었다. 정조는 이튿날 홍대협을 따로 불러 바로 길을 떠나라고 하명하고 밀봉된 봉투를 건넸다. 봉투 안에는 자세한 임무가 적혀 있었다. 기근이 심하다고 보고받은 태안, 평택, 연기, 서산 등 20개 고을은 직접 다녀오고, 연풍, 문의, 온양, 청주, 옥천, 충주 등 24개 고을은 비장과 편장*을 나누어 보내라고 했다. 그리고 그중 크게 불법을 저지르거나 가장 임무를 감당하지 못하는 자는 즉시 장계로 보고하라고 덧붙였다.

외유사는 암행어사와 달리 읍에 도착해 사람들의 왕래가 많은 시장 같은 곳에서 백성들을 모아놓고 윤음(綸音, 임금이 백성에게 내리는 글)을 낭독하고, 이어서 세금을 줄이거나 면제하는 여러 조항을 목판인쇄물에 담아 나누어주며 반복해서 널리 알렸다. 그뿐 아니라 구휼미를 탈 조건이 되는 백성들을 불러 번호표를 주어 관아로 보냈고, 지방관과 향리의 비리가 있으면 접수를 받아 직접 확인하는 절차를 밟았다. 모인 백성들은 환호했고,

---

* 裨將, 대장大將을 보좌하던 무관직. 일명 부장副將이라고도 함.

지방관들은 벌벌 떨었다.

정조의 명을 받자마자 말을 몰고 경기도로 떠난 홍대협은 연풍 등 다섯 고을에 비장을 보내 내용을 취합해 장계를 올렸다. 그 장계에서 홍대협은 연풍현감 김홍도의 죄를 다음과 같이 서술하였다.

"연풍현감 김홍도는 여러 해 동안 관직에 있으면서 잘한 일이 하나도 없고, 고을 수령의 신분으로 억지 중매도 하였습니다. 집에서 기르는 가축을 강제로 바치게 하였고, 따르지 않는 자에게 화를 내고 심지어 전에 없는 모질고 잔인한 형벌을 내렸습니다. 또 들으니 근래에 사냥을 한다면서 온 고을의 군정軍丁을 조발調發하니 고을이 술렁거리고 원망과 비방이 낭자하다고 하였습니다. 그런 까닭에 연풍현의 이방을 잡아다 조사하니 소문과 털끝만큼도 차이가 없었습니다. 백성을 가혹하게 대하는 이러한 부류는 엄하게 다스려야 합니다."

홍대협이 외유사 임무를 마치고 한양으로 돌아온 건 해가 지나서였다. 정조는 1월 7일 홍대협을 불러 그가 장계에 올린 연풍의 상황을 물었다. 홍대협이 마지막 장계에서 죄를 논할 필요가 있다고 보고한 지방관은 김홍도와 신창현감 권상희뿐이었다. 이 두 명은 과거를 거치지 않고 현감직에 올랐다는 공통점이 있었다. 김홍도는 어진을 그린 공으로, 권상희는 안동 권씨로 증조부의 음덕蔭德에 벼슬을 받은 자였다.

"연풍의 수령은 과연 어떠하던가?"

"신이 직접 탐문하지는 못했지만 그가 행한 일들을 들으니 대단히 해괴하였습니다."

"신창의 수령은 어떠하던가?"

"일에는 그다지 큰 허물과 비방이 없으나 빈호貧戶를 지나치게 많이 뽑았습니다."

가난한 가구를 많이 뽑아 구휼미를 낭비했으니 파직해야 한다는 것이었다. 홍대협의 말을 들은 정조는 비답을 내렸다.

"연풍과 신창 두 고을의 수령은 후임을 서둘러 뽑고, 외유사의 서계에 대한 검토는 비변사에서 하라."

비변사에서는 1월 8일 정조에게 외유사 홍대협의 서계를 자세히 검토한 결과를 보고했다. 김홍도에 대해서는 "하찮은 그가 나라의 은혜를 보답할 생각은 하지 않고 이렇게까지 방자하게 악행을 저질렀으니 이미 파직했다고 해서 그대로 두어서는 안 됩니다. 의금부로 하여금 잡아다 신문하여 엄하게 죄를 물어야 합니다"라고 했고, 권상희에 대해서는 "직임을 제대로 수행하지 못한 죄는 파직하는 데 그쳐서는 안 됩니다. 의금부로 잡아다 신문하여 처리하게 하는 것이 어떻겠습니까?"라고 했다.* 비변의 보고를 받은 정조는 두 사람을 의금부로 압송하라고 윤허했다.

김홍도는 괴산군수에게 자초지종을 전해 듣고 땅이 꺼져라 한숨을 쉬

---

* 《승정원일기》에 따르면 신창현감 권상희의 경우 무고를 밝히는 데 만 2년이 걸렸다.

었다.

"현감으로서는 억울할 수 있겠소. 과년한 처녀들 중매 서는 일이야 의로운 미담이라 칭송을 받기도 하는데 말이오. 그러나 아전들이 농간을 부린 것이라 해도 그들을 관리해야 할 현감의 책임이 덜어지는 것은 아니니 그 점은 반성을 해야 할 것이오. 그래도 풀리지 않는 억울함이 있다면 의금부에 가서 해명하면 될 일이오."

괴산군수는 조정에서 내려온 명을 전한 뒤, 조금 누그러진 말로 김홍도를 위로했다. 김홍도가 임기 초부터 백성의 구휼을 위해 얼마나 애썼는지를 알고 있는 그로서 참으로 딱해 보이는 면이 있었던 것이다.

김홍도는 괴산군수의 말에 감사를 표하면서도 불안한 마음을 감출 수 없었다. 관사의 짐을 정리하러 연풍으로 내려가는 길이 가시밭길처럼 느껴졌다. 무엇보다도 아내와 이제 겨우 두 살밖에 안 된 아들이 걱정이었다. 걱정하는 아내에게 지은 죄가 없으니 걱정 말라고 안심을 시키며 아이를 데리고 하량교 본가에 가 있으라고 했다. 그러나 아내는 고개를 저으며 그를 따라 괴산으로 가겠다고 했다. 며칠 뒤, 그는 아내와 두 살 된 아들 연록을 데리고 쓸쓸하게 연풍을 떠났다. 연풍에서 얻은 건 아들이요, 잃은 건 명예와 재산이었다.

괴산관아에 도착한 김홍도는 하루빨리 의금부에 가서 아전들의 모함에서 비롯된 일임을 고하고 누명을 벗고 싶은 마음뿐이었다. 그러나 의금부에서는 김홍도가 서둘러 압송해야 할 중죄인이 아니라고 판단했는지 며칠이 지나도 관원들이 도착하지 않았다. 김홍도에게는 하루가 한 달처럼 길

判下赦典于吏兵曹
赦回前牧使趙宅鎭前縣監李潤瑞林最遠前郡
良黃致範金宗喆申光赫前別將李宗郁丁光喆
韓昌愈前權管成相益李東漢梁錫南錫祐金祥
麟尹景國金重潤李成存金聲振前護軍高廷憲
前司直趙錫晦李宗燮李龜雲崔鎭夏李益洙鄭
宅東李廷璞前司果趙弘鎭李之驊趙德潤丁若
鏞邊景祐金膺榮金若鍊康聖翊前哨官李鎭國
李潤度姜道彬李重晉劉寬澤朴有豊李枝默曹
漢星鄭翊周崔齊一金聲哲前營將吳徽常並蕩
滌前僉使黃致郁柳孝遠李弘達金昌仁前備邊
郎尹益儉李勉植並蕩滌叙用前萬戶具命德減

判下赦典于金吾
因金吾未及拿来罪人赦單子教以林鵬翰權尚
禧金弘道沈鎭放因保放罪人赦單子教以在廷
岳徐有和柳鎭㦤鄭東愼放因放逐鄉里罪人赦
單子教以尹範叙放因未至配所罪人赦單子教
以金曾直放因保囚罪人赦單子教以鄭取善放
命放歸田里罪人國榮蒼拔於金吾赦單朴廷㦤在
蘭放有喆煥周後樂堅中韓采東彬球球驥顯朱炯
曾徒流案抹去
乙卯正月 日

《일성록》 사면 명단, 규장각 한국학연구원

김홍도에 대한 사면은 그동안 일부 미술사학자들이 주장하듯 정조의 김홍도에 대한 총애 때문이 아니었다. 김홍도는 정조가 어머니 혜경궁의 회갑을 축하하기 위해 발표한 수백 명의 사면자 중 한 명이었다. 당시 의금부에서는 1795년 1월 17일, 18일 이틀에 걸쳐 사면 명단을 발표했고, 대상자가 《일성록》 9쪽에 걸쳐 기록될 정도로 방대했다. 김홍도는 둘째 날인 1월 18일 '아직 잡아오지 않은 죄인에 대한 사면'에 포함되어 있다.

게 느껴졌다.

김홍도가 초조하게 하루하루를 보내고 있을 때인 1월 17일, 정조는 창경궁 명정전에 들어 어머니 혜경궁의 회갑을 축하했다. 그러고는 "기쁨을 온 나라와 함께하려 했는데, 드디어 효를 일으키는 인仁을 미루어 확대하여 사면하는 은전을 내린다"라며 죽을죄를 짓지 않은 자들에 대한 사면령을 반포했다. 정조는 의금부에 사면 문서를 정리해서 올리라고 명했다. 다음 날 사면 문서를 검토한 정조는 그동안 파직되었던 200여 명의 이조와 병조의 관리들에 대해 일부는 죄를 없던 걸로 하고, 그리 중하지 않은 죄를 지은 관리는 죄를 없앨 뿐 아니라 다시 벼슬길에 오르게 했다. 그리고 아직 배소(配所, 유배지)에 도착하지 않은 죄인과 의금부에서 압송하지 않은 죄인도 풀어주라고 했다. 김홍도는 마지막에 해당되었고, 그리하여 마침내 아내와 아들을 데리고 괴산을 떠날 수 있었다.

30장

쓸쓸한 나무숲 사이로 달빛이 비치다

김홍도가 가족과 함께 한양에 도착한 2월 초, 정조는 다음 달인 윤2월 9일부터 16일까지 8일 동안 어머니 혜경궁을 모시고 화성에 다녀오겠다는 뜻을 밝혔다. 현륭원에 가서 참배를 하고, 행궁에서 자궁(慈宮, 혜경궁 홍씨)을 위한 연회를 베푼 뒤, 양로연養老宴을 비롯한 여러 행사를 치르고 환궁한다는 계획이었다. 그해는 어머니 혜경궁과 아버지 사도세자가 환갑이 되는 해였고, 영조의 계비인 정순왕후가 망륙望六인 51세가 되는 해였으며, 정조가 즉위한 지 20년이 되는 경사스러운 해였기에, 정조의 화성행은 1년 전부터 준비한 국가적 대행사였다.

개국 이래 최대 규모로 치러진 원행에는 1700명의 사람과 800필의 말이 동원되었다. 화성에서는 4천 명의 군사가 주간과 야간 두 차례에 걸쳐 군사훈련을 실시하는 등 만반의 준비를 했다. 아버지 사도세자를 죽음으로 몰고 간 노론을 향해 왕권의 굳건함을 과시하면서 현륭원이 있는 화성을 한양에 버금가는 도시로 만들겠다는 의지를 보여주기 위한 원행이었다.[49] 차비대령화원을 포함해 거의 모든 도화서 화원이 행사 규모에 걸맞은 반차도를 그리기 위해 정신없는 하루를 보내고 있었다. 그러나 김홍도는 부름을 받지 못했다. 비록 사면은 되었지만 현감에서 파직당한 굴레가 그를 계속 짓누르고 있었던 것이다. 이인문, 김득신 등 벗들이 원행에 동원되어 바쁜 나날을 보낼 때 김홍도는 홀로 된 아버지가 계신 하량교 본가에서 소일거리로 광통교에 납품할 그림을 그리고 있었다. 시간은 어느 때보다 적막하게 흘렀다.

윤2월 9일 아침에 창덕궁을 출발하면서 시작된 원행과 행사는 윤2월 16일 시흥, 노량진을 거쳐 다시 궁으로 돌아오면서 마무리되었다. 먼발치에서 궁중 행사를 지켜볼 수밖에 없는 자신의 처지를 비관하던 김홍도는 어느 날 뜻밖에도 화성 원행의 의궤 제작을 총지휘하는 의궤청 당상 윤행임의 부름을 받았다. 궁으로 돌아온 정조가 이번 원행의 의궤를 목판으로 제작할 것을 명했고, 이에 판화의 밑그림인 도설을 그릴 적임자로 윤행임이 김홍도를 추천한 것이었다. 비록 다른 화원들이 그린 그림 초본을 인쇄용 밑그림으로 옮기는 작업이었지만 김홍도는 군복을 입고 심기일전하여 작업에 임했다. 당시 나라에서 필요한 그림을 그릴 때는 관복이나 군복을 입는 것이 관례였는데, 이번에는 정조가 김홍도에게 임시로 군직을 수여한 것이다. 소식을 들은 김홍도는 정조의 은혜에 감사하며 창덕궁과 창경궁

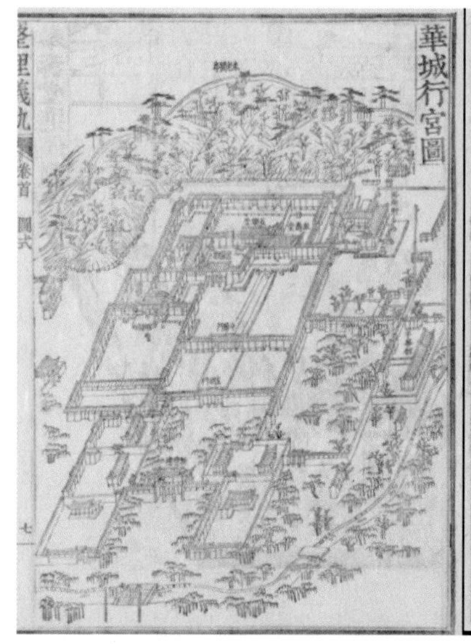

年爲回榜矣雜科放榜日造給白牌使之同爲放榜何如
上曰依爲之加一資造給花牌而今番榜目一件添張令
內閣印給亦令一體載之整理所儀軌可也
乙卯閏二月二十八日
整理儀軌廳郞廳以堂上意啓曰依下教本所用餘錢四
萬兩內一萬兩華城設屯一萬兩耽羅賑資二萬兩分送
三都八道俾作乙卯整理穀而分派數爻擧行條件成節
目書入待啓下知委各該道守臣處何如 傳曰允分編
校正之際堂上多多益善整理堂上中羲伯戶判一體差
下儀節編次禮判最所熟諳亦爲差下抄啓文臣中曹錫
中黃基天曾亦效勞謄錄郞廳啓下專管寫校之役前縣
監金弘道令該曹口傳付軍職冠帶常仕加平郡守柳得

《원행을묘정리의궤》, 규장각 한국학연구원
(좌) 《원행을묘정리의궤》 도설 중 시작 부분
(우) 《원행을묘정리의궤》에서 김홍도에게 군복을 입혀 그리게 하라는 부분. 김홍도는 63장의 행사 반차도와 49장의 가마, 장식, 장치를 그렸다.

을 향해 세 번 절을 했다.

김홍도는 3월 초부터 의궤청을 출입하며 도설을 그렸다. 첫날에는 의궤청 당상들과 수백 장의 초본 가운데 의궤에 포함시킬 그림을 고르고, 순서를 정했다. 화성행궁의 전경을 시작으로, 행궁 봉수당에서 거행된 환갑잔치 진찬연과 낙남헌에서 열린 양로연을 먼저 그리기로 했다. 그리고 화성향교 대성전에서 참배를 드리고, 과거시험 문무과 합격자를 발표하고, 서

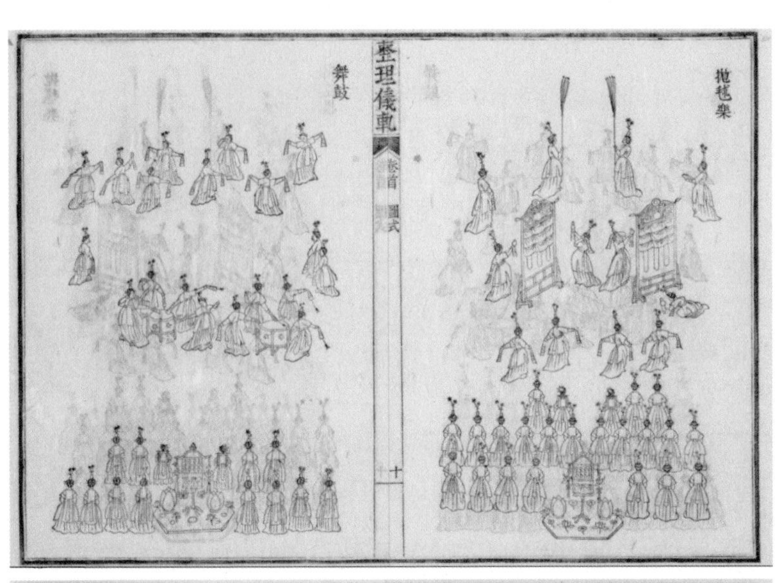

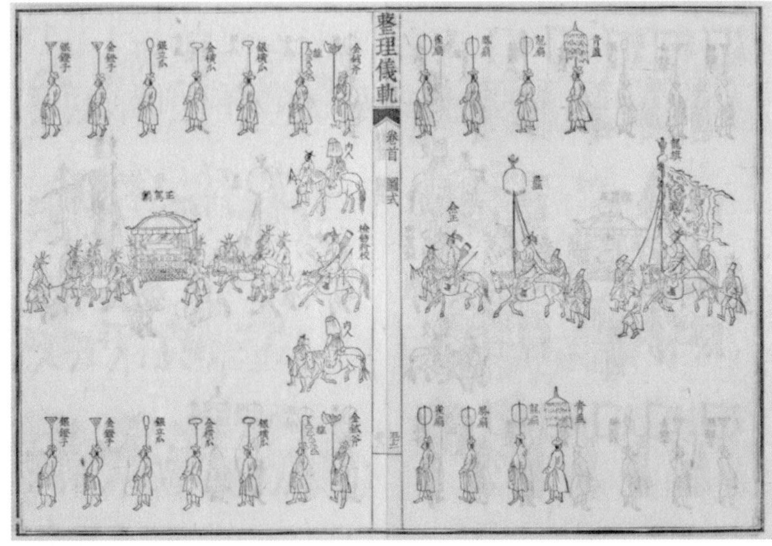

《원행을묘정리의궤》, 규장각 한국학연구원

김홍도가 그린 도설

장대에서 군사훈련을 참관하고, 득중정에서 활을 쏘고, 신풍루와 창경궁 홍화문에서 쌀을 나눠주는 등 행차의 주요한 장면들을 빠짐없이 모두 포함해 총 112점의 밑그림을 완성했다.

실로 방대한 양의 그림이었기에, 도설을 완성하기까지 꼬박 한 달이 걸렸다. 김홍도는 이번 임무가 도화서로 복귀하는 계기가 될 수도 있다는 생각에 열과 성을 다했다. 그러나 도설을 완성하고도 도화서로 돌아가라는 명은 끝내 내려오지 않았다. 김홍도는 자신이 오래전 강세황과 심사정이 예견하듯 이야기했던 방외화사가 되었다고 생각했다. 어진을 세 번이나 그리고 몇 차례 봉명사행을 다녀왔지만 지금에 와서는 다 부질없게 여겨졌다. 이인문과 마성린을 비롯한 중인 친구들은 부름을 기다리라며 위로했지만 뼛속까지 스며드는 외로움은 어찌할 수 없었다. 김홍도는 매일 밤 술을 마시지 않으면 잠들 수 없었다.

그 무렵, 역관 이민식이 젊은 중인 한 명과 함께 그의 집으로 왔다.

"형님, 저의 먼 사돈 되는 배오개 소금전 행수 김한태입니다. 배오개에서 장안 제일의 소금전을 하고 있는데, 형님을 꼭 뵙고 싶다고 해서 함께 왔습니다."

"나리, 소인 임오년(壬午年, 1762년)생으로 우봉 김가이고 자는 경림景林, 이름은 한수 한漢, 클 태泰이옵니다. 이렇게 어용화사님을 뵙게 되어 광영이옵니다."

우봉 김씨는 황해도 금천군의 우봉을 본관으로 하는 성씨였다. 고려 때는 크게 명성을 떨쳤으나 성종 이후 큰 인물이 나타나지 않으면서 중인이 된 가문이었다.

"반갑소. 어용화사는 다 부질없는 허명이고, 이제는 이렇게 뒷방 늙은 이로 지내고 있소. 무료하게 지내던 차에 이렇게 찾아줘서 반갑소. 임오년 생이면 올해 서른셋이오?"

"예, 형님. 김 행수는 저보다 일곱 살 연하로, 나이 스물네 살 때인 병오년(1786년, 정조 10년) 식년시 역과에 합격해서 저와 함께 연행사로 중국에 여러 번 다녀왔고, 갈 때마다 중국 서화들을 구해오곤 했습니다. 그런데 몇 년 전에 역관을 그만두고 배오개에 소금전을 차려 지금은 장안의 돈을 쓸어 모으는 중입니다. 하하."

당시 역관 집안은 자식들에게 어릴 때부터 역관 시험공부를 시켰고, 대부분 16, 17세가 되면 대를 이어 역관이 되었다. 김한태의 아버지 김이서 역시 역관으로 사역원 판관까지 역임했고, 처가도 역관 집안이었다. 그러나 김한태는 가업보다 이재理財에 더 관심이 많아 대대로 역관을 하면서 중국과의 밀무역으로 모은 집안의 재산을 밑천 삼아 배오개에 소금전을 차렸다. 그리고 얼마 안 가 소금을 매점매석하며 큰돈을 굴렸다. '장안의 돈을 쓸어 모으고 있다'는 이민식의 말은 과장이 아니었다.

"나리. 소인이 서화는 좋아하지만 안목이 없어 연경에 갈 때마다 유명하다는 화가들의 그림과 글씨를 구해오곤 했습니다. 그런데 역관을 그만두고 나니 중국을 갈 일이 없던 차에 사돈어른을 통해 나리 말씀을 듣고 찾아뵌 겁니다."

"형님, 김 행수가 아직 나이는 어리지만 서화를 좋아하는 마음이 극진합니다. 그런데 아직 금강산을 가보지 못했다고 해서 제가 형님이 봉명사행을 다녀와 주상 전하께 화첩을 그려 바친 이야기를 들려주니 자신도 나리 화첩을 통해 금강산을 보고 싶다고 해서 이렇게 찾아뵌 겁니다."

김홍도는 이민식이 생활이 어려운 자신의 처지를 생각해 김한태를 데리고 온 걸 알고 그의 속 깊은 마음에 가슴이 뭉클했다.

"무슨 그림이 필요한 건지 알겠네. 그런데 조정대신들에게는 대략 30점을 화첩으로 만들어 올렸는데 김 행수는 어떻게 하겠는지요?"

"저는 어용화사 나리께서 많이 그려주실수록 좋습니다. 잘 보관해서 가보로 남기겠습니다. 그리고 앞으로는 막냇동생처럼 생각하시고 '경림'이라고 불러주시면 고맙겠습니다."

김한태가 머리를 조아리자 옆에 있던 이민식도 맞장구를 쳤다.

"형님, 김 행수 말대로 하시지요. 김 행수는 장사해서 번 돈으로 시인과 묵객 들을 아주 잘 대접하고 있습니다."

당시 김한태의 집에서는 마성린의 안화당과 천수경의 송석원에 드나들던 시인 묵객들이 며칠씩 머물며 시를 짓고 거문고를 뜯으며 술을 마셨다. 김한태는 그들이 편하게 머물 수 있도록 집을 증축하는 중이었다.

"용눌(이민식의 호)까지 나서서 이야기를 하니, 앞으로 자주 만나 낯이 익으면 그리 부르도록 하겠소."

김홍도의 말이 끝나자 아내가 김한태가 가지고 온 술과 안주를 들여왔다. 세 사람은 밤이 늦도록 술을 마시며 이야기를 나눴고, 김한태는 그에

김홍도, 총석정, 《을묘년화첩》, 지본담채, 23.2×27.7cm, 개인

그림 왼쪽에 "1795년 가을에 김홍도가 그려서 김경림(김한태)에게 선물했다"라고 썼다. 이때 김홍도가 건넨 화첩을 《을묘년화첩乙卯年畵帖》이라고 하는데 총석정도叢石亭圖, 송하유록도松下幼鹿圖, 해암호취도海巖豪鷲圖가 전해진다.

게 폐백의 일부라며 현금과 바꿀 수 있는 환어음을 건넸다.

한 달쯤 뒤, 김홍도는 김한태가 주문한 화첩을 완성해서 이민식에게 건넸다. 김한태는 감사의 뜻으로 이민식과 김홍도를 장안 제일의 기방으로 초대해 밤새 이야기를 나눴다. 밤이 무르익고 취기가 한창 오를 때쯤 이민식이 김홍도에게 조심스레 말을 꺼냈다.

"형님, 김 행수가 예전부터 형님께 청하고픈 일이 있다고 합니다. 다만 형님의 의중이 중한 일인지라 저를 통해 전하기를 바랐는데, 이렇게 모두 모였으니 이야기를 꺼내겠습니다."

김홍도는 무슨 일로 이리 뜸을 들이나 하고 의아한 눈길로 두 사람을 바라보았다. 김 행수는 극진한 미소를 지으며 김홍도를 향해 깍듯이 고개를 숙이고 이민식의 다음 말을 기다렸다.

"형님, 곡해 말고 들어주십시오. 김 행수 집에 시인 묵객들이 드나들고, 아예 집 한구석을 그들에게 내주었다는 이야기는 들으셨을 겁니다. 형님께서 원하시면 그 집 아늑한 곳에 별채를 지어 형님께 내드리고 싶다는 청을 올리는 겁니다. 그곳에서 편안하게 생활하면서 그리고 싶은 그림을 마음껏 그리시라는 지극한 마음인 게지요. 물론 지금 당장 답을 주셔야 하는 건 아닙니다. 그저 생각을 해보시라는 말씀을 드리는 겁니다."

김홍도는 갑작스러운 제안에 깜짝 놀랐다. 그렇지 않아도 지금 살고 있는 하량교 집은 아버지와 김홍도 세 식구가 살기에는 좁아 그림을 그리기가 여의치 않은 게 사실이었다. 그렇다고 김 행수의 호의를 그 자리에서 바로 수락할 수는 없었다.

김홍도, 소림명월도, 《병진년화첩》, 지본담채, 26.7×31.6cm, 보물 제782호, 삼성미술관 리움
소림명월도는 《병진년화첩》에서 최고의 기량을 보여주는 그림 중 하나로 평가받고 있다.

"김 행수의 제안은 참으로 고맙소. 그러나 그건 너무 큰 신세를 지는 일이라 아무래도 생각을 해봐야 할 것 같소. 용눌을 통해서 연락드리리다."

"예, 나리. 부디 편하게 생각하시고 결정해서 연락을 주시면 고맙겠습니다."

세 사람은 다시 술잔을 기울였다.

며칠 뒤 김홍도는 이민식에게 김한태의 제의를 받아들이겠다고 연락했다. 인왕산 자락의 겨울 골바람이 불기 전에 결정을 내린 것이다. 김한태는 어용화사를 자신의 집으로 모시게 되었다는 기쁨에 서둘러 공사를 시작했다. 공사는 일사천리로 진행되었고, 김홍도는 겨울이 될 무렵 김한태의 집 별채로 이사했다.

짐 정리를 끝낸 김홍도는 별채 밖을 바라봤다. 잎이 다 떨어진 쓸쓸한 나무숲 사이로 시냇물이 흐르고 그 위로 둥근 보름달이 은은히 달빛을 비췄다. 잎이 떨어진 나무들을 바라보며 김홍도는 자신의 삶도 저 나무처럼 쓸쓸한 결말을 맞게 될 거라는 생각이 들었다. 김한태가 마련해준 별채는 아늑하고 쾌적했으나 누군가의 호의에 기대어 살 수밖에 없는 자신의 처지는 처량하기 그지없었다. 김홍도는 종이와 붓을 꺼내 숲 위로 달빛이 은은하게 비추는 그림 한 장을 그렸다.

정조의 역사적 능행에 김홍도는 없었다

김득신 등, 〈화성능행도華城陵幸圖〉, 견본채색, 각 151.5×66.4cm, 국립중앙박물관

정조와 혜경궁의 화성 행차를 그린 8폭 병풍에 대해 일부 미술사학자들은 김홍도의 주도 아래 이인문, 김득신, 장한종이 그렸다고 주장한다. 그러나 《원행을묘정리의궤》에 따르면, 원행 때의 주요 장면을 진상용 병풍으로 그리는 작업은 김득신, 이인문, 장한종, 최득현, 허식, 이명규, 윤석근 등 차비대령화원들이 주축이 되어 그렸고, 2월 중순에 마무리되었다. 이 작업에 대한 시상자 명단을 기록한 《원행을묘정리의궤》 권5 상전조上典條에도 김홍도의 이름은 없다. 김홍도는 당시 근신 중이었기 때문에 병풍 그림 작업에 참여하지 못했다고 보는 것이 타당하다.

31장

자연을 그리며 마음을 다스리다

1796년(정조 20년), 김홍도는 51세가 되었다. 새해 아침, 그는 세월이 참 빠르다는 생각을 하며 별채에서 나와 눈발이 휘날리는 인왕산과 백악산을 바라봤다. 인왕산 자락에 있던 심사정의 집을 드나든 게 벌써 35년 전 일이라니 믿기지가 않았다. 강산이 한번 변할 때마다 어진을 그렸고, 장원서, 사포서, 빙고, 울산목장, 안기역을 거쳐 임금의 명으로 영동 9개 군과 금강산으로 봉명사행을 다녀왔다. 그리고 중인이 오를 수 있는 최고 관직인 고을 현감까지 지냈으니 중인 환쟁이로서 이룰 수 있는 건 다 이뤘다고 해도 과언이 아니었다. 그러나 그런 자신의 말로가 얹혀사는 처지라는 것이 그의 마음을 서글프게 했다. 다른 한편으로 안락함에 취해 그림에서 멀어지는 현실이 답답했다. 봄이 되도록 도화서에서는 아무런 연락이 없었다.

마음속에는 온통 그림에 대한 생각뿐이었지만 마음만큼 붓이 나가지 않는 나날이 계속되었다. 그러다 20여 년 전, 속화를 그리겠다고 장안을 쏘다니던 때가 떠올랐다. 그때는 화원으로서 자신의 존재 의미가 백성들의 삶을 화폭으로 대변하는 데 있다고 생각했다. 참으로 혈기왕성한 시절이었다.

'나이가 들어 그런 것인가. 이제는 편안한 그림이 그리고 싶구나. 양반이든 평민이든 누구에게나 마음의 위안을 줄 그런 그림을 그리고 싶다…….'

그때 한동안 잊고 있던 창해 정란의 말이 생각났다.

'내 생각에 단원은 그림 속에 능히 세상의 정신, 자연의 정신을 담을 수 있는 화가요.'

김홍도는 바람을 쐬고 싶었다. 영동 9군과 금강산으로 봉명사행을 떠났을 때 자연스럽게 실경산수화를 그렸듯이, 유유자적하며 산천을 주유하다 보면 새롭게 그릴 수 있는 그림이 절로 떠오를지 모른다는 기대도 있었다.

▶ 김홍도, 마상청앵도馬上聽鶯圖, 지본담채, 117×52.2cm, 보물 1970호, 간송미술문화재단
훗날 이인문이 그림 왼쪽 위에 북송학자 범중엄의 시를 제화시로 썼다. "아름다운 여인 꽃 아래서 끝없이 조잘대고佳人花底簧千舌, 시인의 술 잔 앞에 황금 귤이 한 쌍이었지韻士樽前柑一雙, 언덕을 누비는 저 꾀꼬리歷亂金梭楊柳岸, 아지랑이 봄비 섞어 봄 강을 짜누나惹烟和雨織春江"50

佳人花底簧千舌韻士樽
前柑一雙歷亂金梭楊
柳崖惹烟和雨織春江
碁聲流水古松館道
人李文郁證
檀園寫

그러다보면 정란이 말한 세상과 자연의 정신을 담은 그림이 무엇인지 깨닫게 될지도 모를 일이었다. 그는 김한태에게 사생 여행을 떠나고 싶다며 말 한 필과 동자 한 명을 내어달라고 부탁했다. 김한태는 그가 편안하게 길을 떠날 수 있도록 채비를 마치고, 노잣돈도 두둑하게 건넸다.

김홍도는 화구통을 챙겨 동자 한 명을 데리고 홀가분한 마음으로 한강을 건너 경기도 땅에 들어섰다. 남한강을 따라 내려가면서 한가롭고 조용한 주변 경관에 빠져들었다. 버드나무 가지에서 꾀꼬리 소리가 들리면 고개를 돌려 꾀꼬리를 바라봤고, 강바람을 따라 내려가는 돛단배가 보이면 물끄러미 서서 바람을 맞았다. 그는 생애 처음 자유롭게 발 가는 대로 움직이며 자신이 그리고 싶은 풍광을 마음껏 바라봤다. 임금에게 올릴 그림도 아니고 조정대신의 주문 그림도 아닌, 자신의 마음이 움직여 그리는 그림을 그리고 싶었다.

그렇게 남쪽으로 내려가던 어느 날, 그는 말을 멈췄다. 강가에서 늙수그레한 노인이 강물에 낚시를 던지는데 물고기가 쉬지 않고 딸려 올라왔다. 김홍도는 감탄을 하면서 강둑으로 내려가 그에게 물었다.

"어떻게 하면 낚시를 던질 때마다 물고기가 딸려 나오는지요?"

▶ 김홍도, 백명도(白明圖, 백로도)(위)·기우도강도(아래), 《병진년화첩》, 지본담채, 26.7×31.6cm, 보물 제782호, 삼성미술관 리움

"나그네가 낚시하는 걸 구경하다니, 시간이 많은 모양입니다."

"예, 어르신. 지나가다 우연히 보게 되었는데 참으로 묘한 솜씨인 것 같아 실례를 무릅쓰고 여쭙는 겁니다."

"잡는 방법은 다 같으나 묘한 솜씨는 스스로 깨달아야 하오."

"깨닫는 길로 가는 방법은 있지 않겠습니까?"

노인이 너털웃음을 터트리며 김홍도를 바라봤다.

"아침이나 저녁이나 이 낚시를 물속에 던져놓고 정신을 집중해보시오. 손은 방법이고, 묘법은 마음이요. 그 묘법은 열흘에 터득할 수도 있고 한 달이 걸려도 못 깨달을 수 있소. 나그네의 마음에 달린 일이니 정 묘법이 궁금하다면 그리 해보시구려."

"어르신, 가르침에 감사드립니다."

"편안히 가시오."

노인은 다시 낚시를 강에 던졌다. 김홍도는 노인이 창해 선생처럼 정신과 마음에 대해 말하고 있다고 생각했다.

김홍도는 기다렸다. 처음에는 자신도 무엇을 기다리는지도 모르고 그냥 기다렸다. 새벽 짙은 안개가 걷히기를 바라는 나그네처럼, 남한강가의 풍광을 바라보고 또 바라봤다. 강물이 흐르는 소리, 바람이 부는 소리, 나뭇잎이 스치는 소리가 하나 둘 사라졌다. 남은 건 고요뿐이었다. 그는 붓을 들었다. 마음속에서 물소리, 바람 소리를 걷어냈다. 시냇가에서 자맥질을 하는 오리 한 쌍을 고요 속에 담았고, 백로가 보이면 백로를 그렸다. 해오리가 보이면 해오리를 그렸고, 오리 가족이 시냇물을 따라 내려가면 시

김홍도, 계변수금(溪邊水禽, 오리 두 마리), 《병진년화첩》, 지본담채, 26.7×31.6cm, 보물 제782호, 삼성미술관 리움

냇물 소리를 걷어내고 오리 가족의 정겨운 모습만 그렸다. 강 건너 마을로 가는 사람, 외나무다리를 건너가는 사람, 소를 타고 가는 사람을 그렸고 숲속에서 꿩이 보이면 조용히 산자락을 올라가기도 했다. 남한강가에서 낚시를 하는 모습이 보이면 멀리서 시간 가는 줄 모르고 그림을 그렸다. 아니, 자신의 마음을 그렸다.

김홍도는 오래전 스승 심사정이 이야기했던 '회사후소'*에 담긴 깊은 뜻을 이제야 어렴풋이 알게 된 것 같다는 생각이 들었다. 그는 지금 자신의 처지가 딱하기는 하지만, 평생 손가락질을 받으며 주문 그림만 그리다 세상을 떠난 스승 심사정에 비하면 크게 불평할 게 못 된다고 생각하며 마음을 다잡았다.

김홍도는 경기도 광주를 거쳐 여주 이천을 지나 연풍현감 시절에는 여유가 없어 자세히 볼 수 없었던 단양을 향해 유유자적 말을 몰았다. 그는 단양에서 사인암, 옥순봉, 도담삼봉, 구담봉뿐 아니라 죽령 산정에서 떨어지는 죽령폭포, 운선계곡 상류에 위치한 칠성암, 가을철 단풍으로 절경을 이루는 북벽, 소백산맥 중 솟은 봉우리와 계곡이 절경을 이루는 구봉팔문 등을 둘러본 후 다시 한양으로 돌아왔다.

한양에 돌아오니 김한태가 버선발로 나와 그를 반겼다.

"나리, 얼굴이 좋아지셨습니다."

"경림 덕분에 유람을 잘하고 왔네. 참말 고맙네."

"나리, 별말씀을 다하십니다."

"이렇게 편안하게 다녀보기는 내 생전 처음이었네. 만약 자네가 그림을 그려다 달라는 말을 했으면 그게 마음에 짐이 되었을 텐데, 자네는 아무런 부탁도 하지 않았네. 그래서 홀가분한 마음으로 세상을 돌아볼 수 있었네.

---

* 繪事後素, 공자의 말로 "그림 그리는 일은 흰 바탕이 있은 후"라는 뜻이다.

그렇게 가니 강물을 따라 내 마음이 흐르는 것 같았고, 그 강물이 곧 내 마음이 되는 것 같았네. 내 생애 처음으로 눈앞에 펼쳐지는 풍광을 바라보며 평온함을 느꼈다네. 그 마음으로 붓을 들어 그림을 그렸으니 그 그림을 화첩으로 만들어 자네에게 선물로 줌세."

"아이고 나리, 말씀만 들어도 가슴이 벌렁거립니다. 고맙습니다."

김홍도는 김한태에게 감사 인사를 한 뒤, 별채에 들어갔다. 그리고 그날부터 두문불출하며 초본 그림을 화폭에 옮겨 그리기 시작했다. 며칠 뒤 이인문이 찾아와 그가 화폭에 옮겨 완성한 그림들을 바라봤다.

"사능, 그림이 전에 비해 많이 달라진 거 맞지?"

"문욱이 그렇게 봤다면 바뀐 게 맞겠지. 안 그런가? 하하."

"아니, 떠날 때만 해도 어깨가 축 늘어졌었는데, 지금은 자신감이 넘치는구먼. 산천을 주유하면서 귀인을 만나 묘한 솜씨라도 배웠나?"

"하하, 이 사람아. 묘한 솜씨라니 당치 않네. 그냥 마음이 가는 대로 그려본 거야."

"아니야, 그렇게 단순하게 설명할 수 있는 그림이 아니야……."

이인문은 계속 고개를 갸우뚱했다. 친구가 무기력하던 모습에서 벗어난 건 반가웠지만, 지금 자신의 눈앞에 펼쳐진 그림은 그동안 자신이 알던 김홍도의 그림과 분명 어딘가 달랐다. 무엇보다 그림을 보고 있자니 마음이 편안해졌다.

"이보게 사능. 어떻게 이런 그림을 그리게 되었는지 말해주게나. 자네와 나는 둘도 없는 친구 아닌가?"

丙辰春寫
植園

김홍도는 이인문에게 남한강가에서 만난 낚시꾼 노인에게 들었던 이야기를 해줬다.

"그래서 나도 정신을 집중해서 풍광을 보며 마음 심心 자만 생각했네. 그랬더니 어느 순간엔가 마음이 편안해지더군. 그때 붓을 들었네. 내가 자네에게 해줄 수 있는 말은 이뿐일세. 하하."

"옛사람이 '적은 것을 가지고 큰 것을 깨우칠 수 있다'고 했다더니, 바로 이를 두고 한 말인가 보네. 고맙네, 사능."

이인문은 자신도 마음 심 자 하나로 그림을 그려야겠다며 김한태의 집을 나섰다.

김홍도는 종이가 펼쳐진 서안 앞에 앉기 전에 세수(洗手, 손을 씻다)를 했다. 그리고 시종이 마당에서 달여온 차를 마시며 정신을 맑게 했다. 마음에 조금이라도 불편한 기색이 있으면 붓을 들지 않고 기다렸다. 마음을 비우고 머릿속도 비우고 심지어는 여행에서 그려온 초본까지 버리고 모든 것이 고요해지기를 기다렸다. 그런 다음에 천천히 붓을 들었다. 붓이 마음을 따라 움직였고, 마음은 화폭 위에 물들어갔다.

그렇게 혼신의 힘을 다해 그리기를 한 달, 스무 점의 그림이 완성되었다. 김홍도는 옥순봉 그림 왼쪽에 '병진년(1796년) 봄에 단원이 그리다丙辰

◀ 김홍도, 사인암(위)·옥순봉(아래), 《병진년화첩》, 지본담채, 26.7×31.6cm, 보물 제782호, 삼성미술관 리움

春寫檀園'라고 쓰고, '홍도'와 '사능'이 새겨진 도장을 찍었다. 다른 그림에는 글씨를 쓰면 간결한 맛이 사라진다고 생각해 그림 아래 한구석에 도장만 찍었다.

"나리, 제가 뭘 알겠습니까마는 이 그림들을 보니 장사에 찌들었던 제 마음이 맑아지는 것 같습니다. 이 화첩은 제가 가보로 간직하면서 마음이 시끄러울 때마다 펼쳐보겠습니다. 고맙습니다, 나리."

화첩을 받은 김한태는 그림을 한 장 한 장 넘기면서 감탄사를 연발했다. 김홍도는 김한태가 좋아하는 모습을 바라보며 빙그레 미소를 지었다.

"경림이 그렇게 말해주니 고맙네. 나로서는 혼신의 힘을 다해 그린 그림이고, 이제 이런 그림은 다시 그릴 수 없을 거라는 생각이 들었는데 가보로 간직하겠다니 그 말이 참으로 아름답고 고맙네. 이 화첩은 내 평생의 득의작得意作이네. 잘 간직해주면 정말 고맙겠네."

"나리, 그건 염려 놓으십시오. 제가 큰아들에게 물려주면서 대대로 잘 보관하라고 하겠습니다. 그리고 앞으로도 이 그림들보다 더 좋은 그림을 그리셔야 합니다, 나리."

"그렇게 덕담을 해주니 고맙네. 그러나 득의작이란 쉽게 나오는 게 아니네. 혼신의 힘이란 내가 마음먹는다고 나오는 힘이 아니니. 그러니 잘 간직해주시게……."

"예, 나리. 이런 귀한 화첩을 저 같은 장사치에게 주시니 참으로 고맙습니다."

김한태의 말은 진심이었다. 그는 온갖 술수와 매점매석 등의 야비한 수법으로 재산을 모은다고 손가락질을 받았다. 그럴수록 가난한 시인 묵객과 가객(歌客, 노래를 잘 부르는 사람), 금객(琴客, 거문고 연주자) 등 재능 있는 풍류꾼과 방외화사 들에게 술과 음식을 아낌없이 베풀었다. '개처럼 번 돈을 정승처럼 써라'라는 옛말을 실천한 것이다. 김한태는 김홍도를 지극정성으로 대했으나 무언가를 바라고 베푸는 선의는 아니었다. 김홍도도 그 마음을 알기에 자신의 득의작을 선물함으로써 보답하고자 한 것이었다.

32장

한 시대가 저물다

8월, 화성 성곽 축조가 완료되었다. 1794년(정조 18년) 1월부터 2년 반에 걸친 큰 공사였기 때문에 정조는 공사에 관한 자세한 기록을 의궤로 제작하라는 명을 내렸다. 화원들은 9월부터 의궤 작업에 매달렸고, 화성 행궁에 비치할 화성팔경도 병풍이 김홍도에게 맡겨졌다. 김홍도가 병풍을 진상하자 조정대신 몇 명이 같은 그림을 주문했다. 김홍도는 그림을 다 그린 후 관서 아래에 '신홍도臣弘道', '취화사醉畵士'라는 도장을 찍었다. '취화사'는 그가 매일 술에 취해 사는 자신의 모습을 자조하며 몇 년 전에 만든 자호였다. 병풍 작업을 마치고도 기다리던 복권 소식은 들리지 않았다. 김홍도는 도화서로 돌아간다는 희망을 버리고 점점 자신의 자호대로 취화사가 되어갔다. 흥이 나지 않거나 그림을 재촉하면 아무리 돈 많은

김홍도, 서성우렵西城羽獵(좌)·한정품국閒亭品菊(우), 〈화성팔경도〉, 지본담채, 97.7×41.3cm, 서울대학교박물관

이의 주문이라도 붓을 놓고 술을 마셨다. 그러다 흥이 나면 순식간에 그림을 그렸다.

벗이 술에 기대 사는 걸 걱정스럽게 바라보던 이인문은 김한태를 찾아가 김홍도가 그의 집에서 나오는 게 좋을 것 같다는 의사를 조심스레 전달했다. 김홍도에게는 안온한 집보다 그를 곁에서 지켜주고 챙겨줄 사람이 필요하다는 생각에서였다. 김한태는 이인문의 말을 듣더니 한숨을 쉬며 그에게 돈 꾸러미를 건넸다.

"마음 같아서는 화사 나리를 끝까지 제 곁에 모시고 싶으나 그것이 제 욕심임을 압니다. 조그만 집 한 채를 마련하기에 부족함이 없는 돈입니다. 모쪼록 화사 나리께는 말씀 마시고 계획하시는 일에 보태주십시오."

김홍도에게 돈 이야기를 하면 집 대신 술을 살 거라는 걱정 때문이었다. 이인문은 김한태의 애틋한 마음에 사의를 표하고 박유성에게 일러 그가 살고 있는 삼청동 수어청 부근에 조그만 집을 구하게 했다. 박유성은 그 뒤로 지근거리에서 스승 김홍도를 보살피며 그림 주문을 받아와서 생활을 할 수 있게 도왔다. 그러나 김홍도의 술 마시는 습관을 고치지는 못했다.

김홍도는 아예 삼청동 집 자신의 방에 '오수당(午睡堂, 낮잠 자는 방)'이라고 쓴 붓글씨를 붙여놓았다. 그러고는 술에 취해 낮잠을 자는 날들이 많았다. 돈에 쪼들리면 서화사에서 돈을 제때에 주지 않는다고 역정을 냈고, 돈이 들어오면 술을 마시고 집에 들어오는 길에 비싼 꽃나무를 사는 데 다 써버리기도 했다. 그렇게 술과 함께 세월을 흘려보냈다.

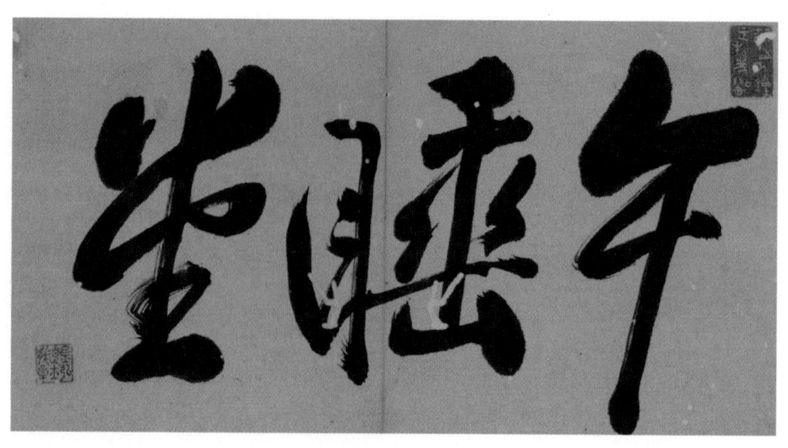

김홍도, 오수당 현판, 국립중앙박물관

이인문과 박유성의 보살핌에 하늘이 감복했는지, 1799년(정조 23년) 가을, 정조는 김홍도를 도화서 화원으로 다시 불렀다. 김홍도는 술을 마실 시간도 없이 연말 세화를 그리느라 바쁜 나날을 보냈다. 이인문과 박유성은 그제야 비로소 안도의 한숨을 내쉬었다.

이듬해 55세가 된 김홍도는 정조의 명으로 《대학》의 팔조목* 을 주제로 쓴 주자의 칠언절구 여덟 수를 8폭 병풍에 담는 작업에 착수했다. 통치자인 정조 본인의 도덕적 수양과 군주로서 백성들을 향한 자세를 그림으로 표현하라는 어려운 주문이었다. 정조는 중국 그림과 풍속화를 잘 그리는 김홍도가 적임자라고 판단한 것이다. 김홍도는 먼저 주자의 시를 읽고 또 읽었

* 격물格物, 치지致知, 성의誠意, 정심正心, 수신修身, 제가齊家, 치국治國, 평천하平天下를 말한다.

김홍도, 〈주부자시의도朱夫子詩意圖〉, 8폭병풍, 견본담채, 각 125×40.5cm, 개인

김홍도가 1800년 정초에 정조에게 진상한 8폭병풍 중 현존하는 여섯 폭이다. 제1폭 사빈신춘도泗濱新春圖와 제5폭 백운황엽도白雲黃葉圖는 전하지 않는다. 김홍도는 자필로 주자의 칠언절구 시를 한 수씩 썼다. 그러나 화제 아래에 《화성팔경도》에도 사용한 '신홍도'와 '취화사'의 도장을 찍은 걸로 봐서, 이 그림은 정조에게 진상한 것이 아니라 조정대신의 부탁을 받아 따로 제작한 병풍일 가능성이 높다.

다. 시의 뜻을 정확히 파악해야 그림을 그릴 수 있다고 생각했다.

병풍을 진상받은 정조는 "주자가 남긴 뜻을 깊이 얻은 좋은 그림"이라며 칭찬했다. 그리고 《홍재전서》*에 "김홍도는 그림을 잘 그리는 사람이라 그의 이름을 안 지 오래되었다. 30년 전에 그가 어진을 그린 이후로는 그림 그리는 모든 일에 대해서는 다 그로 하여금 주관하게 하였다. 화사는 으레 세초歲初마다 첩화帖畫를 그려 올리는 규정이 있으므로, 금년에는 김홍도가 주 부자朱夫子의 시 여덟 수를 소재로 그림을 그려서 8폭의 병풍으로 만들었다"고 기록했다. 정조로부터 큰 칭찬을 받은 일은 완전한 복권을 의미했다. 그러나 김홍도의 기쁨은 오래가지 못했다.

여름이 한창이던 6월 28일, 정조는 48세를 일기로 창경궁 영춘헌에서 승하했다. 전날부터 정신이 혼미해 어의와 약원들의 처방에 따라 가미팔물탕, 인삼 다섯 돈, 좁쌀 미음, 인삼차, 가감내탁산, 청심원 두 알, 소합원 다섯 알, 성향정기산을 복용했지만 소용이 없었다. 승하가 확인되자 내시가 곤룡포를 받들고 동쪽 처마 밑에서 사다리를 타고 지붕으로 올라갔다. 그리고 북쪽을 향해 곤룡포를 흔들며 망자의 혼을 부르는 고복의식을 하며 승하를 알렸다. 대신과 각신 들은 줄을 나누어 기둥 밖에 늘어서서 곡을 했다.

정조의 승하 소식을 들은 김홍도는 자신보다 젊은 임금이 갑자기 승하했다는 사실이 믿어지지 않았다. 다른 도화서 화원들이 창경궁을 향해 무

---

* 정조의 시가와 산문을 엮어 1799년과 1800년 2차에 걸쳐 간행한 시문집.

릎을 꿇고 곡을 하는 걸 보고서야 실감이 났다. 그들을 따라 마당에 무릎을 꿇고 앉자 불현듯 눈물이 쏟아졌다. 왕세손 시절부터 30년 세월을 모신 임금이었다. 지난 몇 년간은 가까이하지 못했지만, 얼마 전에는 자신이 진상한 〈주부자시의도〉를 칭찬하며 화답의 시까지 쓴 임금이었다. 김홍도는 며칠 동안 곡을 하며 슬픔을 쏟아냈다.

24년 동안의 정조시대가 막을 내리고 열 살의 왕세자가 왕위를 이어받았다. 순조의 시대가 시작되었지만 임금이 너무 어려 영조의 계비 정순왕후(貞純王后, 1745~1805)가 수렴청정을 하였다.

1801년(순조 1년), 열한 살인 임금이 홍역의 증상인 수두를 앓았다. 11월 21일의 일이었다. 다행히 물집이 크지 않았지만 마마로 발전해 얼굴에 흉이 생기면 큰일이었다. 의관들은 번갈아가며 진찰한 후 해기음 한 첩과 사과차 한 첩을 처방했다. 조정을 뒤숭숭하게 하던 순조의 수두는 일주일 뒤에 물집이 터지면서 완치되었고, 수렴청정을 하는 대왕대비 정순왕후는 병이 낫도록 노고한 담당자에게 벼슬과 상을 내리라고 하교했다.

나라에 큰 잔치가 있을 때에 조정대신들이 행사를 그린 병풍을 추가로 주문해서 나눠 갖는 것이 관례이듯, 이번과 같은 경사에도 그림을 주문해서 품계가 높은 이가 아랫사람들에게 나눠주곤 했다. 얼마 전까지 사헌부 대사헌으로 있다가 강화부 유수가 된 한용구(韓用龜, 1747~1828)는 사간원 정언 홍의영(洪儀泳, 1750~1815)에게 그림을 네 점 주문해달라는 부탁을 했다. 홍의영은 김홍도, 이인문 등의 화원과 교류하던 사이로, 지난해에도

김홍도의 그림에 자신과 유한진의 글씨를 합작해서 만든 화첩을 이인문에게 보여주며 자랑한 적이 있었다.

홍의영은 김홍도, 이인문, 박유성을 만났다. 그는 중국 송나라 시인 대복고가 벼슬길을 마다하고 평생 포의(布衣, 벼슬하지 않는 삶)로 사는 즐거움을 표현한 시 '조대釣臺'를 주제로 하는 삼공불환三公不換을 그려달라고 부탁했다. 전원생활의 즐거움을 삼공(三公, 영의정, 좌의정, 우의정)의 높은 벼슬과도 바꾸지 않겠다는 내용으로, 김홍도가 정조 말년에 주자의 시를 주제

김홍도, 〈삼공불환도三公不換圖〉, 견본담채, 133×418cm, 보물 제2000호, 삼성미술관 리움
왼쪽 위에 홍의영이 쓴 제발의 내용은 다음과 같다. "신유년 겨울 12월에 임금의 병환인 수두가 나아서 온 나라가 기뻐하고 즐거워하였다. 유후留後인 한공韓公이 계병(禊屛, 계원의 이름을 적어 만든 병풍)을 만들어 요속(僚屬, 아랫사람)들에게 나누어주었으니 대개 이전에 없었던 경사를 기억하고자 함이다. …… 간재 홍의영이 단원이 그린 〈삼공불환도〉에 제를 쓰다."

로 〈주부자시의도〉 병풍을 잘 그려 칭찬을 받았던 일을 떠올리며 부탁한 것이다. 이인문에게는 산수화 두 벌, 박유성에게는 화훼영모도 한 벌을 주문했다.

김홍도는 다시 심기일전했다. '삼공불환'은 산천 속에서 조용히 분수를 지키며 사는 삶을 표상했다. 감히 비교하기는 힘들지만 자신이 생각하는 '포의로 사는 즐거움'과도 무관하지 않았다. 조용히 들어앉아 맑은 정신으로 평온을 찾아가는 삶을 어떻게 그리는 게 좋을지 눈을 감고 생각했다. 산이 있고 비옥한 토지가 있는 곳, 마당에는 학이 거닐고 뒷마당 대나무 숲에는 뒷산의 노루가 내려와 어슬렁거리는 곳, 옛사람의 글을 펴놓고 깊이 몰입하면서 마음을 정결히 하는 삶……, 김홍도는 눈을 뜨고 붓을 들었다. 그리고 몇날 며칠 마음을 다스리며 정성을 다했다.

〈삼공불환도〉를 다 그렸다는 연락을 받고 온 홍의영은 감탄을 하며 화면 왼쪽 위에 중국 후한시대 학자 중장통(仲長統, 179~220)의 명시인 '낙지론(樂志論, 뜻대로 즐거워한다)'을 쓴 다음에 그림을 그리게 된 연유를 밝히는 제발을 썼다. 12월 말이었다.

1802년(순조 2년) 김홍도는 어느덧 57세가 되었고, 외아들 양기도 열 살이 되어 서당에 다니고 있었다. 노론 벽파가 다시 득세한 조정에서는 연초부터 정조가 만든 장용영을 폐지하면서 자신들을 핍박하던 전 임금의 흔적을 지워갔다. 그렇게 세상이 조금씩 방향을 바꾸며 흘러갈 때 연로한 아버지가 세상을 떠났다. 어린 시절, 자식의 꿈을 위해 묵묵히 뒷바라지를 하던 아버지 모습을 떠올리며 김홍도는 큰 슬픔에 잠겼다. 한동안 가슴 한쪽이 떨어져나간 듯 아픔 속에 지냈고, 겨울이면 고질병인 천식이 심해져 생사를 넘나들 때도 있었다.

김홍도의 매화사랑

윤도행, 오씨화원청회도, 《풍화설월청유지첩》, 지본담채, 33.5×49.8cm, 개인

오씨화원청회도는 1779년 봄에 오씨 집의 복사꽃 핀 정원에서 열린 모임을 그린 그림이다. 모임이 열린 후원에는 화사한 복사꽃이 만발하고 복숭아 나뭇가지에는 큰 술병이 매달려 있다. 널찍하게 마련된 자리 위에서는 바둑이 한창이다.

조희룡은 《호산외사壺山外史》 김홍도 전에서 "하루는 어떤 이가 화분에 심은 매화를 파는데 매우 기이하였으나 바꿀 돈이 없었다. 그러다가 마침 돈 3천을 그림값으로 보낸 이가 있어, 2천을 던져 매화로 바꾸고 8백으로는 술 몇 말을 사서 친구들을 모아 매화 술자리를 열었다. 그리고 남은 2백으로 쌀과 땔감을 샀으나 하루거리도 되지 않았다"는 에피소드를 전한다. 김홍도의 '매화 술자리'는 아마도 윤도행의 그림 속 풍경과 비슷했을 거라 추측할 수 있다.

김홍도와 매화 에피소드는 워낙 유명하다. 여기서 대충 셈을 해보자면 김홍도가 매화를 산 2천(푼)은 상평통보 20냥에 해당한다.(당시 귀한 매화나무는 10냥 이상짜리도 있었다는 기록이 있다.) 8냥으로 술 두어 말을 샀다고 했는데, 막걸리 한 말이 약 18리터이니 적어도 36리터는 산 셈이다. 대략 막걸리 200잔에 이른다. 이렇게 보면 "쌀과 땔감을 샀으나 하루거리도 되지 않았다"는 조희룡의 글은 과장법이다. 2냥(2백 푼)으로는 쌀 10킬로그램과 나무 반 짐 정도는 살 수 있었을 것이다.

33장

아들의 월사금을 보낼 수 없어 탄식하다

1804년(순조 4년), 김홍도는 59세가 되었다. 몸은 점점 쇠약해져갔다. 그러나 이제 겨우 열두 살이 된 아들 생각을 하면 손을 쉴 수가 없었다. 김홍도는 5월 단오절 때 제자 박유성과 함께 규장각의 차비대령화원이 되었다. 차비대령화원이 되면 일 년에 몇 차례 치르는 그림 시험 성적에 따라 녹봉이 지급되었다. 이해 9월, 홍의영이 정복을 입은 무관과 함께 김홍도를 찾아왔다.

"단원, 개성에서 온 군영 장교 장후은이오. 단원을 꼭 뵙고 싶다고 해서 내 함께 왔소."

"어용화사 나리, 소인 개성 군영에 장교로 있는 인동 장가로 나중 후後 성할 은殷이옵니다. 이렇게 어용화사를 뵙게 되어 광영이옵니다."

“다 늙은 화원을 만나러 멀리서 오시느라 고생 많았소이다.”

두 사람의 인사가 끝나자 홍의영은 그에게 1607년(선조 40년)에 그려진 계회도 화첩을 보여줬다. 시간이 흘러 채색이 옅어졌지만 순서대로 앉아서 마시고 잔치하며 즐기는 모습은 비교적 상세히 확인할 수 있었다.

“단원, 장 장교의 선조께서 정미년(1607년)에 주창한 기로세연耆老世宴 화첩입니다. 그런데 장 장교가 얼마 전 가풍을 이어받아 송악산의 옛 궁궐터인 만월대에서 개성의 70세 이상 노인 예순네 분을 모시고 다시 한번 기로세연을 주창했다고 합니다. 그래서 정미년 화첩처럼 이번 기로세연의 광경을 큰 비단에 그려 후손들에게 가보로 남기고 싶다며 단원에게 청을 넣어달라기에 이리 함께 왔소이다. 단원께서 그려주시면 그림의 기記는 제가 쓰기로 했소이다. 하하.”

가문의 전통을 이으려는 뜻으로 연 잔치이니 1607년의 기로세연을 참고해서 그려달라는 말이었다. 장교된 자로 감히 어용화사에게 그림의 형식까지 말할 수 없어 홍의영이 대신 전해준 것이다. 김홍도는 잠시 돌아가신 아버지 생각에 젖어 고개를 끄덕였다.

“장 장교의 효심이 아름답소. 없는 솜씨지만 그 효심을 생각하며 그려보리다.”

“나리, 고맙습니다. 정말 고맙습니다.”

장후은은 몇 번이나 허리를 숙이며 감사를 표했다.

김홍도는 다음 날부터 기로세연도를 그리기 시작했다. 먼저 장후은이 놓고 간 1607년 계회도 화첩에서 송악산과 만월대 계단의 모습을 확인한 후

김홍도, 기로세련계도, 견본담채, 137×53.3cm, 개인
기로연耆老宴은 70세 이상의 문신들을 위해 조정에서 베풀어 주는 잔치였다. 그런데 인삼 재배와 보부상의 발달로 경제적으로 부유했던 개성에서는 고려시대부터 전승되어오는 전통으로 여겨져 중인들도 큰 기로 잔치를 벌였고, 1804년 9월 9일에는 장씨 가문의 주창으로 열렸다.

머릿속으로 그림의 구도를 생각했다. 궁중에서 그리는 기로연 잔치는 배경이 없지만 이번에는 송악산을 배경으로 세로로 그리는 게 좋을 것 같았다.

김홍도는 먼저 송악산을 그리고 그다음 옛 궁궐터에 커다란 차일을 그렸다. 그리고 차일 아래에 예순네 명의 노인 앞에 놓인 조그만 상, 정중앙에 놓인 큰 상과 그 위에 놓인 꽃병과 술동이를 그렸다. 궁궐 기로연을 그릴 때와 같은 형식이었다. 음악을 연주하는 삼현육각은 만월대 계단 위의 잔치 자리 입구에 그렸고, 무동 두 명이 춤을 추는 모습과 음식을 나르는 시동 일곱 명도 그렸다.

참석자들을 그린 다음에는 구경 온 동네 사람들을 그렸다. 삼현육각의 풍악소리에 덩실덩실 춤을 추는 사람, 구경꾼들에게 잔술을 파는 주모, 할아버지를 모시고 온 소년, 말을 끌고 온 하인들, 떡을 나르는 아낙들, 술에 취해 비틀거리는 사람, 부축하는 사람, 나무 짐을 내려놓고 구경하는 사람, 잔칫집에 온 각설이까지 그렸다. 이쯤 그렸으면 구경꾼은 다 그렸다고 생각하며 붓을 내려놨다.

김홍도는 송악산 중간중간에 가을 단풍을 그려넣었고, 산 아래는 옅은 안개를 넣어 산과 행사를 구분 지었다. 그림 맨 위는 홍의연이 '기'를 쓸 수 있도록 빈 공간으로 남겨뒀고, 맨 아래는 기로연 참가자들의 이름과 관직을 적을 수 있도록 역시 빈 공간으로 남겨뒀다. 김홍도는 마지막으로 그림을 살펴보았다. 더 이상 손댈 곳이 없다는 생각에 그림 왼쪽에 '단원이 그렸다檀園 寫'라고 관서한 후 도장을 찍었다. 훗날 그의 관서 옆에 장후은의 친척인 장윤의가 '기로세련계도耆老世宴契圖'라고 관서했다. 홍의영은

'기'에서 "이 계회를 갖게 된 것은 지금 주상 전하 갑자년(1804년) 9월이었다. 이미 계회의 행사가 끝나 단원 김홍도로 하여금 그 광경을 그려내도록 하고 나는 기를 쓴다"라고 밝혔다.

이듬해 김홍도는 예순이 되었다. 정월 초하루, 김홍도와 이인문은 박유성의 집 서묵재에 모여 술을 마시면서 덕담을 나누다가 이인문이 물이 흐르는 계곡이 내려다보이는 소나무 아래에서 한가롭게 담소를 나누는 두 노인을 그려 김홍도에게 건넸다. 두 사람의 30년 우정을 기념하는 그림이었다. 이인문의 그림을 본 김홍도는 붓을 들어 왕유의 시 '종남별업'*을 화제로 써서 자신의 심정을 표현했다.

3월 3일, 차비대령화원으로 있던 박유성은 임금의 명을 받아 전주에 있는 전라감영의 대솔군관(帶率軍官, 가족을 데려가는 솔권率眷이 허락되는 군관)으로 전출되었다.[51] 당시 전라도 감찰사는 전라감영에서 공적으로 필요한 그림을 그리는 화사군관 한 명과 공문서를 쓰는 사자군관 한 명을 관속으로 둘 수 있었고, 이들에게 녹봉을 지급하기 위해 군직에 붙였다.

"그래도 가족을 모두 데려갈 수 있으니 참으로 다행이네."

이인문과 함께 박유성의 집을 찾은 김홍도는 울산 감목관으로 홀로 길을 떠나던 자신의 젊은 시절을 떠올리며 제자를 위로했다.

"나라의 명을 받아 가는 길이니 감히 아쉬움을 표할 수 있겠습니까. 다

---

* 終南別業, '종남산의 별장'이라는 뜻으로 안녹산의 난 이후 현실을 등지고 별장에 은거한 왕유가 아름다운 자연과 초탈한 삶을 노래한 시다.

만 스승님을 자주 뵐 수 없으니 그것이 마음의 짐으로 남습니다."

제자는 오히려 자신이 떠난 삼청동에 남을 스승의 안위를 걱정했다.

"그런 말 말게. 이따금 서신 왕래를 하면서 소식이나 전해주면 내 적적한 생활에 큰 위로가 될 거야."

"그래, 우리 취화사 선생의 건강은 내가 잘 돌볼 터이니, 자넨 내려가서 적응할 생각이나 하게. 하하."

세 사람은 다시 만날 날을 기약하며 깊은 밤 술잔을 기울였다.

박유성의 우려에도 불구하고, 제자가 떠난 후 김홍도의 몸은 점점 쇠약해졌다. 고질병인 천식이 그를 계속 괴롭혔다. 결국 김홍도는 9월 중순 병환을 이유로 차비대령화원직에서 물러났다. 그 소식을 들은 박유성이 김홍도에게 편지를 보내왔다. 겨울이 되기 전에 한양보다 따뜻한 전주에 내려와서 지내라는 내용이었다. 김홍도는 제자의 애틋한 배려에 마음이 움직여 그러겠다고 답장을 보냈다.

10월 초, 김홍도는 말을 빌려 전주를 향해 길을 떠났다. 길을 가다 힘이 들면 고을의 기와집에 들러 하루 이틀 묵었고, 그 대가로 주인이 부탁하는 그림을 그려줬다. 그렇게 천천히 가다보니 전주까지 가는 데 열흘이 넘게 걸렸다. 박유성은 김홍도가 전라감영 부근 주막에 도착해 연통을 넣자마자 반갑게 뛰어왔다.

"스승님, 먼 길 오시느라 고생하셨습니다. 좀 불편하시겠지만 제가 살고 있는 감영 안 관사에서 며칠만 계시면 감사(관찰사)가 스승님 처소를 마련해드릴 듯합니다."

김홍도, 기려행려도, 지본담채, 22×25.8cm, 간송미술문화재단
제화시의 내용은 다음과 같다. "나그네 세월은 시권 속에 있고客子光陰詩卷裏, 살구꽃 소식은 빗소리 속에 있네杏花消息雨聲中"

"그게 무슨 말이냐?"

"스승님, 전라감사가 그림을 좋아해서 가끔 뵙는데 얼마 전에 스승님이 내려오신다고 했더니 반가워하시며 관아에 거처를 준비하겠다고 하셨습니다."

"여기 감사가 누구시냐?"

"두실 심상규 영감인데, 오래전에 스승님과 대은암에서 함께 아회를 하셨고, 규장각에서 가끔 뵈었다고 하시던데요?"

김홍도는 깜짝 놀랐다. 심상규는 17년 전인 1788년(정조 12년) 3월 7일 백악산 아래 대은암에서 열다섯 명 정도가 모여 아회(시모임)를 했을 때 만난 적이 있는 사이였다. 대은암 아회는 노론 문인인 경산 이한진을 좌장으로 권상신, 심상규, 김상임 등 북학파와 노론 문사들이 모여 시를 읊으며 즐거움을 나눴던 모임이었다. 그날 김홍도는 부름을 받아 아회 광경을 그렸다. 그때 김홍도는 43세, 심상규는 약관 22세였다. 심상규는 청송 심씨 가문의 명성을 빛낼 인재라는 기대에 부응해 이듬해 알성문과에 급제했고 이조, 호조, 형조 참판을 역임했다. 그러다 올해 정월 39세의 젊은 나이에 전라도 관찰사에 제수되어 이곳 전주 감영으로 온 것이었다.

"나이가 이제 마흔쯤 되었을 텐데 벌써 감사가 되었구나. 나를 기억해주고 거처를 마련해주신다니 고마운 일이다."

"예, 스승님. 전주에서 일이 잘 풀리려나 봅니다."

"나도 그러면 좋겠구나."

그때 저녁상이 들어왔고, 두 사람은 오랜만에 즐겁게 회포를 풀었다.

김홍도가 도착했다는 소식을 전달받은 심상규는 관찰사 집무실인 선화당으로 김홍도를 불렀다.

"어용화사께서 이렇게 먼 지방까지 내려와주시다니 반갑소이다."

"오래전에 뵈었을 때를 기억하시고 이렇게 불러주셔서 고맙습니다. 소인은 이제 나이가 들어 몸에 병이 있어 얼마 전에 규장각에서 나왔습니다. 마침 이곳에 온 제자가 따뜻한 곳에서 겨울 날 곳을 마련해준다기에 내려왔는데 이렇게 영감을 다시 뵙게 되었습니다."

"잘 오셨소이다. 관아에 편안한 처소를 마련했으니 그곳에서 지내시면서 좋은 그림 그리며 겨울을 나시지요."

"고맙습니다, 영감. 이 은혜를 어찌 갚아야 할지 난감합니다."

"별말씀을 다하십니다. 그리고 잔심부름을 할 시종 한 명을 붙여드리니 혹시라도 몸이 불편하면 언제든 연락하세요. 식사는 감영에서 준비해서 갖다드리도록 할 터인데 입맛에 맞지 않으시면 말씀하시고요."

"영감의 세심한 배려에 감읍할 뿐입니다. 고맙습니다."

김홍도의 나이 예순, 심상규의 나이 서른아홉으로, 두 사람은 제법 나이 차가 있었지만 김홍도는 명문가 출신의 나이 어린 관찰사를 깍듯하게 대했다. 심상규 역시 비록 중인 출신이지만 선왕인 정조의 총애를 받으며 관직에까지 오른 김홍도를 극진하게 대하였다.

심상규는 시문에 뛰어날 뿐 아니라 글씨도 잘 썼으며, 부친으로부터 만 권이 넘는 장서를 물려받아 지식의 폭이 넓었다. 그래서 정조의 신임이 두터웠고, 순조는 그와 서영보(徐榮輔, 1759~1816)에게 정무를 수행하는 데 참고할 수 있는 책인 《만기요람萬機要覽》을 편찬하게 했다. 심상규는 그림에도 재능이 있어 특히 '묵란도'를 잘 그렸고, 서화와 중국의 골동품 수집도 즐겼기에 김홍도가 전주에 온 게 여간 반갑지 않을 수 없었다.

김홍도는 심상규 덕분에 편안하게 몸을 추슬렀다. 그러나 11월이 되면서 찬바람이 불자 다시 기침이 심해졌다. 고질인 해수병이 재발한 것이다. 박유성은 심상규에게 이야기해 의원을 부르고 약을 처방했지만 김홍도는 한 달을 심하게 앓은 후에야 일어났다.

11월 말, 죽음의 문턱에서 돌아온 김홍도는 가난과 병든 육신만 남은 자신의 모습을 돌아봤다. 무엇보다도 아직 어린 아들과 아내가 걱정이었다. 한양을 떠날 때 서화사에 그림을 맡기고 나중에 돈으로 바꿀 수 있는 환換을 받아 아내에게 주고 왔지만, 아직 돈을 받지 못했다는 연락이 와서 마음이 무거웠다. 그가 가족을 위해 한양에 남기고 온 것이라고는 작은 초가집 한 채뿐이었다. 그림을 그리면 언제든 돈으로 바꿀 수 있다고 생각하며 술과 풍류로 낭비한 지난날이 후회가 됐다.

가족에게 하루빨리 돈을 보내기 위해서라도 몸을 추스르고 그림을 그려야 했다. 그는 한양에 있는 이인문에게 자신이 8폭짜리 그림을 그려 보낼 테니 그림값을 쳐줄 사람을 알아봐달라고 부탁했다.

박유성을 통해 이인문에게 서신을 보낸 뒤 김홍도는 오랜만에 붓을 집어 들었다. 처음에는 신선도를 그릴까 생각했다. 그러다 문득 송나라 문인 취옹 구양수(歐陽脩, 1007~1072)가 인생을 돌아보며 쓴 '추성부秋聲賦'에 있는 시구 '백우감기심(百憂感其心, 온갖 근심을 마음에 느껴)'이 떠올랐다.

'구양수의 시구가 지금 나의 처지와 다를 바 없지 않은가!'

그는 시의도를 그릴 때 쓰려고 중국의 시와 문장을 적어놓은 책을 펼쳐서 '추성부'를 읽어 내려갔다.

"슬프다! 초목은 감정이 없어 때가 되면 날리어 떨어지지만, 사람은 동물이고 오직 만물의 영장이다. 온갖 근심을 마음에 느껴 수많은 일이 그 몸을 수고롭게 하여, 마음속에 움직임이 있으면 반드시 그 정신을 동요시킨다. 하물며 자신의 힘이 미치지 못하는 바를 생각하고 자신의 지혜가 할 수 없는 바를 근심하는 경우이겠는가. 짙게 붉던 얼굴이 마른 나무처럼 되고, 까맣게 검던 머리가 허옇게 되는 것이 마땅하다. 어찌하여 금

김홍도, 추성부도, 지본담채, 56×214cm, 보물 제1393호, 삼성미술관 리움

추성부도는 중국 송대 구양수가 지은 '추성부秋聲賦'를 그림으로 그려낸 시의도이다. 초옥에 들어앉은 구양수의 모습이 곧 김홍도의 모습이 아니었을까 짐작한다.

석의 재질도 아닌데 초목과 더불어 무성함을 다투고자 하는가? 누가 이것에 대해 상하게 하고 해치는가를 생각해보면 또한 어찌 가을 소리를 한탄하겠는가."[52]

김홍도는 종이를 길게 펼치고 추성부도를 그리기 시작했다. 먼저 화폭 오른쪽에 메마른 가을 산과 낙엽이 떨어진 나무들을 그렸다. 그다음에는 산 아래에 초옥(草屋, 지푸라기로 지붕을 인 집)을 그리고 방 안에서 둥근 창밖을 바라보는 구양수를 그렸다. 구양수의 모습은 곧 김홍도 자신의 모습이기도 했다.

시 속에서 구양수는 책을 읽다 소리가 나자 동자에게 무슨 소리인지 나가서 살피라 했고, 밖을 살핀 동자는 "별과 달이 환히 빛날 뿐 사방에 인적은 없고 소리는 나무 사이에서 납니다"*라고 답했다. 이를 표현하기 위해 김홍도는 동자의 손이 바람 소리 나는 쪽을 가리키게 그리고 뒷마당에는 백운동천 집에서 기르던 학 두 마리를 그렸다.

그는 계속해서 화폭의 왼쪽에다 나무숲을 그렸다. 숲속에는 작은 집 한 채가 있었고, 옆으로 그린 높은 언덕에는 나무 두 그루가 쓸쓸히 서 있었다. 마지막으로 하늘에 둥글게 떠오른 보름달을 그리고 날씨가 흐린 가을을 표현하기 위해 옅은 먹으로 달무리를 그렸다. 그림이 완성되자 화폭 왼쪽에 구양수의 '추성부'를 정성 들여 쓴 다음 "1805년 동지 지난 3일 후에

---

* 星月皎潔, 明下在天, 四無人聲, 聲在樹間

단구가 그리다乙丑年冬至後三日 丹邱寫"라고 관서하고 '김홍도 인'이라고 새겨진 도장을 찍었다.

그는 다음 날 박유성에게 부탁해 그림을 한양에 있는 이인문에게 보냈다. 추성부도를 받은 이인문은 평생의 벗이 보낸 그림의 글씨 옆에 자신이 사용하는 도장 중 가장 큰 도장을 찍었다. 자신이 김홍도의 그림임을 보증한다는 표시였다.

12월이 되면서 날씨가 추워졌다. 김홍도의 병세는 낫는 듯하다가 재발하기를 반복했다. 그는 깊은 한숨을 내쉬며 아내에게 붓을 들었다. 자신이 처한 상황과 병세를 이야기하며 이인문이 곧 돈을 만들어줄 거라고 안심시켰다. 그다음에는 아들 양기에게 보낼 편지를 썼다.

> 날씨가 차가운데 집안 모두 편안하고 너의 공부는 한결같으냐? 나의 병세는 어머니께 보내는 편지에 이미 다 말하였으므로 다시 말할 필요가 없을 뿐이다. 김동지도 찾아가서 이야기했으리라 생각한다. 너의 선생님께 보내는 월사금(삭전朔錢)을 보낼 수 없어 탄식한다. 정신이 어지러워 더 쓰지 않는다. 12월 19일에 아버지가 쓴다.[53]

김홍도는 깊은 한숨을 내쉬며 편지지를 봉투에 넣었다.

아들에게 쓴 마지막 편지

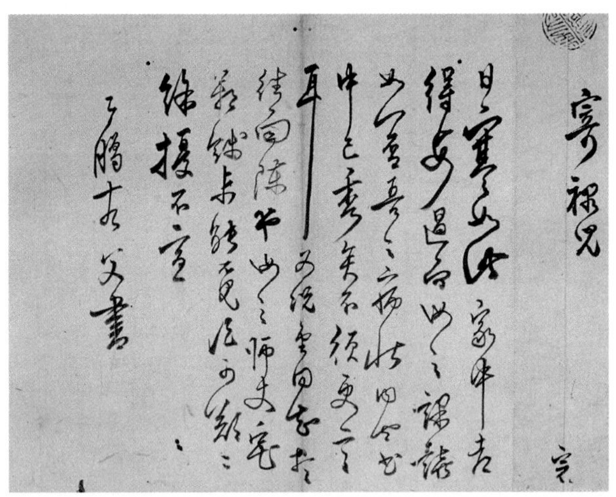

김홍도가 아들에게 쓴 마지막 편지, 국립중앙박물관

당시 김홍도의 어려운 형편과 건강을 알 수 있는 귀중한 자료로, 그동안 내용만 전해졌을 뿐 편지 원본은 처음 공개하는 것이다.

편지 원문: 寄祿兒完 日寒如此家中都 得安過而汝之課讀 如一否吳之病狀內間書 中已悉矣不須更言 耳又金同知盡 往面陳也汝之師丈宅 朔錢未能送可歎 餘擾不宣 乙臘十九父書

이 편지는 아들인 김양기가 부친 사후에 엮은 서첩인《단원유묵첩》34번째 면에 있다. 서첩은 모두 40면으로 만들어졌고, 아들에게 보낸 편지는 한 통뿐이다. 아들에게 준 글은 32면에도 하나가 있지만 편지가 아니라 명나라 왕탁의 시구를 쓴 글이다. 위의 편지는 1805년 12월 5일에 초서로 썼는데 "정신이 어지러워 더 쓰지 않는다"라는 내용대로 글씨에 힘이 없다.

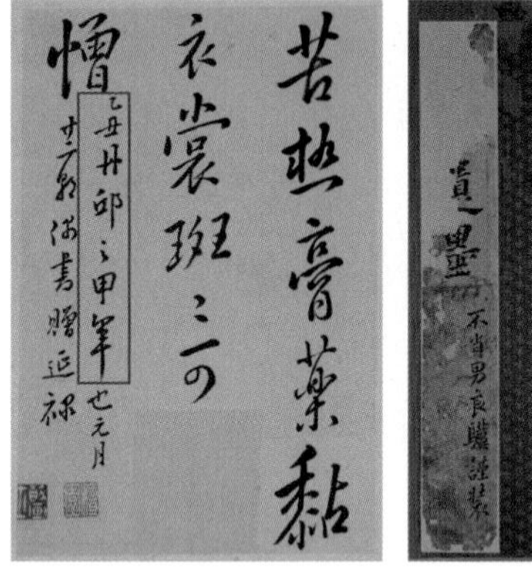

《단원유묵첩》 표지와 내용 일부, 국립중앙박물관
(좌) 을축년(1805년) 단구(김홍도)의 회갑년 정월 22일 아침 우연히 써서 연록(아들 김양기의 아명)에게 주다.
(우) 못난 아들 양기가 꾸미다.

《단원유묵첩》은 1909년 대한제국 황실에서 우리나라 최초로 설립한 박물관인 이왕가박물관(해방 후 덕수궁박물관)의 소장품이었다. 1969년 덕수궁박물관의 소장품이 국립중앙박물관으로 통합될 때 미술관 창고에서 소장품을 살피던 최순우 당시 미술과장(훗날 국립중앙박물관장)이 발견했다. 덕수궁박물관에 남아 있던 기록에 따르면 《단원유묵첩》은 1914년 일본인 이케우치 도라키치池內虎吉에게서 15원을 주고 구입했다. 기와집 한 채가 1000원이던 시절에 15원이면 지금 가치로 몇백만 원, 많아야 천만 원 미만이다. 거간의 손을 거친 가격이 그 정도였으니 김홍도의 후손이 일본인에게 팔 때는 훨씬 더 헐값이었을 것이다. 김홍도 아들 김양기 이후 족보 책에 후손에 대한 기록은 없다. 후손의 삶이 몹시 힘들었기에 선조의 유묵첩을 헐값에 넘긴 것으로 추정된다.

《단원유묵첩》 32번째 쪽의 글씨에는 김홍도의 출생연도를 알려주는 글귀가 있어 미술사적으로 매우 중요한 가치가 있다. 최순우는 "을축년(1805년) 단구(김홍도)의 회갑년 정월 22일 아침에 우연히 (명나라 왕탁의 시를) 써서 (아들) 연록에게 준다"는 글귀를 발견하여 국립중앙박물관에서 발행하는 《미술자료》 1966년 12월 호에 "단원 김홍도의 재세연대고在世年代攷"를 발표했다. 이 논문으로 그동안 베일에 가려졌던 김홍도의 출생연도가 1745년으로 확정되었다.

위의 편지는 1966년 최순우 선생 논문에 흐릿한 이미지로 게재된 후 공개된 적이 없어 이번에 처음으로 온전한 형태로 공개한다.

34장

빈산에 아무도 없구나

1805년 12월 30일, 김홍도는 창밖을 바라봤지만 매화는 아직 피지 않았다. 연둣빛이 물들기 시작한 나뭇가지에는 겨우 꽃눈이 오르고 있었다. 예년에 비해 날씨가 추운 탓이었다. 방문을 열고 뜨락을 바라보던 김홍도는 봉우리가 터지려면 아직 한 달은 더 기다려야 할 것이라고 생각했다.

'이번 봄에도 매화를 볼 수 있을까?'

그는 자신이 없었다. 올해는 정신이 맑을 때보다 흐릴 때가 많았다. 그림 위에 써야 할 제화시가 제대로 생각나지 않아 틀리게 쓸 때도 여러 번 있었다.

찬바람이 문풍지를 스쳤다. 그는 밭은기침을 하며 문을 닫았다. 서안 위에는 대나무 살이 열다섯 개쯤 되는 작은 쥘부채가 놓여 있었다. 오늘 아침 심상규가 몸이 괜찮으면 매화나무 한 가지를 그려달라며 갖다놓은 부채였다. 김홍도는 벼루에 천천히 먹을 갈았다. 다행히 손은 떨리지 않았다. 먹물이 빙빙 돌자 붓에 먹을 묻히고 심호흡을 했다. 그리고 매화나무 가지를 길게 뻗었다.

'작은 매화 한 가지를 그리는 게 이리 힘이 들다니.'

자신도 모르게 작은 한숨이 새어 나왔다. 그는 가는 붓질로 나뭇가지 형태를 마무리했다. 그러고는 채색 접시에서 붉은색을 엷게 풀어 나뭇가지 위에 매화를 그리고 잠시 그림을 살펴보며 관서하기 좋은 자리를 찾다가 나뭇가지가 뻗어나간 왼쪽 위에 '단구丹邱' 두 글자를 썼다.

어스름이 내릴 무렵, 심상규가 그의 방문 앞에서 기척을 했다. 자리에 누워 있던 김홍도가 일어나 방문을 열었다. 심상규는 서안 앞에 앉으며 부채에 그린 일지매를 일별했다.

"단원, 부채 위에 매화가 핀 듯합니다. 몸이 불편한데도 그 옛날 대은암에서 아회도를 그릴 때의 솜씨 그대로입니다."

"과찬이십니다. 이제는 늙고 병들어 눈도 침침하고 붓에 힘도 없습니다. 친구 분께 선물한다고 하셨는데 그럴 만한 그림이 될지 모르겠습니다."

김홍도는 계속 밭은기침을 했다.

"아주 좋은 선물이 될 겁니다. 송나라 문인 육개陸凱가 강남에 가 있을 때, 장안에 있는 벗 범엽范曄에게 매화 한 가지를 꺾어 붙이면서 시 한 수를 함께 부쳤다는 고사가 있습니다. 그래서 한양에 있는 벗에게 그걸 흉내

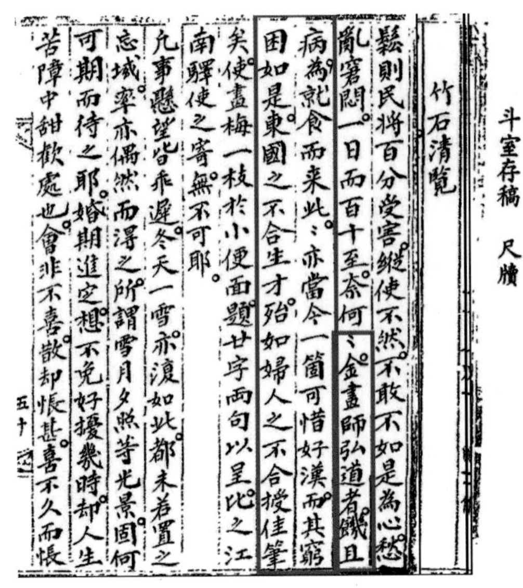

斗室存稿 尺牘

竹石淸覽

鬆則民將百分受害。縱使不然。不敢不如是爲心愁亂窘悶。一日而百十至。柰何〻〻。金畫師弘道者。餓且病爲就食而来此〻。亦當今一箇可惜好漢。而其窮困如是。東國之不合生才。殆如婦人之不合授佳筆矣。使畫梅一枝於小便面。題廿字兩句以呈。此之江南驛使之寄。無不可耶。

凡事懸望。皆乖遲。冬天一雪。亦復如此。都未若置之忘域。率亦偶然而得之。所謂雪月夕照等光景。固何可期而待之耶。婚期進定。想不免好擾幾時。却人生苦障中甜歡處也。會非不喜。散却悵甚。喜不久而悵

五十

심상규, 《두실존고斗室存稿》 '척독尺牘' 편, 석죽 서용보에게 보낸 편지 중 김홍도를 언급한 부분. 1805년 12월 30일.

내서 편지와 함께 매화 한 가지를 보내려는데 아직 매화가 피지 않아 무리하게 부탁드린 겁니다. 그런데 이렇게 아취 있는 매화가지를 그려주셔서 고맙습니다."

"별말씀을 다하십니다. 제가 지금 관찰사 영감께 큰 은덕을 입고 있는데 이렇게 작은 일이라도 해드릴 수 있어 다행입니다."

김홍도는 계속 기침을 했다. 심상규는 걱정하는 목소리로 입을 열었다.

"의원에게 탕제를 달여 올리라고 할 테니 좀 쉬세요."

"고맙습니다, 영감."

심상규는 김홍도를 측은한 표정으로 바라보며 일어섰다. 그가 방문을 열고 나간 후 김홍도는 힘없이 자리에 누웠다. 눈이 점점 감겼다. 심상규는 처소인 연신당으로 돌아와 통인에게 의원을 불러오라고 했다. 그리고 서안 앞에 앉아 부채를 펼쳤다. 볼수록 담백하고 운치 있는 그림이었다. 그는 먹을 간 다음 붓을 꺼내 부채 속 매화가지 위에 육개가 범엽에게 보낸 시를 썼다.

折梅逢驛使 매화를 꺾다가 역사를 만나
寄與隴頭人 농두의 그대에게 부칩니다
江南無所有 강남에는 가진 것이 없어서
聊贈一枝春 그저 한 가지 봄을 보냅니다[54]

심상규는 붓을 잠시 내려놓고 문갑에서 종이를 꺼내 한양에 있는 벗 예조판서 서용보에게 편지를 써내려갔다. 전라도에 10만의 백성이 굶주림에 처해 있어 밤낮으로 근심 걱정을 했는데 다행히 조정에서 구휼미가 내려와 많은 백성이 목숨을 부지하게 되었다는 내용을 전하며 김홍도에 대한 안타까운 소식도 알렸다.

"화사 김홍도가 굶주리고 병들어 먹을 것을 위해 여기에 왔습니다. 이 사람은 이 시대에 재주가 훌륭한 사람인데 그 곤궁함이 이와 같습니다. 우리나라는 인재가 살기에 적합하지 않은 것 같습니다. …… 그에게 작은 부채에 매화 한 가지를 그리게 하고 스무 자 절구를 써서 보냅니다."[55]

김홍도, 공산무인空山無人, 지본담채, 23×27.4cm, 간송미술문화재단

그림 왼쪽에 왕유의 시 구절 "빈산에 사람은 없는데 물은 흐르고 꽃은 핀다空山無人 水流花開"를 적었다.

심상규는 연말 안부 인사로 편지를 마무리한 후 붓을 내려놨다. 그림으로 한 시대를 풍미했던 어진화사 김홍도가 늙고 병든 몸으로 전주에 내려온 걸 생각하면 안타까웠다. 자신이 그를 위해 할 수 있는 건 편하게 지내도록 거처를 내어주고 의원을 시켜 약을 달이는 일뿐이었다. 벗인 서용보가 예조판서라 해도 김홍도를 위해 할 수 있는 일이 없다는 걸 알고 있었다. 병든 몸으로 누워 있는 그의 모습이 애처로워 해본 넋두리였다. 심상규는 서찰을 차곡차곡 접었다. 그러고는 벽에 걸려 있는 고비에서 긴 하얀 봉투를 꺼내 조심스레 밀어 넣었다. 한양에 공문서를 갖고 가는 역졸 편에 보내기 위해 봉투 위에 '예조판서 석죽청람竹石淸覽' 여덟 글자를 썼다. 석죽은 서용보의 별호로, 예조판서에게 보내는 편지라는 뜻이었다.

그때 의원이 도착해서 머리를 조아렸다. 심상규는 의원과 함께 김홍도가 누워 있는 별채로 갔다. 김홍도는 깊은 잠에 들었는지 의원이 맥을 짚어도 눈을 뜨지 않았고, 이마에서는 식은땀이 흘렀다. 한참 동안 맥을 짚고 있는 의원에게 심상규가 물었다.

"좀 어떤가?"

"맥이 점점 약해지고 있습니다. 가슴병을 앓은 지가 오래되신 것 같습니다."

심상규는 깊은 한숨을 내쉬었다.

"그래도 나라에서 귀하게 쓰임을 받던 인재이니 좋은 탕제로 최선을 다하게."

"예, 영감. 분부대로 하겠습니다."

의원은 탕제를 준비하겠다며 밖으로 나갔다. 심상규도 그렁그렁한 김홍도의 숨소리를 뒤로하고 문을 나섰다.

고요했다. 비가 내렸지만 천둥이나 번개 치는 소리는 들리지 않았다. 오직 적막이 흐를 뿐이었다. 김홍도는 아들 양기의 손을 잡았다. 녹아야, 네 손은 따스한데, 아비의 손은 차갑구나. 아비는 도화서 화원이 되고 어용화사가 되면 고달픈 삶의 굴레에서 벗어날 줄 알았다. 그러나 남은 건 늙고 병든 육신뿐이구나. 그림을 원 없이 그렸지만 너에게는 한 점도 남겨주지 못해 미안하구나…….

김홍도의 머릿속에서 60년의 삶이 하나 둘 펼쳐졌다. 성포리에서 아버지와 함께 강세황의 집에 가던 일, 《개자원화전》을 열심히 모사하던 일, 노들나루까지 걸어가 나룻배를 타고 한강을 건너 심사정의 집으로 가던 일, 이인문과 함께 도화서 화원이 되던 일, 영조의 수작연을 그리던 일, 어용화사가 되어 '수로지은'으로 사재감의 종6품 주부직을 제수받던 일, '삼책불통'으로 파직되는 수모에 얼굴이 화끈거리던 일, 장원서와 사포서 별제가 되었던 일, 그곳에서 강세황을 만나 깜짝 놀라던 일, 속화를 그리러 화구통을 메고 삼청동 계곡과 광통교를 다니던 일, 울산목장 감목관이 되어 목자와 어부의 비참한 삶을 만나던 일, 영조가 승하하자 보불화원이 되어 다시 한양으로 돌아온 일, 강희언의 집에서 주문 그림을 그리며 중인 묵객들을 만나던 일, 강세황으로부터 속화가 대단한 그림이라고 칭찬받던 일, 백운동천 위에 집을 마련하고 당호를 '단원'이라 부르며 기뻐하던 일, 정조의 어진을 그리면서 두 번째로 어용화사가 된 일, 동빙고 별제로 일하면서 추운 한강에서 고생하던 일, 안기 찰방에 제수되던 일, 임기를 마치고 한양에 올라와 김응환과 함께 영동 9군과 금강산으로 봉명사행을 떠나던 일, 세 번째 어용화사가 되어 연풍현감에 제수되던 일, 상암사에 올라가 열심히 불공을 드려 아들 양기를 얻었을 때의 기쁨, 파직을 당해 의금부 관원들을 기다리던 일, 방외화사가 되어 김한태의 집에서 그림을 그리던 일, 다시 도화서로 돌아가 〈주부자시의도〉를 그려 정조의 칭찬을 받던 일, 정조의 갑작스러운 승하 소식에 곡을 하던 일, 순조의 수두 완쾌를 기념해서 〈삼공불환도〉를 그리던 일, 전주에 내려와 추성부도를 그리던 일…….

김홍도는 노적봉 박달나무 숲에 앉아 성포리 앞바다에 내리는 황금빛 노을을 바라봤다. 내가 떠나도 그림은 남을까? 멀리 성포리 어랑에서 풍어가 가락이 들려왔다.

넘실대는 파도 위에 어-야-디야-
갈매기 떼 춤을 춘다 어-야-디야-
밀물 썰물 드나드는 깊은 물에-
고기들이 걸렸구나- 어-야-디야-
어-야-디야- 어-기-야-디야-에-헤-

김홍도는 가쁜 숨을 내쉬며 아들에게 물었다. 노을이 아직 바다 위에 있느냐고. 아들은 아무 대답이 없었다.

부록

부록

진품으로 인정받지 못하는 작품

신언인도

작자미상, 신언인도愼言人圖, 지본수묵, 115.5×57.4cm, 국립중앙박물관

1995년 국립중앙박물관에서 열린 〈단원 김홍도 탄신 250주년 기념 특별전〉에 출품되었던 작품이다. 화면 위의 글씨는 강세황이 예서 중에서 가장 수려하고 우아하다고 알려진 조전비체曺全碑體로 썼다. 글 끝에 1773년 8월 표암 강세황이 당시 승정원의 동부승지 해좌 정범조(丁範祖, 1723~1801)에게 선물한다는 내용이 있다.

공자성적도孔子聖蹟圖는 공자의 일생을 그림으로 그려 엮은 것으로, 이

중 '금인명배(金人銘背, 쇠로 만든 사람 등에 써 있는 글)'에 나오는 쇠로 만든 '금인金人'을 그림으로 그린 것이 신언인도이다. 공자가 주나라 태조인 후직后稷의 묘당에 들어설 때 우측 제단 앞에 쇠로 만든 사람이 있었는데 그 입이 세 겹으로 봉함되어 있고 그 등에 다음과 같은 글이 새겨져 있었다고 한다.

古之愼言人也, 戒之哉
옛날에 말에 신중했던 사람이다. 경계로 삼을지어다.
無多言, 多言多敗
말을 많이 하지 말라. 말을 많이 하면 낭패가 많으니라.

이 글을 본 공자가 제자들을 돌아보며 "이 말은 진실로 맞으며 실정대로 임이 틀림없다. 몸가짐을 이와 같이 하면 어찌 입으로 화를 당하겠느냐?"라고 말씀하셨다는 내용이다.

정범조는 남인으로 1773년 4월 30일에 동부승지로 발탁되었다. 성호 이익의 가문과 교류가 있었고 강세황도 잘 알고 지내는 사이였는데, 당시 강세황의 둘째 아들 강완이 승정원의 가주서로 정범조와 함께 근무하고 있었다. 그래서 강세황은 정범조에게 임금의 총애를 받을 때일수록 말과 행동을 조심하라는 말을 전하고자 김홍도에게 '신언인도'를 부탁해서 선물했다고 알려져 있다. 무엇보다 오른쪽 위의 도장 '필정묘입신筆精玅入神'이 1776년 해상군선도에서 다시 한 번 사용되어 국립중앙박물관 특별전에서도 김홍도의 작품으로 소개되었다.

그런데 시간이 지나면서 왼쪽에 '사능 단원 김홍도 자관'이라는 글씨와 내용에 의문을 갖는 미술사학자들이 생겼다. 당시는 김홍도가 자신의 자字인 '사능'만 관서하고 '단원'이라는 아호는 사용하기 전이었다. 이런 이유로 이 작품은 현재 김홍도의 작품으로 인정받지 못하고 있다.

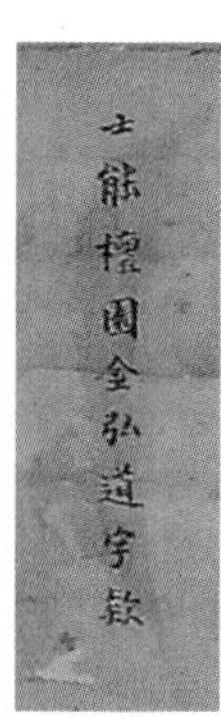

규장각도

1995년 국립중앙박물관에서 열린 〈단원 김홍도 탄신 250주년 기념 특별전〉에 출품되었던 작품이다.

정조는 왕세손 시절 15년을 경희궁에서 생활했다. 이때 경희궁 흥정당 동남쪽에 2층 건물을 지어 위층을 주합루, 아래층을 존현각이라 이름 짓고 그 옆에 정색당이라는 서재를 만들어 강학講學의 중심지로 삼았다. 그리고 영조가 81세(1775년, 영조 51년)의 고령으로 병석에 눕자 주합루의 존현각에서 대리청정을 수행했다.

정조는 1776년 왕위에 오르자 거처를 본궁인 창덕궁으로 옮겼다. 정조는 경희궁에 있던 주합루와 강학하던 기구들을 창덕궁으로 옮기고자 즉위 다음날인 3월 11일에 창덕궁 안에 주합루를 새로 짓기로 결정하면서 후원의 연못 북쪽 언덕을 지정했다. 창덕궁의 금원禁苑 중 가장 아름다운 곳이었고, 과거시험이 치러지던 곳이라 학문을 숭상하는 의지에도 부합하는 장소였다.[1]

규장각도는 열무정 자리에 봉모당(정조가 설치한 규장각 시설)을 새로 짓기

작자미상, 규장각도, 143.2×115.5cm, 국립중앙박물관

이전인 7월 말, 8월 초경에 완성한 그림이다. 그래서 봉모당 자리에 열무당이 있고, 주합루 건물 1, 2층에 숙종의 어제인 '규장각'과 정조가 쓴 '주합루' 편액이 없다. 이때는 김홍도가 울산 감목관으로 근무하다가 구의화보불화원으로 임명되어 한양으로 올라왔을 때고, 보불화를 다 그리고 다음 발령을 기다릴 때였다. 시기적으로 김홍도가 그릴 수 있을 때라 국립중앙박물관은 2019년 6월까지 "이 그림은 김홍도가 32세 때 그린 작품으로, 초기 본격적인 산수화풍을 엿볼 수 있는 중요한 작품이다"라고 소개했다.

그러나 미술사학계에서는 그림 오른쪽 위에 조그맣게 쓰인 '소신 김홍도 봉교근사(奉教謹寫, 명을 받아 감히 그리다)'라는 글씨가 김홍도 친필이 아닐 가능성이 많고, '奉教謹寫'는 양식적으로 볼 때 '教'에서 줄을 바꾸고 옆줄보다 칸을 올려 쓰는 것이 일반적인 대두법이며, 〈영조 기로연 · 수작연도〉 병풍에서 볼 수 있듯이 화원이 임금 앞에 자신을 드러낼 때는 '소신小臣'이 아니라 '신臣'으로 적는 것이 당시 궁중화 표기 방식이라는 점에서 의문을 제기했다. 그래서 2019년 7월 국립중앙박물관 서화실에서 개최한 〈그림과 지도 사이〉 전시에서는 '전傳 김홍도, 규장각도' 라고 소개했다. 김홍도가 그렸다고 확신하지 못한다는 의미다.

〈모당 홍이상공 평생도〉

국립중앙박물관이 소장하고 있는 이 작품은 모당 홍이상(洪履祥, 1549~1615)의 일생을 그린 여덟 폭 병풍이다. 평생도는 높은 벼슬을 지낸 사대부의 일생 중 기념이 될 만한 일들을 골라 그린 풍속화로, 이 병풍은 돌잔치, 혼례식, 응방식(應榜式, 급제 후 치른 잔치), 한림겸수찬翰林兼修撰, 송도유수도임식松都留守到任式, 병조판서시兵曹判書時, 좌의정시左議政時, 회혼식回婚式의 여덟 폭으로 되어 있다.

국립중앙박물관은 소장품 해설에서 "제8폭 위에 '신축년 9월 사능이 기

작자미상, 〈모당 홍이상공 평생도〉, 8폭병풍, 각 75.1×39.4cm, 유물번호 덕수 5768, 국립중앙박물관

와를 만드는 와서에서 숙직 중에 그렸다辛丑九月士能 于瓦署直中'는 글을 통해 1781년(정조 5년) 9월 김홍도가 와서(瓦署, 왕실에서 쓰는 기와와 벽돌을 만들던 관청)에 근무하면서 그렸음을 알 수 있다"고 설명하고 있다. 그러나 김홍도는 1781년 9월에 정조의 어진을 그리는 어진도사에 참여하고 있었고, 《승정원일기》에 따르면 당시 와서 별제는 이석모, 유형, 지경철 3인이었다.

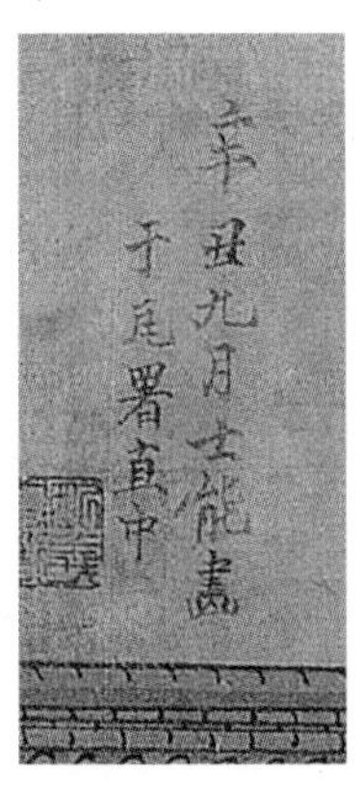

9월 16일에 정조가 어진 제작에 대한 공적을 시상하는 명단에서도 김홍도의 이전 관직을 '전 별제'가 아니라 '전 감목관'으로 언급하고 있다. 김홍도의 관직이

모두 기록된 《승정원일기》에도 그가 와서에서 근무한 기록은 없다. 따라서 이 병풍의 제8폭 위에 쓰인 글은 사실이 아니다. 〈모당 홍이상공 평생도〉가 김홍도의 작품이 맞는지에 대한 추가 연구가 필요하다고 하겠다.

주석

서문

1 김만일 태동고전연구소 소장의 번역을 참고했다.

2 다음 번역을 참조했다. 이광호, 《단원 김홍도》, 중앙일보사, 1985, 219, 220쪽.

본문

1 《시흥 향토 민요 가사집》, 시흥문화원, 2012, 33, 34쪽 참조.

2 진준현, 《단원 김홍도 연구》, 일지사, 2008(3쇄판), 665, 666쪽.

3 강세황, 《표암유고》, 변영섭 · 조송식 · 김종진 · 정은진 옮김, 지식산업사, 2010, 369, 370쪽.

4 "표암이 자신에 대해 쓰다", 《표암유고》, 648쪽.

5 최완수, "현재 심사정 평전", 《간송문화》 73호, 한국민족미술연구소, 2007, 145쪽.

6 김소영, 《고송유수관도인 이인문 연구》, 명지대학교 박사학위 논문, 2015, 10, 11쪽.

7 박정준, 《조선시대 도화서와 화원의 신분 연구》, 조선대학교 석사학위 논문, 1998, 13, 14쪽. 유재빈, 《정조대 궁중회화 연구》, 서울대학교 박사학위 논문, 2016, 29, 30쪽.

8 순서는 《경현당수작시등록景賢堂受爵時謄錄》을 참조했다. 규장각원문검색서비스. 奎12925.

9 한문 해석은 다음을 참고했다. 오주석, 《단원 김홍도》, 솔출판사, 2006, 131, 132쪽. 진준현, 《단원 김홍도 연구》, 일지사, 1999, 328, 329쪽.

10 《승정원일기承政院日記》, 1773년(영조 49년), 1월 9일.

11 어진 제작 과정은 고종과 순종의 어진을 그린 이당 김은호의 회고를 참조했다. 김은호, 《서화 백년》, 중앙일보사, 1977, 52~57쪽.

12 《승정원일기》, 1776년(영조 52년), 2월 9일.

13 이종호, "사라진 호랑이, 어디로 갔나", 《울산저널》, 2017년 09월 27일.

14 《영조혼전도감의궤》, 16쪽, 규장각 한국학연구원.

15 김건서 엮음, 《증정교린지增正交隣志》, 6권, 문위행問慰行, 홍성덕 옮김, 한국고전번역원, 2000.

16 김광국, 《김광국의 석농화원》, 유홍준·김채식 옮김, 눌와, 2015, 232쪽.

17 변영섭, 《표암 강세황 회화 연구》, 일지사, 1988, 191쪽.

18 김광국, 《김광국의 석농화원》, 232쪽.

19 강세황, "단원기", 《표암유고》, 364쪽.

20 강세황, "단원기 우일본", 《표암유고》, 369, 370쪽.

21 이우성, 임형태 편역, 《이조한문단편집》 2권, 창비, 2018, 470쪽.

22 조혜란, 《옛소설에 빠지다》, 마음산책, 2009, 73쪽.

23 진준현, 《단원 김홍도 연구》, 510, 511쪽.

24 매염파행과 노변야로에 대한 강세황의 감상은 다음 책의 번역을 참조했다. 변영섭, 《표암 강세황 회화 연구》, 197, 198쪽.

25 안대회, "여행가 정란", 《신동아》, 2004년 8월호.

26 안대회, 《조선의 프로페셔널》, 휴머니스트, 2007, 32쪽.

27 《일성록》, 1781년(정조 5년) 8월 26일(박연희 옮김, 한국고전번역원, 2004). 이후 정조의 대사는 모두 위 《일성록》에 근거했다.

28 《조선왕조실록》, 1781년(정조 5년) 9월 3일. 같은 날 《승정원일기》에도 동일한 내용이 있다.

29 《승정원일기》, 《일성록》, 1781년(정조 5년) 9월 16일.

30 《일성록》, 1781년(정조 5년) 12월 20일.

31 해석은 다음 책에서 인용했다. 오주석, 《단원 김홍도》, 179쪽.

32 진준현, 《단원 김홍도 연구》, 38쪽.

33 다음 번역을 참조했다. 유홍준, "단원 김홍도 연구 노트", 《단원 김홍도》, 국립중앙박물관 전시도록, 1990, 114쪽. 진준현, 《단원 김홍도 연구》, 34, 35쪽. 원문은 다음을 참고했다. 《태호집太湖集》 3권, 한국고전번역원(영인표점 한국문집총간), 2010.

34 강관식, "조선후기 규장각의 자비대령화원제", 《간송문화》 47호, 한국민족미술연구소, 1994, 60~65쪽.

35 강세황, 《표암유고》, 365, 366쪽.

36 조희룡, 《호산외사》, 남만성 번역, 삼성문화재단, 1980, 37쪽.

37 김동준, "단원檀園의 풍경을 찾아서", 고연희, 김동준, 정민 외 지음, 《한국학, 그림을 그리다》, 태학사, 2013, 66~68쪽.

38 이동천, "예술과 천기누설", 《주간동아》, 2013년 5월 27일.

39 이만수, "오헌와유첩서悟軒卧遊帖序", 《극원유고屐園遺稿》 9권. 해석은 다음 글에서 재인용했다. 홍선표, "김홍도 생애의 재구성", 《미술사논단》 34권, 한국미술연구소, 2012, 121, 122쪽.

40 삼일포, 총석정 등 해금강 부분은 농암 김창협(金昌協, 1651~1708)의 "동유기東遊記"를 참조했다. 최철 편역, 《동국산수기東國山水記》, 명문당, 1983, 28~36쪽.

41 금강산 여행 경로 및 일정 그리고 세부 묘사는 강세황의 "금강산 유람기"와 "찰방 김홍도와 찰방 김응환을 전송하는 글"을 참조했다. 《표암유고》, 348~350, 374~380쪽.

42 장안사에서 명경대, 영원암까지 가는 길은 이하진(李夏鎭, 1628~1682, 성호 이익의 아버지)의 '금강도로기金剛途路記'를 참조했다. 번역은 경상대학교 장원철 교수 연구팀의 것을 참조했다. 한국학진흥사업 연구성과 포털사이트 http://waks.aks.ac.kr

43 신광하, "김홍도에게 그림을 구하는 시", 《이조시대 서사시》 하권, 임형택 편역, 창비, 1992(2쇄판), 280쪽.

44 다음 번역을 참조했다. 오주석, 《단원 김홍도》, 250쪽. 오주석은 다음 글에 나오는 원문을 인용하여 번역했다. 유홍준, "이규상 《일몽고》의 화론사적 의의", 《미술사학》 제4권, 1992, 미술사학연구회, 45, 46쪽.

45 《홍재전서》는 다음 번역을 참조했다. 조선희 옮김, 한국고전번역원, 2000.

46 《일성록》, 1789년(정조 13년) 8월 14일.

47 오세창 엮음, 《국역 근역서화징》 하권, 시공사, 1998, 781쪽 '김응환' 부분.

48 《일성록》, 1792년(정조 16년) 4월 9일. 이하 날짜가 명시된 부분의 출처는 모두 《일성록》이다.

49 한영우, 《정조의 화성행차 그 8일》, 효형출판, 1998, 94쪽.

50 다음 번역을 참조했다. 고연희, 《조선시대 산수화》, 돌베개, 2007, 231쪽.

51 《승정원일기》, 1805년(순조 5년) 3월 3일.

52 김창완 옮김, 《중국의 명문장 감상》, '추성부秋聲賦' 참조.

53 다음 번역을 참조했다. 이광호, 《단원 김홍도》, 중앙일보사, 1985, 219, 220쪽.

54 김만일 태동고전연구소 소장 번역.

55 김만일 태동고전연구소 소장의 번역을 참고했다.

부록

1 이태진, 《왕조의 유산 외규장각도서를 찾아서》, 지식산업사, 2010(증보 1쇄판), 115~120쪽.

참고 문헌

고문헌

《승정원일기承政院日記》, 영조, 정조, 순조 일기, 국사편찬위원회 DB.

《영조국장도감도청의궤英祖國葬都監都廳儀軌》, 규장각 한국학연구원 DB(奎13581-v.1-2).

《영조혼전도감의궤英祖魂殿都監儀軌》, 규장각 한국학연구원 DB(奎13584의2).

《원행을묘정리의궤園幸乙卯整理儀軌》, 규장각한국학연구원 DB(奎14518-v.1-8).

《일성록日省錄》, 한국고전번역원, 한국고전종합 DB.

《조선왕조실록朝鮮王朝實錄》, 영조 · 정조 · 순조 실록, 한국고전종합 DB.

《홍재전서弘齋全書》, 한국고전종합 DB.

심상규, 《두실존고斗室存稿》, '척독尺牘' 편, 한국고전종합 DB.

이만수, 《극원유고屐園遺稿》, 9권, 한국고전종합 DB.

단행본

강명관, 《조선 후기 여항문학 연구》, 창작과비평사, 1997.

강민구, 《병중사색病中思索》, 한국고전번역원, 2016.

강세황, 《표암유고》, 김종진 · 변영섭 · 정은진 · 조송식 옮김, 지식산업사, 2011.

고연희 외, 《조선시대 산수화》, 돌베개, 2007.

고연희 · 김동준 · 정민 외, 《한국학, 그림을 그리다》, 태학사, 2013.

김광국, 《김광국의 석농화원》, 유홍준 · 김채식 옮김, 눌와, 2015.

김영상, 《서울 6백년》 1~5권, 대학당, 1994.

김은호, 《서화 백년》, 중앙일보사, 1977.

김은희, 《강세황의 예술철학과 동양화론》, 도서출판 현명, 1994.

김창완 편역, 《중국의 명문장 감상》, 한국학술정보, 2011.

변영섭, 《표암 강세황 회화 연구》, 일지사, 1988.
서울시사편찬위원회, 《서울의 성곽》, 2004.
시흥시사편찬위원회, 《시흥 향토민요 가사집》, 시흥문화원, 2012.
시흥시사편찬위원회, 《시흥 바닷가 사람들의 일과 삶: 시흥시사》 6, 시흥문화원, 2007.
안휘준, 《한국 회화사 연구》, 시공사, 2000.
오세창 편저, 한국미술연구소 기획, 동양고전학회 옮김, 《국역 근역서화징槿域書畫徵》, 시공사, 1998.
오주석, 《단원 김홍도》, 솔출판사, 2006.
유재건, 《이향견문록里鄉見聞錄》 상 · 하권, 이상진 해역, 자유문고, 1996.
유홍준, 《화인열전》 2권, 역사비평사, 2001.
이동주, 《우리 옛 그림의 아름다움》, 시공사, 1996.
이동주, 《우리나라의 옛 그림》, 학고재, 1995.
이예성, 《현재 심사정 연구》, 일지사, 2000.
이우성 · 임형태 편역, 《이조한문단편집》 상 · 중 · 하권, 일조각, 1995.
이원복, 《회화: 한국미의 재발견》 6권, 솔출판사, 2005.
이태진, 《왕조의 유산 외규장각도서를 찾아서》, 지식산업사, 2010(증보신판 1쇄판).
임동권, 《한국 세시풍속 연구》, 집문당, 1985.
임형택 편역, 《이조시대 서사시》 하권, 창비, 1992(2쇄판).
《전역 개자원화전》 상 · 하, 한국학자료원, 2017.
정양모, 《조선시대 화가 총람》, 시공사, 2017.
정옥자, 《조선 후기 중인문화 연구》, 일지사, 2003.
조혜란, 《옛소설에 빠지다》, 마음산책, 2009.
조희룡, 《호산외사壺山外史》, 남만성 옮김, 삼성문화재단, 1980.
진준현, 《단원 김홍도 연구》, 일지사, 2008(3쇄판).
최순우, 《최순우 전집》 3권, 학고재 1992.
한영우, 《정조의 화성행차 그 8일》, 효형출판, 1998.
한영우, 《조선시대 신분사 연구》, 집문당, 1997.
홍순민, 《홍순민의 한양읽기, 도성》, 눌와, 2017.

도록

《18세기의 한국미술: 자아발견과 독창성》, 국립중앙박물관, 1993.

《MYART AUCTION》, 2018. 9. 20. 도록.

《간송문화: 단원》 68권, 한국민족미술연구소, 2005.

《간송문화: 풍속인물》 68권, 한국민족미술연구소, 2011.

《간송문화: 현재》 67권, 한국민족미술연구소, 2005.

《관아재 조영석전》, 동산방화랑, 1984.

《김홍도와 궁중화가》, 호암미술관, 1999.

《단원 김홍도 탄신 250주년기념 특별전 논고집》, 편자 국립중앙박물관 · 호암미술관 · 간송미술관, 발행 삼성문화재단, 1995.

《단원 김홍도 탄신 250주년기념 특별전》, 편자 국립중앙박물관 · 호암미술관 · 간송미술관 편자, 발행 삼성문화재단, 1995.

《단원 김홍도 화첩》, 서울옥션, 2005. 7. 6. 경매 도록.

《단원 김홍도: 한국의 미 21》, 중앙일보사, 1985.

《단원 김홍도》, 국립중앙박물관, 1992(재판본).

《도성대지도》, 서울역사박물관, 2004.

《산수화 下: 한국의 미 21》, 중앙일보사, 1985.

《서울대학교 박물관소장 한국 전통 회화》, 서울대학교박물관, 1993.

《서울옥션 150회》, 2018, 12. 13 도록.

《인물화: 한국의 미 20》, 중앙일보사, 1985.

《조선 후기 국보전》, 삼성문화재단, 1998.

《조선 후기 산수화전》, 동산방화랑, 2011.

《조선 후기 화조화전》, 동산방화랑, 2013.

《조선시대 풍속화》, 국립중앙박물관, 발행 한국박물관회, 2002.

《조선시대 회화전》, 대림화랑, 1992.

《표암 강세황: 시대를 앞서간 예술혼》, 국립중앙박물관, 그라픽네트, 2013(2쇄판).

《표암 강세황: 푸른 솔은 늙지 않는다》, 예술의 전당 서울서예박물관, 우일출판사, 2003.

《풍속화: 한국의 미 19》, 중앙일보사, 1985.

《호암미술관 명품 도록》 2권, 삼성문화재단, 1996.

《화조사군자: 한국의 미 18》, 중앙일보사, 1985.

논문

강관식, "조선 후기 규장각의 자비대령화원제", 《간송문화 47 : 조선화원화》, 1994. 10.

김동준, "이가환李嘉煥의 《섬사편剡社篇》에 대한 재고: 18세기 안산 지역 시회詩會의 맥락 검토를 겸하여", 《한국한시연구》 19호, 한국한시학회, 2011.

김소영, "고송유수관도인 이인문 연구", 명지대학교 대학원 박사학위논문, 2015.

김양균, "영조을유기로연 · 경현당수작도병의 제작 배경과 작가", 《문화재 보존 연구》 4, 서울역사박물관, 2007.

김인혜, "단원 김홍도의 안기찰방安奇察訪과 연풍현감延豊縣監 시절에 대한 연구", 명지학교 대학원 석사학위논문, 2011.

李東夙, "朝鮮時代 後期 圖畵署 畵員硏究", 충남대학교 대학원 석사학위논문, 2002.

맹인재, "김홍도필 단원도", 《고고미술》 118호, 한국미술사학회, 1973.

박정애 "「서화잡지書畵雜識」를 통해 본 성해응成海應의 회화감평繪畵鑑評 양상과 의의" 《온지논총溫知論叢》, 33호, 2013.

박정준, "조선시대 도화서와 화원의 신분 연구", 조선대학교 대학원 석사학위논문, 1998.

박정혜, "조선시대 궁중기록화의 세계", 장서각 ACADEMY, 왕실문화강좌, 2011.

박지선 · 임주희 · 김희경 · 조은혜 · 신효영, "영조을유기로연 · 경현당수작도병의 보존 처리", 《문화재 보존 연구》 4, 서울역사박물관, 2007.

변영섭, "스승과 제자, 강세황姜世晃이 쓴 김홍도金弘道 전기:「檀園記」·「檀園記 又一本」", 美術史學硏究 第275 · 276號, 2012.

안수연, "조선후기 방어진목장의 운영과 목자", 울산대학교 대학원 석사학위논문.

오주석, "김홍도의 용주사 '삼세여래체탱三世如來體幀'과 '칠성여래사방칠성탱七星如來四方七星幀'", 《미술자료》, 55, 1995. 6.

오주석, "金弘道의 朱夫子詩意圖: 御覽用 繪畵의 性理學的 性格과 관련하여", 《미술자료》 56호, 국립중앙박물관, 1995.

《울산사 사료》 제7장 〈병영지 · 목장지〉 중 "울산목장목지蔚山牧場牧誌(1871년, 고종 8년 간행한

《嶺南邑誌》에 포함된 자료)", 울산광역시청, 2002.

유재빈, "정조대 궁중회화 연구", 서울대학교 대학원 박사학위논문, 2016.

유홍준, "단원 김홍도 연구 노트", 《단원 김홍도》, 1990년 국립중앙박물관 전시도록.

이숙희, "김홍도 회화 속의 제화시題畵詩, 발문跋文 연구", 공주대학교 대학원 석사학위논문, 2009.

이원복, "김홍도 호도의 일정형", 《미술자료》 42호, 국립중앙박물관, 1988.

이원복, "일재逸齋 신한평申漢枰의 화경畵境", 《동악미술사학》 1호, 동악미술사학회, 2000.

이원복, "표암, 조선 후기 예원을 이끄는 문인화의 정수", 《월간 문화재》, 2016. 6.

이원복, "해동명산도첩: 김홍도필 금강산초본첩", 《동원학술논문집》 제1집, 1998.

이원복, "호생관 최북의 화경: 회화사적 위상과 특징", 《최북 탄신 300주년 기념 특별전》 도록, 국립전주박물관, 2012.

이정한, "홍세태의 시를 통하여 본 조선 후기 울산목장 어민들의 생활모습", 《울산발전》, 34호, 울산발전연구원, 2012.

이지영, "김홍도의 군선도병群仙圖屛 연구", 영남대학교 대학원 석사학위논문, 2018.

정동화, "朝鮮時代 繪畵의 道教的 理想鄕 研究", 원광대학교 대학원 박사학위논문, 2014.

정두희, "조선 후기 어진의 제작 기법 연구", 서울대학교 대학원 박사학위논문, 2012.

조동원, "단원 김홍도의 시의도詩意圖 연구", 《동양예술》 37호, 한국동양예술학회, 2017.

조인희, "조선 후기 시의도詩意圖 연구", 동국대학교 대학원 박사학위논문, 2013.

조지윤, "단원 김홍도 筆 三公不換圖 연구: 1800년 이후 김홍도 회화의 변화와 간재 홍의영", 《미술사연구》 275 · 276 합본호, 2012.

천주현, "광학적 조사로 본 '단원 풍속화첩'", 《동원학술논문집》 13집, 2012.

최순우, "檀園 金弘道의 在世年代攷", 《미술자료》 11호, 국립중앙박물관, 1966.

최완수, "현재 심사정 평전", 《간송문화》 73호, 2007.

한경민, "복헌 김응환의 산수화 연구", 홍익대학교 대학원 석사학위논문, 1985.

홍선표, "김홍도 생애의 재구성", 《미술사논단》 34권, 한국미술연구소, 2012.

언론 기사

이동천, "예술과 천기누설", 《주간동아》, 2013. 5. 27.

이원복, "균와아집도: 노소동락, 50대 속의 김홍도", 《경기일보》, 2014. 1. 15.
이종호, "사라진 호랑이, 어디로 갔나", 《울산저널i》, 2017. 9. 27.
이태호, "인터뷰 '명작의 공간(93) 단원 김홍도의 서울 청계천'", 《문화일보》, 2017. 9. 8.

디지털 자료

국립중앙박물관, 소장품 검색 및 정기간행물 중 《미술자료》, 《동원학술논문집》.
국사편찬위원회, 《승정원일기》, 원문(미번역) DB.
국회전자도서관, 국립중앙도서관, 한국민족문화대백과사전
규장각 한국학연구원, 원문검색서비스 중 의궤와 고지도.
네이버 지식백과 관직명 사전, 한국학중앙연구원 편.
네이버 한국 역대 서화가 사전, 국립문화재연구소 편.
한국고전번역연구원, 한국고전종합 DB.
한국교육학술정보원(KERIS), 학술연구정보서비스(RISS).
한국연구재단 한국학술지인용색인(KCI) 학술지 검색.

수록 작품 목록

| 지정문화재 |

국보

166, 167쪽 김홍도, 〈군선도〉, 지본담채, 132.8×575.8cm, 국보 제139호, 삼성미술관 리움.

보물

5쪽 김홍도, 어살, 《단원풍속도첩》, 지본담채, 27×22.7cm, 보물 제527호, 국립중앙박물관(이하 《단원풍속도첩》, 국립중앙박물관).

6쪽 김홍도, 심관審觀, 《단원풍속도첩》, 국립중앙박물관.

7쪽 김홍도, 신행新行, 《단원풍속도첩》, 국립중앙박물관.

64쪽 작자미상, 〈경기감영도〉, 지본채색, 135.8×442.2cm, 보물 제1394호, 삼성미술관 리움.

107, 109, 111쪽 〈영조 기로연 · 수작연도〉, 견본채색, 122.5×444.6cm, 보물 제1531호, 서울역사박물관.

129쪽 채용신 · 조석진, 영조 어진, 110.5×61.8cm, 보물 제932호, 국립고궁박물관.

153쪽 김홍도, 빨래터, 《단원풍속도첩》, 국립중앙박물관.

155쪽 김홍도, 우물가, 《단원풍속도첩》, 국립중앙박물관.

174쪽 김홍도, 편자박기, 《단원풍속도첩》, 국립중앙박물관.

177쪽 김홍도, 대장간, 《단원풍속도첩》, 국립중앙박물관.

187쪽 김홍도, 길쌈, 《단원풍속도첩》, 국립중앙박물관.

210쪽 김홍도, 무동, 《단원풍속도첩》, 국립중앙박물관.

214쪽 김홍도, 씨름, 《단원풍속도첩》, 국립중앙박물관.

221쪽 김홍도, 담배 썰기, 《단원풍속도첩》, 국립중앙박물관.

227쪽 김홍도, 활쏘기, 《단원풍속도첩》, 국립중앙박물관.

240쪽 김홍도, 자리 짜기, 《단원풍속도첩》, 국립중앙박물관.

244쪽 김홍도, 서당, 《단원풍속도첩》, 국립중앙박물관.

247쪽 김홍도, 기와 올리기, 《단원풍속도첩》, 국립중앙박물관.

393쪽 김홍도, 소림명월도, 《병진년화첩》, 지본담채, 26.7×31.6cm, 보물 제782호, 삼성미술관 리움(이하 《병진년화첩》, 삼성미술관 리움).

399쪽 김홍도, 마상청앵도馬上聽鶯圖, 지본담채, 117×52.2cm, 보물 제1970호, 간송미술문화재단.

401쪽 김홍도, 백명도(白明圖, 백로도), 《병진년화첩》, 삼성미술관 리움.

401쪽 김홍도, 기우도강도, 《병진년화첩》, 삼성미술관 리움.

403쪽 김홍도, 계변수금(溪邊水禽, 오리 두 마리), 《병진년화첩》, 삼성미술관 리움.

406쪽 김홍도, 사인암, 《병진년화첩》, 삼성미술관 리움.

406쪽 김홍도, 옥순봉, 《병진년화첩》, 삼성미술관 리움.

418, 419쪽 김홍도, 〈삼공불환도三公不換圖〉, 견본담채, 133×418cm, 보물 제2000호, 삼성미술관 리움.

434, 435쪽 김홍도, 추성부도, 지본담채, 56×214cm, 보물 제1393호, 삼성미술관 리움.

| **일반** |

6, 83쪽 김홍도, 심사정, 강세황, 최북 합작, 균와아집도, 지본담채, 112.5×59.8cm, 국립중앙박물관.

8, 255, 259쪽 김홍도, 단원도, 지본담채, 135×78.9cm, 개인.

8쪽 김홍도, 가학정, 《금강사군첩》, 견본담채, 30×43.7cm, 개인(이하 《금강사군첩》).

9쪽 김홍도, 관인원행(官人遠行, 먼 길 가는 원님), 〈행려풍속도병〉, 8폭병풍, 국립중앙박물관.

10쪽 김홍도, 포의풍류도布衣風流圖, 지본담채, 27.9×37cm, 개인.

10쪽 김홍도, 노년간화(老年看花, 노년에 꽃을 보다), 지본담채, 23.2×30.5cm, 간송미술문화재단.

11쪽 김홍도, 옥순봉, 지본담채, 28.7×42.4cm, 간송미술문화재단.

12쪽 김홍도, 무인식성명(無人識姓名, 나를 알아보는 이가 없구나), 지본담채, 28.5×32.9cm, 개인.

13쪽 김홍도, 염불서승念佛西昇, 모시에 담채, 20.8×28.7cm, 간송미술문화재단.

33쪽 1872년 지방 지도 중 안산군 지도, 규장각 한국학연구원.

45쪽 강세황, 벽오청서도碧梧淸暑圖, 지본담채, 30.5×35.8cm, 개인.

54쪽 강세황, 초충도, 사군자, 《표옹선생서화첩》, 일민미술관.

61쪽 심사정, 쌍폭병풍 중 산수도, 지본담채, 24.8×30.8cm, 서울대학교박물관.

76쪽 심사정, 산수화, 지본담채, 164×45cm, 국립중앙박물관.

76쪽 심사정, 화훼초충도(매미), 지본채색, 163×43cm, 국립중앙박물관.

79쪽 심사정, 고사인물화, 지본담채, 21.2×28.5cm, 국립중앙박물관.

112쪽 김상복, 〈영조대왕경현당수작도기〉 중 김홍도 부분, 국립중앙박물관.

119쪽 김응환, 금강전도, 지본담채, 22.3×35.2cm, 개인.

135쪽 《승정원일기》, 1773년(영조 49년), 6월 13일, 규장각 한국학연구원.

144쪽 조영석, 《사제첩麝臍帖》 표지, 개인.

144쪽 조영석, 목기 깎기, 지본담채, 28×20.7cm, 개인.

172쪽 울산부 지도 중 울산목장(방어진) 부분, 지승지도, 규장각 한국학연구원.

179쪽 김홍도, 해암타어海巖打魚, 지본담채, 100.6×34.8cm, 국립중앙박물관.

183쪽 김홍도 외, 송하맹호도, 견본담채, 90.4×43.8cm, 삼성미술관 리움.

192쪽 《영조국장도감의궤》, 상권 반차도 중 보불 부분도, 규장각 한국학연구원.

195쪽 신한평, 자모육아, 지본담채, 23.5×31cm, 간송미술문화재단.

204쪽 강희언, 사인휘호士人揮毫, 《사인삼경도첩》, 지본담채, 26×21cm, 개인.

225쪽 김득신, 야장단련, 지본담채, 22.4×27cm, 간송미술문화재단.

228쪽 강희언, 사인사예士人射藝, 《사인삼경도첩》, 지본담채, 26×21cm, 개인.

231쪽 윤도행, 시한재청유도是閒齋淸遊圖, 지본담채, 33.5×49.9cm, 개인.

234쪽 김홍도, 서원아집도(선면), 지본담채, 27.6×80.3cm, 국립중앙박물관.

236쪽 김홍도, 매염파행(賣鹽婆行, 어물장수), 〈행려풍속도병〉, 8폭병풍, 국립중앙박물관.

237쪽 김홍도, 노변야로(路邊冶鑪, 길가의 대장간), 〈행려풍속도병〉, 8폭병풍, 국립중앙박물관.

261쪽 작자미상, 도성대지도都城大地圖, 지본담채, 188×213cm, 서울역사박물관.

275쪽 김홍도, 협접도, 지본담채, 29×74cm, 1782년, 국립중앙박물관.

282쪽 김홍도, 이가당 현판, 나무에 조각, 채색, 26.5×39.5cm, 개인.

285쪽 김홍도, 월하취생(月下吹笙, 달빛 아래에서 생황을 불다), 지본담채, 23.2×27.8cm, 간송미술문화재단.

289쪽 김홍도, 담락재 현판, 35×90cm, 개인.

293쪽 김홍도, 죽리탄금도(竹裡彈琴圖, 대나무 밭에서 거문고를 퉁기다), 지본담채, 23.5×63.7cm, 고려대학교박물관.

293쪽 김홍도, 초원시명(蕉園試茗, 파초 옆에서 차를 달이다), 지본담채, 28×37.8cm, 간송미술문화재단.

301쪽 《단원아집》의 표지와 《단원아집》에 실린 이창환의 시, 강우식.

303쪽 김정호, 대동여지도, 22첩 중 13첩, 30.6×20cm, 국립중앙박물관.

307쪽 김홍도, 월정사, 《금강사군첩》

309쪽 김홍도, 대관령, 《금강사군첩》

310쪽 김홍도, 월송정, 《금강사군첩》

310쪽 김홍도, 낙산사, 《금강사군첩》

317쪽 김홍도, 토왕폭, 《금강사군첩》

317쪽 김홍도, 삼일포, 《금강사군첩》

319쪽 김홍도, 옹천, 《금강사군첩》

319쪽 김홍도, 옹천, 《해동명산도첩》, 종이에 유탄, 30.5×43cm, 국립중앙박물관.

325쪽 김홍도, 장안사, 《금강사군첩》

327쪽 김홍도, 명경대, 《금강사군첩》

331쪽 김홍도, 영원암, 《금강사군첩》

335쪽 김홍도, 청간정, 《금강사군첩》

335쪽 강세황, 청간정 《풍악장유첩楓嶽壯遊帖》, 지본담채, 32.1×47.9cm, 국립중앙박물관.

339쪽 이형록, 〈책가도〉, 10폭병풍, 견본채색, 197.5×395cm, 클리블랜드 미술관.

350쪽 김홍도, 기려원유, 지본담채, 28×78cm, 간송미술문화재단.

353쪽 이인문, 송석원시사아회도, 개인.

354쪽 김홍도, 송석원시사야연도, 25.6×31.8cm, 개인.

357쪽 통도사 입구 바위에 새긴 김홍도와 김응환의 이름,《양산신문》

363쪽 연풍현 지승지도, 규장각 한국학연구원.

371쪽 김홍도, 호귀응렵(豪貴鷹獵, 호탕한 귀인의 꿩사냥), 지본담채, 28×34.2cm, 간송미술문화재단.

376쪽 김홍도, 황묘농접(黃猫弄蝶, 노란 고양이가 나비를 놀리다), 지본채색, 30.1×46.1cm, 간송미술문화재단.

382쪽《일성록》사면 명단, 규장각 한국학연구원.

386, 387쪽《원행을묘정리의궤》, 규장각 한국학연구원.

391쪽 김홍도, 총석정,《을묘년화첩》, 지본담채, 23.2×27.7cm, 개인.

395쪽 김득신 등,〈화성능행도華城陵幸圖〉, 견본채색, 각 151.5×66.4cm, 국립중앙박물관.

411쪽 김홍도, 서성우렵西城羽獵, 한정품국閒亭品菊,〈화성팔경도〉, 지본담채, 97.7×41.3cm, 서울대학교박물관.

413쪽 김홍도, 오수당 현판, 국립중앙박물관.

414, 415쪽 김홍도,〈주부자시의도朱夫子詩意圖〉, 8폭병풍, 견본담채, 각 125×40.5cm, 개인.

422쪽 윤도행, 오씨화원청회도,《풍화설월청유지첩》, 지본담채, 33.5×49.8cm, 개인.

426쪽 김홍도, 기로세련계도, 견본담채, 137×53.3cm, 개인.

430쪽 김홍도, 기려행려도, 지본담채, 22×25.8cm, 간송미술문화재단.

438쪽 김홍도가 아들에게 쓴 마지막 편지, 국립중앙박물관.

439쪽《단원유묵첩》표지와 내용 일부, 국립중앙박물관.

443쪽 심상규,《두실존고斗室存稿》, '척독尺牘' 편, 석죽 서용보에게 보낸 편지 중 김홍도를 언급한 부분, 한국고전종합 DB.

445쪽 김홍도. 공산무인空山無人, 지본담채, 23×27.4cm, 간송미술문화재단.

449쪽 작자미상, 신언인도愼言人圖, 지본수묵, 115.5×57.4cm, 국립중앙박물관.

452쪽 작자미상, 규장각도, 144.4×115.6cm, 국립중앙박물관.

454쪽 작자미상,〈모당 홍이상공 평생도〉, 8폭병풍, 각 75.1×39.4cm, 유물번호 덕수 5768, 국립중앙박물관.

| 도판 출처 |

간송미술문화재단 10, 11, 13, 195, 225, 285, 293, 350, 371, 376, 399, 430, 445

고려대학교박물관 293

국립고궁박물관 129

국립중앙박물관 5, 6, 7, 9, 76, 79, 83, 112, 153, 155, 174, 177, 179, 187, 210, 214, 221, 227, 234, 236, 237, 240, 244, 247, 275, 303, 319, 335, 395, 413, 438, 439, 449, 452, 454

규장각 한국학연구원 33, 135, 172, 192, 363, 382, 386, 387

삼성미술관 리움 64, 166, 167, 183, 393, 401, 403, 406, 418, 419, 434, 435

서울대학교박물관 61, 411

서울역사박물관 107, 109, 111, 261

예안 이씨 문중 소장(한국국학진흥원 기탁) 289

일민미술관 54

개인 소장 8, 10, 12, 45, 119, 144, 204, 228, 231, 255, 259, 282, 307, 309, 310, 317, 319, 325, 327, 331, 335, 353, 391, 414, 415, 422, 426

김홍도 연보

1745년(영조 21년)

경기도 안산 성포리에서 중인 무반 가문의 김석무와 장담 문씨 사이에서 장남으로 출생. 본관은 김해.

1755년(영조 31년) 10세

안산에 거주하던 표암 강세황에게서 그림의 기본인 화결을 배움.

1761년(영조 37년) 16세

이즈음 관례를 하고 자字를 '사능士能'이라고 함.

비슷한 시기 현재 심사정에게 그림을 배우고 평생의 벗이 될 이인문을 만남.

1763년(영조 39년) 18세

이해 말 즈음 도화서 화원이 됨.

균와아집도

1765년(영조 41년) 20세

10월에 영조가 팔망望八에 든 것을 축하하기 위해 열린 수작연受爵宴

을 그림.

〈영조 기로연·수작연도〉

1767년(영조 43년) 22세

청계천 하량교 부근에 집을 마련함.

1772년(영조 48년) 27세

첫 번째 아호雅號인 서호西湖를 사용하기 시작.

1773년(영조 49년) 28세

1월 9일 영조의 어진을 그리는 어용화사에 선출됨.

2월 4일 어진을 그린 공로로 사재감의 종6품 주부에 임명됨.

6월 13일 수령강 시험을 통과하지 못해 사재감 주부직에서 파직당함.

7월 16일 장원서 종6품 별제에 제수.

1774년(영조 50년) 29세

10월 14일, 사포서 종6품 별제에 임명됨.

1775년(영조 51년) 30세

이즈음부터 풍속화를 그리기 시작함.

1776년(영조 52년, 정조 즉위년) 31세

2월 9일 울산목장 종6품 감목관에 임명됨.

5월 6일 영조 국장의 '구의화보불화원柩衣畫黼黻畫員'으로 임명되어 한양으로 올라감.

〈군선도〉(국보 제139호)

1777년(정조 1년) 32세

풍속화를 많이 그림.

박유성을 제자로 받아들이고 중인 화원들과 담졸 강희언의 집에 모여 주문 그림을 그림.

1778년(정조 2년) 33세

〈행려풍속도〉(병풍), 〈서원아집도〉(선면, 병풍)

1780년(정조 4년) 35세

백운동천 꼭대기 성벽 아래에 집을 마련하고 당호를 단원檀園이라고 지음.

1781년(정조 5년) 36세

4월 단원에서 강희언, 여행가 정란과 진솔회를 함.

8월 19일 정조의 어진을 그리는 어용화사에 선출됨.

10월 16일 어진을 그린 공로로 동빙고 별제에 제수.

1782년(정조 6년) 37세

이즈음 딸 출가.

협접도(선면)

1783년(정조 7년) 38세

12월 28일 경상도 안동 옆 안기 역참의 종6품 찰방에 제수.

1784년(정조 8년) 39세

단원도

1786년(정조 10년) 41세

5월 6일 안기 역참 찰방 임기 종료.

담락재(현판)

1788년(정조 12년) 43세

7월 중순 김응환과 함께 영동 9군과 금강산 봉명사행 수행.

《해동명산도첩》(초본첩), 《금강사군첩》

1789년(정조 13년) 44세

8월 14일 영남지방과 대마도를 둘러보는 봉명사행 수행.

봉명사행 중 김응환이 병으로 세상을 떠남.

1790년(정조 14년) 45세

정초부터 몇 달 동안 중병을 앓고 4월에 일어남.

기려원유도(선면)

1791년(정조 15년) 46세

1월 말 스승 강세황 별세.

6월 15일 중인들의 시모임인 '송석원아회' 참석.

6월 24일 장원서 별제에 제수.

9월 22일 정조의 어진을 그리는 어용화사에 선출됨.

12월 22일 충청도 괴산 옆에 있는 연풍현의 종6품 현감에 제수.

송석원시사야연도

1793년(정조 17년) 48세

아들 김양기 출생(훗날 화원이 됨).

1794년(정조 18년) 49세

황묘농접

1795년(정조 19년) 50세

1월 7일 외유사 홍대협이 올린 서계로 인해 정조가 김홍도의 파직을 명함.

1월 8일 홍대협의 서계를 검토한 비변사의 보고를 듣고 정조가 김홍도를 의금부로 압송하는 것을 윤허함.

1월 17~18일 정조가 혜경궁의 회갑을 맞아 대규모 사면령을 발표. 김홍도는 1월 18일에 '의금부에서 압송하지 않은 죄인' 명단에 포함되어 사면.

윤2월 28일 현륭원 행차 목판본 의궤 밑그림을 그릴 화원으로 선출됨.

이해에 소금 부자 김한태의 집으로 이사.

《을표년화첩》, 〈풍속도 8첩병풍〉, 포의풍류도

1796년(정조 20년) 51세

이명기와 합작하여 서직수 초상의 옷 부분을 그림.

《병진년화첩》, 해산선학도, 방화수류도, 남산한담도

1799년(정조 23년) 54세

가을에 다시 도화서에 돌아감.

1800년(정조 24년) 55세

6월 28일, 정조가 48세를 일기로 창경궁 영춘헌에서 승하.

〈주부자시의도〉(8폭병풍), 《병암진장첩》

1801년(순조 1년) 56세

〈삼공불환도〉

1802(순조 2년) 57세

아호로 권농勸農, 농한農漢, '농사옹' 등을 사용함.

창파도, 노승관란도, 귀어도

1804년(순조 4년) 59세

5월 5일 제자 박유성과 함께 규장각 차비대령화원이 됨.

기로세련계도, 지장기마도

1805년(순조 5년) 60세

천식으로 생사의 고비를 넘나듦.

9월 중순 차비대령화원직에서 물러남.

10월 초 제자 박유성의 초대를 받아 전주에 내려감.

12월 19일 아들에게 "월사금을 보내주지 못해 탄식한다. 정신이 어지러워 더 쓰지 않는다"는 내용의 편지를 보냄.

12월 30일 전라감사 심상규의 부탁으로 부채에 '일지매'를 그림. 같은 날, 심상규는 자신의 벗 예조판서 서영보에게 "화사 김홍도가 굶주리고 병들어 여기에 왔다"는 내용의 편지를 보냄.

추성부도

1806년

정월경에 사망한 것으로 추정.

천년의 화가 김홍도

붓으로 세상을 흔들다

초판 1쇄 | 2019년 12월 6일 발행
초판 2쇄 | 2020년 1월 16일 발행

지은이 | 이충렬

펴낸이 | 김현종
펴낸곳 | (주)메디치미디어
등록일 | 2008년 8월 20일 제300-2008-76호
주소 | 서울시 종로구 사직로 9길 22 2층(필운동 32-1)
전화 | 02-735-3308
팩스 | 02-735-3309
전자우편 · 원고투고 | medici@medicimedia.co.kr
페이스북 | medicimedia
홈페이지 | www.medicimedia.co.kr

책임편집 | 신원제
디자인 | 석운디자인
마케팅 | 김성현
미디어홍보 | 고광일
경영지원 | 전선정 김다나
인쇄 | 한영문화사

ISBN 979-11-5706-178-5 03990

이 도서의 국립중앙도서관 출판예정도서목록(CIP)은 서지정보유통지원시스템 홈페이지 (http://seoji.nl.go.kr)와 국가자료종합목록 구축시스템(http://kolis-net.nl.go.kr)에서 이용하실 수 있습니다. (CIP제어번호: CIP2019046954)